新编21世纪研究生系列教材

U0853250

公司财务研究

方法论与专题

RESEARCH ON
CORPORATE FINANCE
METHODOLOGY AND TOPICS

朱 凯 编著

中国人民大学出版社
·北京·

图书在版编目（CIP）数据

公司财务研究：方法论与专题 / 朱凯编著 . 北京：中国人民大学出版社，2025. 2. --（新编 21 世纪研究生系列教材）. -- ISBN 978-7-300-33514-8

Ⅰ. F276. 6

中国国家版本馆 CIP 数据核字第 202575F1M6 号

新编 21 世纪研究生系列教材

公司财务研究：方法论与专题

朱　凯　编著

Gongsi Caiwu Yanjiu：Fangfalun yu Zhuanti

出版发行	中国人民大学出版社		
社　　址	北京中关村大街 31 号	**邮政编码**	100080
电　　话	010－62511242（总编室）		010－62511770（质管部）
	010－82501766（邮购部）		010－62514148（门市部）
	010－62515195（发行公司）		010－62515275（盗版举报）
网　　址	http：//www. crup. com. cn		
经　　销	新华书店		
印　　刷	北京溢漾印刷有限公司		
开　　本	787 mm×1092 mm　1/16	**版　　次**	2025 年 2 月第 1 版
印　　张	15 插页 1	**印　　次**	2025 年 2 月第 1 次印刷
字　　数	243 000	**定　　价**	52. 00 元

序
FOREWORD

我国公司财务（或曰财务管理，下同）实证研究起始于20世纪90年代中后期，并在进入新世纪之后得到了快速发展，研究问题几乎覆盖了公司财务的所有重要方面，研究方法也日趋进步，所取得的研究成果不仅大量发表在经济管理和金融会计类国内权威学术期刊上，而且有不少发表在相关领域国际权威学术期刊上。与此同时，我国公司财务学术研究与国际同行的交流和合作也与日俱增，不断深化。然而，我国公司财务学术界尚无系统概述公司财务实证研究的专门著作，以回应中国资本市场独特背景下的公司财务理论需求与方法创新，并为公司财务领域研究生和青年学者提供可资参考的研究指引。

上海财经大学会计学院朱凯教授编著的《公司财务研究：方法论与专题》一书，在某种程度上弥补了上述缺憾。作者基于深厚的学术积累、严谨的研究态度和多年的博士生教学经验，系统梳理了公司财务研究的核心理论和方法论框架。

方法论篇为本书的一大亮点。不同于偏重实证研究技术性的教材与著作，本书着眼于研究设计的科学性与合理性，从内部有效性与外部有效性的双重维度，深入剖析了实证研究的理论基础、逻辑前提与适用边界，为学生和研究者提供了一套科学严谨的研究范式。这种注重方法论指导的写作方式，不仅有助于规范实证研究的学术逻辑，也为学术创新提供了坚实的理论支撑。

专题篇则以独具匠心的安排，构建了理论发展与中国实践相结合的框架体系。通过对资本结构理论争议、股利政策实证研究、IPO制度差异影响等内容的细致梳理，清晰地勾勒出公司财务实证研究的理论脉络与演化路径。

全书涵盖了有效市场假说、信息不对称理论、代理成本理论等经典理论的最新进展，通过对资本结构、股利政策、IPO 抑价、融资约束与内部资本市场等专题研究的精细分析，在系统吸收国际学术前沿成果的同时，注重剖析中国资本市场的独特制度背景，揭示了制度差异对公司财务行为的影响，体现了理论研究与本土实践的有机结合。

最后，希望作者今后能够持续不断地梳理和总结公司财务研究方法和研究专题，为推动我国公司财务实证研究的持续进步与高质量发展贡献智慧和力量。

陆正飞

前言

PREFACE

随着全球经济的发展和信息技术的突飞猛进，公司财务研究作为现代经济学、管理学、金融学的重要领域，也获得了长足的发展。在我国的学术语境中，公司财务有着众多略有差异化的表述，包括财务管理、公司金融、公司理财等。但是无论具体的表述如何，该领域的研究旨在深入理解和解决公司财务管理中的各种问题，涉及资本结构、股利政策、证券发行、投资效率、融资约束等方面，而且研究的范围日渐扩大，涉及公司治理、企业文化、行为科学等方面。本书选择以公司财务研究作为书名，并不对其他表述做细致化的探讨，仅仅是个人习惯。

在现代公司财务研究的发展过程中，形成了以模型推导为基础的分析性（analytical）研究和以数据分析为基础的实证（empirical）分析两大主要范式。分析性研究的经典代表著作是《公司金融理论》（Tirole，2005），而实证分析方面则缺少类似的代表性著作。《高级公司财务：政策与战略》（Ogden，2004）作为这方面的尝试，主要进行了以美国资本市场为基础的实证研究，但是从2004年出版以来就没有更新过，对系统学习公司财务研究，特别是实证研究的发展，显得力有不逮。

为了相对系统地总结公司财务研究实证领域的发展，国际学者通常会采用定期撰写文献回顾的方式，帮助研究者全面了解相关领域的发展历程，并提出未来的发展方向。这一做法对读者的专业水平要求较高，并不适合用于教材。

我国公司财务的实证研究发轫于20世纪90年代，伴随着中国资本市场的发展而逐步发展起来，从开始阶段的以模仿为主，到逐步关注中国特色制度背景对公司财务行为和决策的影响，立足于中国公司的实践，通过引入理论和自主提炼，不断提升对中国公司财务决策行为的认识和理解水平。

公司财务研究课程，特别是实证研究课程的主讲教师，在教学过程中也发现，学生在学习过程中存在囫囵吞枣的现象。

在选题过程中，许多研究者并不清楚所要研究的公司财务现象及其背后的理论体系，这样就造成了三种不良的倾向：一是把理论上没有直接联系的两个现象，生搬硬套地进行数据分析，美其名曰“用数据说话”。二是贪大求全，试图在分析特定问题时，旁征博引式地介绍现有理论，没有注意到这些理论之间存在可能的假设冲突。三是不求甚解，在理论分析中堆砌相关的名词，但是并不了解理论分析中涉及的参与各方和作用机制。例如用信息不对称理论来解释 IPO 抑价现象，但是哪两个参与者之间的信息不对称影响了 IPO 定价，很多论文都没有给出明确的说明。

在实证研究过程中，应将特定模型或数据库提供的现成的模型结果作为数据检验的基础，对这些模型或模型结果本身的作用、形成过程和适用场景进行深入的分析。

本书希望在吸收以往成果的基础上，从方法论和研究专题两方面介绍公司财务研究的内容，为公司财务领域的研究者提供入门级的学习资料，使其了解公司财务理论和实证发展的基本脉络。

本书介绍的方法论，并不侧重介绍如何进行实证研究，而侧重介绍实证研究的方法，从学术的角度评价其合理性与适当性。通过对科学研究方法的回顾、对研究设计的讨论以及对内部有效性和外部有效性等重要概念的深入探究，构建系统、科学的研究范式，帮助读者了解和掌握公司财务研究，特别是实证研究的方法论，理解实证研究的前提、要求和结论之间的内在逻辑关系，特别是结论的内部有效性和外部有效性评价的重要性和影响因素。最后以公司财务研究案例介绍在公司财务研究的实证分析领域中，如何运用相应的方法论来提高实证分析的整体质量。

在专题篇中，本书首先重点介绍公司财务研究的基础理论，包括有效市场假说、信息不对称理论、代理成本理论等，为后续章节提供了理论基础。这些理论本身也处在发展过程中，本书用简洁的语言介绍这些理论，目的并不是系统性探讨这些理论本身的发展和争论，而是希望让读者了解现代经济学和金融学的理论研究及发展对公司财务研究实证分析的影响，从而帮助读者建立相对比较清晰的理论分析框架。后续的专题章节的研究主题，都是以有效市场假说、信息不对称理论、代理成本理论作为基础理论发展起来的。读者可以结合公司财务研究的专题，仔细揣摩基础理论与研究专题的有机结合。

在专题篇的每个章节中，本书都有意识地将内容分为理论发展和中国研究发展两个部分。理论发展的内容主要介绍该问题的缘起，以及有效市场假说、信息不对称理论、代理成本理论在该领域中的运用，以帮助读者了解该问题在公司财务研究领域中的重要性和发展脉络。本书通过介绍中国相关研究的发展，希望帮助读者了解中国企业的财务理论研究的发展历程和特点，为研究该领域的读者打好相应的基础。

第七章介绍了资本结构理论。资本结构一直是公司财务研究的重要领域，涉及公司如何选择融资方式来构建其资本结构，从而影响公司的价值和经营绩效。资本结构研究目前的理论争论焦点是理论模型预测结果与公司实践的冲突。权衡理论与优序融资理论各有所长，也各有不足，这两个理论一方面推动了资本结构理论实证研究的发展，另一方面也对资本结构理论的模型构建提出了新的要求和挑战。一个“统一”的资本结构理论模型应当能够解释大部分的实践现象，但遗憾的是，目前还不存在这样“统一”的理论模型，因此很多实证研究结论的冲突，或许就蕴含在其所依赖的理论模型中。

第八章介绍了股利政策。股利政策是公司财务研究中的另一个重要方面，涉及公司如何确定分配利润给股东的政策。在此章节中，我们将探讨股利政策的相关理论和实证研究，包括股利政策与公司价值的关系、股利政策的影响因素等方面。

第九章介绍了公司首次股票发行上市的理论研究和实证分析进展。证券发行是公司筹集资金的重要方式，属于以数据分析为起点的公司财务研究领域。在该章节中相对系统地介绍了证券发行的相关理论和实证研究发现，包括 IPO 抑价的各种成因。通过对中国 IPO 制度的梳理，让读者可以更好地了解制度特征对公司财务的影响，即公司财务并不是在真空中运行，而是或多或少地受到外部的制度约束，通过比较无制度约束的理论预测结果和有制度约束的实证结果，可以更好地理解制度的作用；通过比较不同制度下的实践结果，可以了解制度差异所带来的影响。

第十章介绍了投资与融资约束领域的研究成果。与融资相比，投资在公司财务研究领域的重要性显得相对不足，但是将融资和投资结合起来，则会形成新的研究领域。例如资本结构理论中的权衡理论通常假设投资与融资无关；而优序融资理论则认为融资为投资提供了资金，在此基础上产生了融资约束的研究领域。国际上对融资约束研究的焦点是，如何有效度量公司所面临的融资约束。而国内的研究则更多地直接借鉴现有的方法，对这些方法的有效性和在中国上市公司中的适用性缺乏深入的思考。

第十一章介绍了内部资本市场。内部资本市场是公司内部各个部门之间进行资金调配和投资决策的市场机制，与外部资本市场既有关联又存在明显差异。本章重点介绍内部资本市场的相关理论和实证研究，包括内部资本市场理论研究、实证发现和中国企业内部资本市场研究等内容。

第十二章介绍了股权资本成本。无论是资本结构、股利政策、证券发行、融资约束，还是内部资本市场，对其展开研究都是希望回答这些财务决策和企业组织安排，是否以及会在多大程度上影响公司的股权资本成本，从而影响加权平均资本成本和公司价值。但是，对股权资本成本的研究并非坦途。本章重点介绍了股权资本成本的估计方法，并比较了在实证研究中的应用。

本书涉及的参考文献有四五百条，均是发表在国内外顶级期刊上的论文，为了方便读者查阅，本书采用在线预览的方式呈现，读者扫描封面前折口贴片上的二维码后，即可免费获取参考文献的具体信息。

为了方便读者理解实证研究的完整过程，本书选择了作者已经发表的论文[①]，提供了论文相关的编程（STATA 程序语言）和部分结果，论文相关的数据均来自 CSMAR 数据库。读者扫描下方二维码，可免费获取。

如前所述，公司财务研究的实证分析领域边界非常广阔。限于个人能力，本书将公司财务研究的专题集中在融资领域，部分涉及了投资领域，对内部资本市场的探讨，也是聚焦于融资方面。本书没有包含一些研究领域，如证券设计、债券融资、股权再融资、制度与公司财务、税与公司财务等，这并不意味着其不重要或重要性不足，更多的是因为本书作者的研究视野和研究能力有限。这也是未来作者需要进一步拓展的方向。

① 潘怡麟，朱凯，陈信元．决策权配置与公司价值——基于企业集团的经验证据［J］．管理世界，2018（12）：111-119.

目　录
CONTENTS

第一篇　方法论篇

第二篇 专题篇

第一篇

方法论篇

第一章

概　论

对股票投资者来说，十月份是风险特别大的几个月份中的一个。其他的月份则是七月份、一月份、九月份、四月份、十一月份、五月份、三月份、六月份、十二月份、八月份和二月份。

——马克·吐温

马克·吐温的幽默建议正确而合理，但是估计没有人会根据他的建议去购买股票。本章以这句话为起点是希望读者意识到：不是所有的想法都是包含信息的。

第一节　引　言

现代信息技术的发展，特别是大数据相关技术的发展，为人们提供了前所未有的积累数据和创造数据的机会；人工智能的发展，则为人们处理数据、分析数据和呈现数据提供了便捷的方式，极大提升了人们的思考能力。在现代社会中，各种各样的数据和图表被人们广泛运用，但是它们并不能平息争论，在一部分人用数据和图表支持自己的观点时，另一部分人往往也能提供相反的证据。①

那么当作为信息的仲裁者和消费者时，人们如何才能判断哪一方提

① 例如，考试之前图书馆灯火通明，究竟是反映了学生学习非常努力，考试前在认真准备；还是学生日常学习不努力，只是在考试前临时抱佛脚呢？

供的证据是可信的呢？有没有一些客观的应用标准可以帮助人们将事实和虚幻分离？如果不同证据之间相互矛盾，人们如何评价基于这些证据的观点及其合理性？如何将这些观点整合成一个理论框架，并进行有机融合？

本书这部分的目标就是希望帮助未来公司财务的研究者在研究学习的起步阶段，更好地理解公司财务研究中相互冲突的观点，形成自己的学术思考方式。

为了实现这一目标，本书首先回顾“众所周知”的概念架构——科学研究方法，然后讨论如何进行研究设计以增进对不同问题的理解，并讨论各种研究设计的优缺点。简而言之，要理解信息的含义，首先要理解提供信息的研究设计本身的内在特征。

在解决科学问题的过程中，计划与设计的执行过程是重要方面。常见的情况是，当研究者试图执行一个完美的计划时，总是有意想不到的困难出现，迫使研究者改变计划。本书也会讨论执行过程中的常见问题，帮助读者了解研究设计偏差对结果的可能影响。

作为研究的组成部分，对数据特征的分析和说明也有助于扩展研究者的信息基础。数据分析以及结论报告的方式，既有可能是整个研究的亮点所在，也有可能会阻碍整个研究过程。研究者应该非常清楚地说明研究过程中所依据的各种假设（assumptions），而且也应该说明这些假设在多大程度上是和数据无关的。而作为读者，在面对相互矛盾的研究结果时，如何进行观点整合，一个重要的线索是重点关注不同研究者所依据的假设。

在报告结果的过程中，研究者应当详细说明研究的局限性和未来的研究方向，这能帮助读者合理地理解和应用研究结果。如果研究的局限性很大，那么研究结果的意义更多是名义上的。当然，真正的挑战是，在研究者忽视了研究的局限性或者没有对其给予足够重视的情况下，读者是否能够自行分析研究的局限性以及可能出现的问题。

对于是否存在最佳研究范式的问题，目前还没有形成定论。但是在研究领域中，已经形成了一些“公认”的研究设计、执行、分析和交流的方法，这也是研究者首先要了解并认真学习的。本书第一部分的主要内容是介绍公认的研究方法，并将之用于公司财务研究的相关领域，以培养未来公司财务学者阅读文献、评估研究质量的能力，在信息爆炸的时代更为有效地利用信息和开展研究。

如果研究者能够提出正确的问题，正确地理解关键性的遗漏和扭曲，合理评价研究的价值，那么研究者所利用的数据和图表的质量也会提高。“论文总是报告作者希望报告的结果”是对很多研究结果的最好描述。如果研究者不仔细鉴别信息，那么畅销书《统计数字会撒谎》就变成了能够自圆其说的预言书，而不是对误用统计技术的有效警告。

在杂志和研究者的要求下，研究成果的披露方式已经大有改进，很多学术期刊在发表论文的同时，也要求作者提供关键的程序和数据库，以提高论文的可复制性。虽然论文的可复制性是保证论文科学性的一个方面，但是评价研究质量的信息，只能通过研究者的自我教育和自我学习来获取。

第二节 科学研究方法回顾

和其他研究领域一样，公司财务研究领域中也存在科学的研究方法。正确地使用科学的研究方法，有助于研究者发现新的知识。科学的研究方法是非常直观的，可以应用于所有的问题，不仅仅局限于公司财务研究领域。

一、收集事实

分析问题本质的第一步，包括收集事实、理解问题的含义、明确解决问题或研究工作的范围。

例如，一篇论文发现，存在舞弊行为的公司，会在舞弊当年变更其会计政策，那么如何评价这篇论文的观点呢？作为科学研究的第一步，研究者需要站在作者的立场上来考虑问题。显然，作者应该清楚以下基本现象：

（1）有多少公司舞弊？

（2）舞弊公司在多大程度上能够自主选择并变更会计政策？

（3）会计政策变更的现象普遍吗？

（4）会计政策变更都是自愿的吗？还是有一些是被强制的？

（5）如果发生会计政策变更，谁的利益会受影响？

（6）为什么人们要关心这个问题？

在收集事实的过程中发现的一些现象，可能会让预期的研究变得不值得。例如，如果很少有公司舞弊，要找出某种系统性的模式就非常困难；如果会计政策都是强制性的，可选择的余地很小，会计政策变更的研究就不是那么有趣，甚至不值得尝试。

但是，如果公司可以自主选择会计政策，而且要受到第三方，如注册会计师的审计意见报告的监督，那么这个问题的研究范围就可以大大扩展了；如果会计政策变更会从实质上影响财务报告的结果，那么和公司进行交易的所有经济主体都有可能受到影响，包括员工、消费者、贷款人、股东、管制者、潜在的投资者以及其他的利益群体（如债券评级机构、投资银行和竞争对手等）。

人们会关注这个问题的原因，通常是和该问题的经济后果相联系的。在公司舞弊的例子中，与公司有财务关系的经济主体都希望能够发现一些预警性的信号，以帮助他们判断该公司舞弊的可能性，并在此基础上调整基于财务报告信息所形成的判断。

很多时候，研究者在没有收集事实的情况下，就急于对数据进行回归，形成了很多没有意义的研究成果。

例如，对中国公司首次上市发行股票首日收益率进行时间序列分析，会发现 2014 年以后主板上市公司的平均首日收益率下降到 44%。如果研究者认为是中国股票市场的发展降低了首日收益率，实际上是忽视了中国交易所的规定：新股上市首日的收益率不得超过 44%。在特定的情况下，事实本身已经解释了所发现的结果，只不过研究者本人忽视了研究问题的关键。要避免这种情况，需要研究者对问题的制度背景进行深入了解。

二、已有的知识

事实、问题的内涵和研究的范围是理解已有知识的基础。已有的研究发现是什么？现有的结论是什么？所有的证据都支持结论吗？如果结论之间存在差异，那么这些相互冲突的信息是否提供了未来研究设计的可能方向？

一个好的想法，并不是重复已有的东西，就像不需要重新发明车轮一样。**是否需要投入时间和精力去进行研究，本身就是一个值得好好考虑的问题**。然而，虽然不需要发明车轮，但是研究者可以进一步思考车轮的材料、车轮的圆度、其他的替代方式（轮式还是履带式）等，在已有研究提供的研究设计和执行的关键步骤上加以研究。

在公司财务研究领域，也有类似现有的理论发展已经形成共识的现象。例如，由于节税效应的存在，债务融资可以增加公司价值。作为后继的研究者，在债务融资可以节税的基础上，则可进一步探讨：节税是否为公司债务融资决策时最主要的影响因素？在哪些情况下，税收因素会让位于其他因素？在不同的公司中，税收因素的重要程度是否会有差异？对这些问题的研究，无疑会增进学术界对资本结构理论研究的认识和理解。

三、理论分析与形成假说

结合已有的知识，确定问题的性质和研究的范围，可以帮助研究者构造一个有效的理论分析框架，并形成相应的研究假说。

如果理论本身已经很完备，研究问题是现有理论的扩展，那么研究者只要阐述这些理论就足够了。如果研究者需要从零星的信息甚至完全从概念出发进行理论归纳，那么就要借助逻辑推理和分析。

形成理论通常需要一些假设，在这种情况下，研究者要能够充分阐述以常识或者已有证据为基础的关键假设及其合理性。虽然大家会对形成理论所必需的假设的合理性及重要性持不同观点，但是比较公认的看法是，**通过放松假设，使假设与实际更为一致，可以提高模型的可检验性和适应性**。

在理论发展过程中，究竟是假设的合理性更重要，还是理论预测结果的有用性更重要，目前还没有一致的结论，但是大多数研究者认为，**一个好的研究应该清楚地描述所有关键的假设，便于读者评价假设的可接受程度**。

在资本结构的理论研究发展过程中，假设发挥了重要的作用。如在完美资本市场中，如果没有公司所得税，则负债与公司价值无关；考虑了公司所得税后，负债与公司价值正相关。

从假设合理性的角度来看，现代社会中公司所得税普遍存在，因此假设不存在公司所得税是不符合现实的；从理论预测的结果来看，如果假设有公司所得税，则将得出公司应该100％负债的结论，这和实际情况也不完全吻合。

但是，通过改变公司所得税是否存在的假设，就可以影响理论预测的结果，说明公司所得税是影响资本结构与公司价值的重要因素。本书的第八章将对这个问题进行更为深入的讨论。

四、提出研究问题

在充分考虑了制度环境、已有的研究成果、基本的常识和理论分析框架的基础上，研究的问题，也就是通常所说的研究假说（hypothesis）也就呼之欲出了。

研究假说作为整个论文的核心部分，既是前面理论分析的结果，也是后续研究设计需要解决的问题。“好”的研究假说，应当具备以下的特点。

1. 明确性

如果研究的问题本身含糊不清，不能事先描述清楚可能的发现，后续的研究就很难有规律可循，即使发现结果，也很难解释。那么如何判断研究的问题是否明确呢？**一个简便的检验方法，是判断研究问题是否可以表述为“如果……那么……”的形式**。

以舞弊公司的会计政策变更为例，研究假说可以表述如下：

表述一：“如果公司变更其会计方法，那么更有可能舞弊。”

这个表述与前面的研究动机是一致的：会计政策变更是未来公司财务困境的潜在信号。

研究假说也可以通过另一种方式表述：

表述二：“如果公司舞弊，那么公司更有可能在舞弊当年变更其会计政策。”

与表述一相比，表述二也具有“如果……，那么……”的形式，但是其经济意义就没有那么明显了。在表述二中，研究假说就远远脱离了研究动机，知道“公司通过变更会计政策进行舞弊”这个现象，会为读者提供什么样的新知识呢？

合理阐述研究问题，可以使读者更好地理解研究问题的角度、研究设计的特征和结果的特征。在上例中，表述一强调了公司变更会计政策及其后续舞弊的可能性，表述二看起来仅仅是要研究舞弊公司变更会计政策的问题。

对研究者来说，无论哪种表述，给定会计政策变更这个明显可以观察到的现象，都可以进一步检验公司舞弊和会计政策变更的时点，但是两种表述所需要的研究设计和可能的研究结论会有很大的差别。在表述一的语境下，研究者可以通过会计政策变更事件，进一步分析未来出现舞弊的公司的会计信息质量，并将会计政策变更事件作为公司质量评价的预测性指标；而在表述二的语境下，研究者的重点将是研究已经舞弊的公司及其变更会计政策的状况。显然，表述二更像是对事实的说明，缺乏对未来的预测性，从读者的角度来看就会产生“我知道了这个现象，那又如何呢”的想法。

2. 常识性

研究结果与常识之间的关系，经常会让研究者陷入两难的困境。如果研究结果与常识不一致，就意味着研究假说本身可能是有问题的。如果研究结果与常识完全一致，研究本身的意义就会受到质疑。如果读者通过常识推理就可以预知结果，那么为什么要阅读这些研究论文呢？

从常识性特征来看，**好的研究所发现的结果应该是“情理之中，意料之外”的**。“情理之中”是指研究的部分发现与常识相吻合，“意料之外”是指在与常识一致的基础上，研究者还做了进一步的扩展，发现了与常识相冲突的结果，进而说明常识只是现有知识领域中的一个特例。因此，**对常识领域的理解和扩展，是评价研究工作的重要方面**。

当然，还有一种可能，常识本身是错误的，例如“地球是平的”这一观点。所以研究者必须很小心地定义常识，学术研究应当建立在逻辑一致的分析基础上，而不是简单的“我（们）认为”。

3. 简洁性

研究者应当尽量简化研究假说的表述方式，因为过于冗长的研究假说表述会让读者难以理解研究的问题和重点。

以供求关系为例，尽管在现实中供求均衡关系及其实际表现形式非常复杂，但是都可以通过“需求曲线向下倾斜，供应曲线向上倾斜，两个曲线的交点即为均衡点”来表述。研究假说的表述语句越简洁，读者越容易理解其含义，这有时也有助于提高结论的可推广性。

4. 可检验性

一个表达清楚的研究假说，还必须具有可检验性。不可检验的研究假说既不能证实，也无法证伪（如“性善论”和“性恶论”）。基于不可检验的研究假说而发展起来的理论，虽然可以为将来的经验检验提供基础，但是很难充实当前的研究基础。因此，从公司财务发展的角度来看，应该选择可检验的研究问题，也就是说，**要研究那些可以用实践来检验的问题（实践是检验真理的唯一标准）**。

5. 可衡量性

可检验的假说在很多情况下必须通过某种方式加以衡量或数量化，具体的衡量方式包括比率或者标准化（即可以进行加减乘除以及线性转换），以及序数分析。

序数分析就是对研究对象进行排序，例如专家对会计变更广泛性程度的评价等。序数分析有时候比衡量某个会计期间的相关金额更重要，因为会计变更可能对公司的未来长期业绩具有重要影响。虽然专家可能很难量化会计政策变更的具体影响，但是在分析会计业绩的长期影响及其广泛性方面，专家意见和估计可能更具有说服力。

当然，有些研究问题的对象就是分类指标，无法计数及排序。例如，公司破产就是非此即彼的现象，类似地，上市公司与非上市公司破产也是非此即彼的现象。因此，研究者需要分析研究变量的数据结构特征，选择适当的研究设计和研究工具，增强研究结论的说服力。

现在公司财务研究中兴起的文本、音视频分析，都是将以往不能衡量的信息，转换为可以衡量的指标，例如语义的模糊程度、乐观情绪、演讲者的语调变化等等，这丰富了公司财务研究的对象。

6. 可引申性

研究假说的可引申性越高，对整体模型和研究假说进行检验所得到的结论越具有说服力。在很多情况下，针对某个现象，不同的理论会得出类似的或者相同的结论，例如代理理论和信息不对称理论对股利政策与公司价值关系的解释得出的结论类似，那么在研究时就需要排除两者对彼此的影响。

又如，研究者发现，与非舞弊公司相比，舞弊公司变更会计政策的比例更高。但是如果不考虑会计政策变更属于强制还是自愿，舞弊公司与非舞弊公司的会计政策变更比例基本相似，那么这可能是会计准则制定者开始重视会导致公司舞弊的会计处理方式带来的结果。也就是说，我们观察到的公司会计政策变化，既有可能是管理层自主决策所致，也有可能是会计准则制定者强制要求所致。

显然，这两种解释的经济含义是不同的，但是研究者所观察到的现象，即舞弊公司变更会计政策的比例更高是相同的。为了区分这两种可能的解释，研究者必须要进一步引申这两种解释的经济后果，形成两个不同的可检验的研究假说。如果的确存在不同的经济后果，研究者就可以进一步分析会计政策变更在公司舞弊过程中的作用。

7. 逻辑简明性

逻辑简明性和前面的简洁性特征很类似，都要求尽可能用准确简单的语言表述思想，但是逻辑简明性更强调逻辑分析过程中的单一性和全面性，即假说所依据的基础理论应当是一致的，而不是现有观点的大杂烩。

例如，研究者希望从公司所得税税率的角度研究资本结构，那么研究的基础理论和重点应该是节税效应理论，而不是其他理论。如果作者没有得到预期的结果，通常只需要说明税收因素没有表现出理论上预期的作用，而不需要另起炉灶从其他非税收的角度进行解释。如果要从非税收角度进行解释，那么研究的问题就应该调整为税收和非税收因素的比较分析。

当然，**研究者没有必要为了刻意保持逻辑简明性而放弃更为深入的分析**。在公司舞弊的研究中，分析的范围应该包括舞弊公司和非舞弊公司，如果只研究舞弊公司，就很难说明从样本中所观察到的现象究竟是舞弊公司的特征（与非舞弊公司不一样），还是在非舞弊公司中也同样存在。如果是后者，显然会削弱研究问题本身的意义。

8. 广泛性

研究假说的广泛性是指可以运用该研究假说相关结论的领域数量，这也是衡量一个理论和研究结论的社会价值的重要指标。初学者会倾向于选择一个相对较小的领域开展研究，例如专门研究某个行业的公司的财务管理决策。这固然有助于帮助初学者集中精力开展研究，但是也会让初学者难以从更广泛的角度考虑问题，其研究结论也会受到广泛性和代表性的质疑：为什么要研究这个特定行业？这个行业和其他行业有什么本质差别？如果没有差别，那么专门研究这个行业的意义就没有那么突出；如果有差别，就需要明确说明这个行业和其他行业之间的差别的表现特征及其成因。

9. 原创性

研究假说的原创性通常来自研究者对所观察到的现象的抽象过程。另一种有效的方式就是进行类比，例如在面临外部压力的情况下，管理层试图通过变更会计政策来争取时间，那么在出售资产或者债务重组的时候，管理层也有可能采用变更会计政策的方式来达到目的。

形成研究假说的常见方法还包括借鉴以往的研究成果。很多时候案例研究可以详细描述公司的特征，为后续的研究提供可能的方向。例如，通过对舞弊公司的具体分析，研究者就可以了解到公司变更会计政策的具体细节，这有助于进一步理清会计政策变更与公司舞弊行为之间的关系。

第三节　研究设计

在研究问题已经确定的情况下，研究者就需要决定研究设计。研究设计选择的主要影响因素就是数据的可得性，具体的数据来源包括以下几种：实验式研究、观点式研究、档案式研究、分析式研究和综合式方法。

一、实验式研究

社会科学中的实验式研究方法通常要求较多的人参与，这样研究者可以直接了解到主观因素。在这种方式下，研究者可能需要事先收集一些案例，了解人们对公司舞弊可能性的实际判断。然后研究者可以加入会计政策变更这一特征，以了解会计政策变更这一研究因素会在多大程度上影响主要的结果——公司舞弊。这种研究方法通常被称为实验式研究。

如果研究者可以接触研究对象，但是不准备改变研究对象以推导出结论，这种方法则被称为实地研究（field study）。在这种方法下，研究者要根据事物的本来面目解释其特征并分析其中的关系。如果没有事先规划好的实验设计，实地研究就会变成案例研究（case study）。**案例研究的主要目的是描述现象，其可以作为研究假说产生的基础，但无法提供针对某个特定研究问题的证据**。

二、观点式研究

如果研究者并不关注具体的决策和行动，而是希望了解人们的观点，那么相应的研究方法就被称为观点式研究（opinion research），具体表现为个人访谈、问卷调查或者专家评估的方式。德尔菲法（Delphi method）就是一种专家评估法，其基本流程如下：以背对背方式了解专家组中每个专家的观点，经整理、归纳、综合后，匿名反馈给各专家。不断重复这一过程，直到专家组中所有成员形成了合理的一致看法。

三、档案式研究

档案式研究（archival research）是根据已有的数据对研究假说进行检验。数据可能以数据库方式存储，也可能包含在某个具体的文件中。例如，研究者可以通过数据库获得上市公司的财务数据，同时在年报中查询公司变更会计政策的情况。这种方式主要适用于研究历史信息。

四、分析式研究

分析式研究（analytical research）主要运用数学和逻辑构造模型，抽象化研究对象的环境和行为，然后证明某种特定的内在关系。例如，研究者可以借助博弈论，作出不同的假设，分析管理层在面临财务困境情况下的行为，由此建立相应的分析模型。分析式研究可以用来说明各种监督机制的重要性，例如审计、惩罚制度，特别是监管机构对公司虚假财务报告的惩罚。

分析式研究通常会借助数学模型来简化研究假设，通过数学逻辑保证分析过程的严密性，提高结论的可信程度。正是因为事先确定了研究假设，分析式研究的结论非常依赖于对研究假设的界定。例如在经典的资本结构理论中，在完美市场中，假设没有公司所得税，则资本结构与公司价值无关；而如果假设有公司所得税，资本结构就与公司价值正相关。

五、综合式方法

将上述方法中的一种和其他方法结合起来，就是综合式方法。常见的综合式方法包括模拟分析（simulation analysis）。该方法通过数学来模拟各种可能发生的情况，但是其预测有效性仍然需要通过历史数据中所呈现的实际关系进行检验。因此要进行模拟分析，首先需要收集和分析历史数据，将其作为模型设计的基础。

针对同一问题，从不同研究角度入手并采用不同研究方式的做法，通常被称为“三角测量”。这类似于“盲人摸象”，每个人从不同的角度得出不同的结果，不同的研究工具也可能会影响不同研究方式所得到的结论。因此研究者可以采用多种研究方法，以提高对研究问题的认识水平。从另一个角度来看，不同的研究方法对研究结论的可能影响，也是研究者在学习过程中需要了解和掌握的。

第四节　分析方法与执行

一、确定数据特征

除了数据收集和分析过程选择，研究计划也是研究设计的重要组成部分。研究者分析数据的方法通常会影响到数据收集。同理，数据的可获得性也会影响数据分析方法的选择。例如，分析序数数据的方法不同于分析比例数据的方法，按照打分方法（最高 10 分）获得的公司变更会计政策程度的得分数据所需要的分析方法，显然不同于分析会计政策变更所影响的金额所需要的方法。

现代统计学和计量经济学的发展，为研究者提供了非常多的分析方法，但是也要求研究者根据数据的特征，选择适当的分析方法。如果研究者在选择分析方法时，没有充分考虑数据特征和研究方法的根本要求，那么所得出的结论可能是相当脆弱的，也可能是误导性的，乃至是错误的。所以研究者必须要重视数据特征，并且有效选择分析方法，尽可能地减少由此产生的错误。

例如，Cohn 等（2022）指出，基于计数以及其他本质上限制为非负值的类似计数的结果变量，如授予企业专利的数量、有毒废气排放的吨数、工作场所受伤人数以及两个企业所在城市之间的里程数等，这种类型的结果变量通常具有高度右偏的分布，大量取值集中在零周围——这些分布特征对回归分析提出了特殊挑战，因为它们使得简单的线性回归无效，无法保证参数估计的准确性和有效性。研究人员在意识到这些挑战后，开始采用各种方法应对，常见的方法是对因变量取对数后进行回归。

泊松回归（Poisson regression）是另一个有效处理方法。使用该方法的研究者认为，针对此类数据，泊松回归不需要特殊假设即可进行有效估计，通常可以很好地拟合此类结果变量。相比之下，log（$1+Y$）对数线性回归所产生的估计值缺乏有意义的解释，其固有的偏差可能导致错误的估计。虽然采用 log（$1+Y$）的方式进行回归，其估计参数的经济含义并不会因为采用分析方法不同而发生明显变化，但**有时泊松回归和 log（$1+Y$）回归方法的选择对估计结果的影响可能比遗漏变量还要大**。

二、执行研究

理论上，研究者应该根据研究设计进行研究，但是在实际执行过程中，总是会面临各种意想不到的情况。最重要的是，在假说、假设、理论或研究设计中面临意外，不应该影响研究者获得结论的能力。一旦开始研究工作，研究者就要能够清楚地描述研究过程，并且保证现在的决策与未来可能需要的决策一致。

在这点上，研究者要扮演风险控制者的角色。研究过程中总是存在各种难以预见的问题，而研究者的工作就是要在收集数据和分析数据的阶段，把这些不利影响的危害程度降到最低。在分析数据阶段，研究者需要尽可能地量化不利影响的危害程度。

有经验的研究者通常在进行研究的过程中尽可能地预期并选择相应的研究设计以解决各种可能面临的问题。这样研究计划中就应该包含各种例外事件的处理情况，因为无论事先规划得多么完备，例外事件总是会产生。

例如，采用档案式研究方法分析会计政策变更与公司舞弊的关系时，研究者可能会发现一部分公司选择了退市，这样就无法获得此类公司的相关信息。诸如此类问题对研究设计提出了很高的要求，要求有足够多的样本公司作为分析的基础，这样即使一些公司的数据缺失也不会影响整体的结论。进一步说，事先规划的研究问题和研究结论应该局限于上市公司，因为研究者可以更容易地获得上市公司的数据。

三、分析结果

在经过数据分析获得数据结果后，研究者还需要根据研究的问题来分析数据结果，其中最主要的问题是，数据结果支持研究假说吗？

如果数据结果不支持研究假说，研究者就需要扪心自问，思考以下这些重要的问题：

（1）研究设计、指标度量、分析方法是合理的吗？

（2）是否有其他可能的竞争性假说在影响整个分析过程？

（3）与以往的结论、研究者期望的结论或者常识相比，当前的发现是合理的吗？

（4）研究设计的相对优缺点是什么？

（5）如果有引申意义的话，结论的适用范围是否有局限性？

通常在研究设计和收集数据的时候，研究者不会去**特别考虑行业**的可能影响。但是当研究结果显示，舞弊公司集中在某个特定年份的特定行业时，就说明研究发现的结果更有可能适用于解释某个年份特定行业的现象，而不是开始所预期的可以解释一般性的现象。

在**面临竞争性假说**的情况下，研究者可能需要收集更多的数据、进行更多的检验或者扩大分析范围来控制其他可能的解释对结论的影响。对一个好的研究来说，上述的重复过程是必需的。

四、交流结果

整个研究过程考虑得越细致，结果的交流过程就越简化，因为研究者已经有机地将研究问题与研究假说的形成、研究假设的确定、数据收集和分析、结论解释结合起来，对研究的局限性和竞争性假说也展开了充分的讨论，对研究中未能解决的问题和研究设计中的可能问题也进行了必要的分类。

交流的一个重要方面就是要**明确地说明本研究与以往研究的区别，包括研究方法的优缺点比较**。研究结果和结论应当是明确的，同时也必须承认可能的不足。读者不可能比作者更了解所采用的研究方法的优缺点。

遗憾的是，有些研究者没有对结果交流部分给予必要的关注，其实这是研究过程中非常必要的环节，甚至会影响到整个研究设计决策。

本章小结

科学的研究方法是一个非常有用的框架，可以用来比较各种试图说明某种事实的研究方法和模型。

当研究者运用某个理论来检验研究问题或研究假说时，必须要考虑研究过程中的一系列问题，特别是如何在多种备选方法中选择最为合适的研究方法。研究者可以设计实验，进行问卷调查，通过建模工具构造分析性模型，或者分析比较历史或者当前的数据等。**研究方法的选择会进一步影响研究过程中出现的问题**。

将抽象的理论转换成可操作的过程和具体方法，是整个研究过程的关键步骤。研究结论的可信度受多方面因素的影响，也在一定程度上取决于特定的研究设计。对研究设计的评价，不仅要考虑其所依据的理论，还要考虑得出结论的适当性和可能性。在研究过程中，研究者必须要进行适当的质量控制，特别是当研究过程中产生问题的时候，研究者需要采取必要的调整措施。

在后续的章节中，本书将重点分析科学研究方法框架中各种决策的利弊，目的是让读者了解研究者各种决策的成本-收益权衡，特别是研究者的决策会如何影响读者所看到的信息的质量。

第一章参考文献

第二章

内部有效性和外部有效性

第一节　内部有效性

一、概述

有时研究者会面临这样的问题：一开始设想了很简单的一组关系，然而在开始研究后才发现很复杂，有很多的影响因素需要考虑。例如，研究公司的资本结构不仅要考虑税收的影响，还要考虑可供选择的融资方式、资金提供者意愿、公司经营状况等因素。因此，为了在众多影响因素中有效地区分各种因素的相对重要性，就要引入内部有效性这一概念。

作为评价研究的核心指标，**内部有效性指的是研究者是否能够有效地区分某个特定因素的作用**，即研究者所观察到的或者所计算的特定因素是否会影响因变量，两个变量之间是否具有因果关系，某个因素是否的确引发了特定的后果。

以公司舞弊的实验研究为例，研究的主要内容是说明实际发生的会计政策变更这个因素将如何影响实验者对公司舞弊可能性的主观判断。如果案例的其他条件完全相同，一组实验者研究的公司没有发生会计政策变更，另一组实验者研究的公司发生了会计政策变更，而后一组实验者预期的公司舞弊概率更高，那么就可以认为会计政策变更和公司舞弊之间是存在因果关系的。

作为实证研究的主要方式，档案式研究的研究者是通过分析事后的数据，来探寻研究对象的关系和系统性变化。以会计政策变更与公司舞弊的研究为例，档案式研究的过程可以总结如下：研究者确定随机选择的样本公司，分析公司五年内是否发生了会计政策变更，然后将公司分为发生变更的子样本和没有发生变更的子样本，最后分析这两组公司未来五年内发生舞弊事件的可能性。

上述的档案式研究检验了会计政策变更与舞弊事件之间的相关性。但是，尽管研究者发现了这种相关性（注意不一定是因果关系），仍然需要考虑结论的内部有效性，即所量化的相关性是否能够说明会计政策变更（原因）和公司舞弊可能性（后果）之间的关系。

二、影响因素：度量问题

在档案式研究中，存在各种可能的因素会影响到研究结论的内部有效性。例如，一个度量方面的问题是：如何定义会计政策变更。是将财务报告中所披露的不一致的会计政策都定义为会计政策变更吗？如果公司因为采用权益结合法（pooling of interest method）记录公司合并而对以往会计报告进行追溯调整，是否将其作为会计政策变更对待？如果公司没有变更其主要的会计政策，但是改变了会计估计基础或者资产存续期，会对研究有什么样的影响？诸如此类的技术细节往往是衡量会计政策变更面临的主要问题。

如果研究者聘请多个研究助理从公司年报中收集信息，那么还要考虑不同研究助理对同一个问题的理解差异及其对研究过程的可能影响。目前流行的文本分析，固然可以减少研究助理之间主观判断差异的影响，但是其文本有效性又在很大程度上取决于研究者依据的文本词典。

在一个具体的研究中，如何衡量公司舞弊本身也会构成一个问题。因为公司舞弊的类型有很多种，如被证监会明确公告公司虚假陈述①、被证券交易所通报批评②、会计师事务所出具非标准审计意见内容说明等。

---

① 2020年6月，獐子岛集团收到中国证监会行政处罚决定。根据证监会调查结果，獐子岛集团存在多项违法事实，包括公司内部控制存在重大缺陷，2016年度和2017年度报告存在虚假记载，相关公告存在虚假记载以及未及时进行信息披露。

② 2024年2月20日，根据上交所发布的纪律处分决定书，格力地产在2018—2021年存货减值测试中，高估存货可变现净值、少计提存货跌价准备，导致格力地产在2018—2021年多计净利润累计额为6.26亿元。同时2022年度，格力地产多计提存货减值并少计利润6.26亿元。据此，上交所认为格力地产2018—2022年的年度报告和相关文件存在错报。

到底研究者应该从哪个角度来定义舞弊作为研究的基础？此时，数据库和信息收集来源渠道的差异对舞弊定义的影响，就有可能影响研究的内部有效性。

例如，在度量股权特征时，上市公司存在部分股东持股比例较为接近，均为30%～50%的情况，因为单一股东持有股份或可以享有的表决权的比例都不超过50%，不足以实际支配公司决策，公司被认定为无实际控制人。例如上海国盛集团和国家集成电路产业投资基金并列沪硅产业（688126）第一大股东，均持股30.48%，一些数据库会根据公司对实际控制人的披露，将该公司定义为无实际控制人的公司；而另一些数据库则在第一大股东持股比例的基础上，将其定义为有实际控制人的公司。研究者在调用数据库提供的公司股权特征数据时，就要对相关信息予以必要的关注。

三、影响因素：背景

历史事件也有可能影响公司舞弊或者会计报告实践。例如会计政策变更可能是会计准则制定者强制变更的结果，而不是管理层自愿选择的结果。另外，经营周期对公司经营绩效的影响可能远远大于会计准则变更的影响，那么如何控制这些历史事件对研究结论的可能影响呢？

研究者的常见做法是在模型中控制外生变量或者构造配对样本来尽可能控制其他因素的影响。在构造公司舞弊概率和会计政策变更的模型时，研究者通常还需要控制其他变量，包括公司规模、行业、股票收益率、资本结构、股权结构、审计师等（Dechow et al.，2011）。例如，在确定了分析样本（即发生会计政策变更的公司）之后，研究者再选择同行业的，规模、资本结构都比较近似，但没有发生会计政策变更的公司作为控制组样本。这样就控制了行业、规模和资本结构对公司舞弊的可能影响。

但是，在选择过程中排除了规模、行业或资本结构对研究问题的可能影响，会削弱研究发现的普遍性。在控制变量方式下，研究者无法也不可能在一个模型中识别和控制所有对研究结果有影响的因素，而且对这些影响因素的衡量本身也会产生新的问题，例如，公司规模用销售收入、总资产或者员工人数中哪一个指标来衡量更为合理呢？

配对样本方法也会面临同样的指标衡量问题，从而对研究过程产生系统性的影响。换句话说，在考虑具体的衡量问题时，上述的配对过程可能根本就没有有效控制规模、行业和资本结构的影响，比如，备选公司销售收入比样本公司多（或者少）500 万元，是不是理想的配对样本呢？如果差 1 亿元呢？采用配对样本方法的一个棘手问题就是，如何选择适当的控制指标，以保证研究样本和配对样本的其他特征尽可能保持一致。

在档案式研究中，公司的状态也会对研究产生一定的影响，但是这种影响通常会出现在后续的研究期间内。例如，将样本期设定为 5 年来考察会计政策变更与公司舞弊可能性的关系，但是某些公司在第 5 年后破产了，研究者该如何考虑？有些公司可能没有宣告破产，却选择了退市或者合并，研究者无法获得进一步的数据，又该如何处理？

在档案式研究中，样本选择的“生存偏差”是一个很难回避的问题。顾名思义，生存偏差就是指失败的公司因为数据缺失很容易被剔除出研究范围。如果购并的对象主要是因营运资金缺乏而陷入困境的公司，此类公司很显然就被系统性地排除出会计政策变更-公司舞弊概率关系的研究范围了。如果把此类公司加入研究样本，会计政策变更与公司舞弊概率的关系就有可能会发生变化。一种可能的情况是，公司购并和破产前重组的某些因素，显著削弱了会计政策变更与公司舞弊之间的相关性，这种相关性在没有考虑公司购并和破产前重组时的确是存在的。

为了保证研究的内部有效性，研究者通常采用可能会对预期结论有不利影响的样本，基本的想法是，研究者人为地采用削弱预期结论的样本，而分析的结果却显示预期的结论仍然是成立的，那么采用合理的样本时，实际的相关性应该比分析所得到的结果更为显著。

四、影响因素：时间跨度

研究的周期长短对目标公司特征存在多重影响。公司规模可能会扩大或缩小，面对股市危机或者宏观经济剧烈变化采取不同的措施，政府管制或者税收政策变化也会对公司产生不同的影响。如果某个陷入财务困境的公司负债率很高，在贷款利率不断上升的情况下，研究者所观察到的会计政策变更很有可能是公司为了应对经济压力而采取的措施。

当出现上述情况时，研究者可能需要借助**两阶段最小二乘法**（two stage least square，2SLS）来解决会计政策变更的内生性问题，第一阶段是分析会计政策的影响因素，第二阶段是分析会计政策对舞弊概率的影响。由于研究确定了两个阶段，对控制变量的数据要求也就随之增加了，而且第一阶段的分析结果将影响第二阶段的分析结果，进而很有可能对实际的研究结果产生不利的影响。另外，由于研究过程中存在必要的数据筛选和数据可获得性问题，研究者必须要重视研究结论的局限性。

这方面一个经典的例子是采用事件研究法研究股利发放对股票价格的影响。由于选择的样本只能是宣告发放股利的公司，这种做法无疑就将当期没有发放股利的公司样本自然排除了。那么没有宣告发放股利的公司的股票价格会如何呢？这显然无法通过研究发放股利的公司所得出的结论进行推论。这可以看成是样本选择偏差效应或者预测试效应，但是无论怎么分类，都会在一定程度上削弱研究的内部有效性。

五、影响因素：样本选择

选择偏差通常是和检验效应交织在一起的，但是选择偏差无疑是首要的问题。例如上述的研究只能选择那些上市 5 年以上的公司，而非上市公司、新兴产业公司（如高科技产业公司）、小公司必然会被排除在研究样本之外。这种样本选择过程可能既会影响观察到的公司舞弊概率，也会影响观察到的公司会计政策变更，从而削弱研究的内部有效性。

在相关研究中，研究者通常会以现有的模型构造舞弊概率模型，作为样本选择的基础。这种做法的基本逻辑是首先筛选出可能有舞弊行为的公司，以此为基础着重分析感兴趣的问题，例如会计政策变更。但是，舞弊概率结果有时候也会产生极端值，经过一段时间才会逐步回归到均值。因此，如果研究者以舞弊概率模型估计值为基础，来确定公司舞弊概率，并将样本公司划分成样本组和对照组，随后发现两组公司的舞弊概率数值出现了相反方向的变化趋势，这实际上可能是统计方法本身的规律所致，而不是与研究设计有关的公司实际舞弊概率的真实变化趋势。

采用筛选方法来确定面临财务困境的公司的好处是，所分析的样本公司与研究问题更为相关，即研究者更容易观察到研究因素对此类公司财务决策的影响。不过研究者也要注意可能存在的放大效应，即研究设计本身就更容易导致所期望的结果。因此，研究者要衡量研究设计中的放大效应，考虑可能的竞争性假说和结论的适用性。如果研究过程中的确存在放大效应，研究者就必须要很好地阐述其所发现的结果及其适用性，避免可能的不当引用和错误结论。

假定研究者采用特定值作为确定公司财务状况的标准，那么为了获得具有代表性的样本，研究者可能会选择特定值较低的公司作为研究对象。假设在样本期间内，市场平均贷款利率上升，并且由于高负债率是导致特定值较低的一个重要因素，那么公司舞弊就可能是自身流动性因素和宏观经济因素导致的，与会计政策变更无关。这种交互作用在前面也提到过，即样本公司特征和样本期间特征都会影响研究结果。

六、小结

一般认为，**与档案式研究相比，实验式研究的内部有效性程度更高**，主要原因是研究者可以人为地调整实验因素、控制影响实验者决策的可能因素并通过调整时间跨度来提高内部有效性。但是，当研究者采用其他研究方式时，内部有效性问题就会变得比较突出，研究者只能说明研究问题的相关关系，而无法检验真正的因果关系，根本原因在于研究者无法改变研究条件。

作为一种备选方案，研究者可以分析实际发生的现象，然后构造某种“准实验”设计来研究感兴趣的问题。准实验研究方法已经成为当前公司财务研究领域的重要方法。

第二节　外部有效性

一、概述

外部有效性是指**以样本为基础的研究发现在多大程度上是具有普遍意义的**。如果外部有效性不足，那么某种“伪”关联就会被错误地看成是因果关系。下面以公司舞弊为例来说明外部有效性在研究过程中的作用。

在公司舞弊的研究中，研究者的目标是通过分析会计政策变更与公司舞弊概率之间的关系，来推断没有包含在研究样本中的其他公司的情况，其中的一个核心假设是样本公司是公司总体的典型代表，而且研究的样本期间所发现的结论也可以适用于其他期间。在实验式研究中，研究者认为，对实验者产生影响的各种实验因素对其他决策者有相同的影响，即实验本身并不仅仅是为了在实验室中了解某个特征因素的作用，更主要的是为了了解该因素在实际环境中的作用。

二、影响因素：基于样本的结果

结果对样本的依赖性过高是影响研究外部有效性的一个重要因素。

具体的原因可能是样本选择不具有代表性，也有可能是前面各种影响内部有效性的因素共同的作用。例如在实验式研究中，实验者都是学生，因此很难将学生的反应推广到一般的投资者。同理，一个教师对一组学生的影响与对其他学生的影响是否相同也很难判断。

基于样本的结果也会在不同程度上影响档案式研究的外部有效性。以前述的案例为基础，即观察 5 年内样本公司的会计政策变更现象，再观察 5 年后样本公司是否舞弊，这里的主要问题是，这样研究设计所得到的结论具有普遍性吗？哪些因素会影响结论的普遍性呢？

由于可能的样本选择偏差，以研究样本为基础所发现的结果可能不具有普遍性。比如研究的结果可能不能用于解释上市时间较短的公司、发生合并的公司、选择退市的公司。如果研究者采用配对样本方法来选择研究样本和配对样本，样本选择的条件就有可能导致样本的特殊性过于突出。例如配对选样过程中，研究者事先因为配对困难剔除了某些行业，这样的样本选择过程就会在更大程度上削弱外部有效性。

如果研究者以概率估计模型的数值作为判断公司舞弊的标准，那么也有可能导致研究所得出的结论建立在筛选标准有效的前提的基础上。也就是说，以概率估计模型的数值为标准筛选出来的样本，可能并不能够很好地代表样本公司总体。

以概率估计模型的数值作为样本筛选标准有可能会对会计政策变更产生系统性影响，因为如果不采用这一样本筛选标准，研究者可能无法观察到会计政策变更与公司舞弊的相关性。也就是说，以概率估计模型的数值为基础估计研究结论，将不能应用于无法以概率估计模型估计数值的公司。又如，若研究者发现上市公司的某种情况会影响公司舞弊的概率，这一结论发现的相关性可能不适用于其他类型的公司，因为研究本身是以上市公司为基础条件的。

三、影响因素：同期事件

与预先检验和样本选择偏差会共同作用于研究结论普遍性一样，其他的各种因素也会影响会计政策变更-公司舞弊相关性研究的外部有效性。例如，在研究设计中，研究者确定的样本期间为 5 年，但是可能存在其他的前期因素，例如债券条款的技术性违约或者债务重组，会对所观察到的会计政策变更-公司舞弊相关性研究造成影响。

模型设计中会出现变量选择效应，即研究者希望用一个变量来衡量某个特定效应，但是该变量实际上衡量了其他效应，如果所有公司都存在这种效应，例如发生会计政策变更的公司都违反了债券条款，那么将公司舞弊归因于会计政策变更可能就是不恰当的，实际上更有可能是债务违约导致了公司舞弊。如果公司总体没有同时出现会计政策变更与债务违约的现象，那么通过样本所观察到的相关性并不能用于解释其他样本以外的公司。

以中国税制发展为例，2008 年我国修订了《企业所得税法》，将法定税率从 33%降低到 25%；2009 年 1 月 1 日，全国范围内实施增值税转型改革，将购进固定资产纳入增值税抵扣范围，从而完成了生产型增值税向消费型增值税的转变；2009 年 1 月 8 日，《特别纳税调整管理办法（试行)》颁布实施。这些文件几乎在同一时期密集出台，这一方面证明了我国税制改革的力度，另一方面也为相关的研究提出了新的挑战：如何有效区分特定税制改革对公司财务决策的影响?

四、小结

一般认为，**与实验式研究相比，档案式研究具有更高的外部有效性**，这主要是因为研究中采用了公司的实际数据，而不像实验式研究那样需要对现实信息进行人为拟合。

在实验式研究中，对外部有效性影响最大的关键因素之一是实验者动机。如果研究目的是评价某些因素对舞弊概率主观估计的影响，那么研究者必须认识到，实验者在实验环境中做出的判断和在真实环境中做出的判断可能是不同的。如何在实验室环境中模拟现实的信贷决策或者投资者的投资组合决策，目前仍然是一个有待开发的领域。

在模拟分析或者数学模型中，影响外部有效性的主要因素是分析中所依据的假设可能与现实过于脱节。如果假设前提是错误的，即使数学推导过程非常合理，得出的结论也很难令人信服。

本章小结

本章从内部有效性和外部有效性两方面分析了研究的质量评价及其影响因素。简单来说，内部有效性就是研究设计（包括模型、指标、样本）对理论检验的排他性程度。研究设计的排他性程度越高，内部有效性越高，研究设计对理论的解释能力越强。外部有效性是研究结果的可推广性，可推广性越高，研究设计的普适性就越好。

一篇高质量的论文，无疑要同时提高内部有效性和外部有效性，研究设计要严谨，研究结论也要可推广。但是对研究者来说，要兼顾这两方面，是非常具有挑战性的。这要求研究者不仅要了解研究问题的内涵和外延，还要注意到所研究问题所处的特定经济环境和社会环境，提高论文研究结论的可推广性。

当内部有效性和外部有效性之间存在冲突时，研究者应当如何取舍呢？作者认为，**科学研究首先要具有科学性和严谨性，内部有效性更为重要；而结论的可推广性，则取决于外部环境和条件**。不同环境下的结论不一致，并不意味着以往的研究是错误的，相反，是在为理论发展和检验提供新的机遇。

第二章参考文献

第三章

假设与样本选择

第一节 假设的作用

理论的发展通常是先确定各种假设条件，然后再逐步放松这些假设条件，形成更为丰富的理论体系。很多时候，假设条件扮演的是不可缺少的反面角色，在某些情况下，假设条件过于荒谬，也会让人对理论研究产生误解。例如，有一个广为流传的笑话，一个经济学家和其他两个人流落到了荒岛，在饥饿难耐的时候发现了一瓶罐头，他们绞尽脑汁地去想如何打开这个罐头。当问到经济学家的时候，经济学家回答说“假设有一把开罐器……”。**在研究过程中，假设不能离现实太远，因为研究结论的质量在很大程度上取决于研究所依赖的假设条件。**

一、假设的合理性之争

假设是开展学术研究的前提。但是学术发展中不同的学者对假设合理性有不同的理解。理解假设的合理性之争，可以帮助我们更好地理解假设在学术研究中的作用。

诺贝尔经济学奖获得者米尔顿·弗雷德曼（Milton Friedman）提出的实证理论（positive theory）认为，**评价一个理论好坏的标准，应该是其预测能力，而不是其假设前提**。在这个标准下，假设前提的主要作用是简化分析过程，推动理论结构的发展，帮助可检验假说的推导。因此**无论假设是否符合现实，只要理论预测结果是正确的就足够了**。

米尔顿·弗雷德曼指出，在科学研究中，“真空环境”是很多理论的出发点，尽管在现实中很难找到真空环境，但是这并不会削弱这些理论所得出的结果对现实的预测和解释能力。

米尔顿·弗雷德曼以台球选手为例说明假设和实践的关系。研究者可以用几何原理说明台球选手的击球选择，但是要指望台球选手本人用几何学的术语来描述其选择，显然是不现实的。这里的要点是，采用几何学原理作为假设前提分析击球选择的有效性，不会影响研究者对台球选手决策的预测，哪怕选手本人可能根本没有听说过这个原理。

无论是经济学、金融学还是公司财务理论，在提出可检验的假说过程中，都借助了一些基本的假设，其中一个常用的假设就是所有人具有相同的预期。虽然这显然和现实不吻合，但是这个假设可以简化分析过程，还可以和其他假设，如风险中性（现实世界中可能表现出来的是风险厌恶）结合起来，共同作为理论研究的基础。因此，**实证理论学派以预测效果来检验竞争性假说的有效性**。

二、放松假设

有些学者并不赞同实证理论学派的观点，会强调关注这些假设本身的现实性，即不仅要从理论预测效果角度，还要从假设前提的现实性角度，来评价某个理论或研究。因此当理论预测的结果与实际不吻合时，这些学者就会希望修改假设，使之与现实环境更为吻合。

假设前提的一个重要作用，是可以帮助研究者放松假设，在假设更接近现实的情况下，观察原先的结论是否会发生变化，以此来丰富理论体系。例如，当研究者采用“无公司所得税”和“有公司所得税”的假设来分析资本结构决策时，理论分析的结果就会发生变化。

对理论发展本身来说，假设是否能够完美地描绘现实，并不是最为重要的问题，这就意味着**过分关注假设与现实情况的一致性，并不是发展理论或批评理论的关键**。但是也要注意到，如果**假设过于违背常识的话，很容易让理论发展走上歧路**。

第二节 研究中的其他假设

一、样本的假设

如前所述，研究者可能会认为某个特定样本不存在系统性偏差，这实际上就是假设该样本是目标总体的典型代表，可以用来说明研究的问题。显然如果这些假设与常识相违背的话，就会影响研究本身的质量。例如在上交所和深交所上市的公司，无论是规模、股权结构，还是公司治理和管制效应，都和非上市公司存在比较大的差别，那么依据这些上市公司数据所得出的结论就未必适用于非上市公司。在此基础上提出的政策建议，其有效性也就需要进一步的证明。

当研究者构造实证检验模型时，**隐含的假设是如果该模型适用于某个样本，那么也应当适用于来自同一总体的其他样本**。但是有时候研究者也会发现，一个模型可以很好地解释一个样本，但是不能有效地解释同一总体中的其他样本。为了避免这种可能性，研究者就需要尽可能地收集延伸样本，即可以检验模型预测效果的独立样本单位。如果模型不能很好地解释延伸样本，那么有两种可能性：（1）模型过于依赖样本，需要提高其普遍性；（2）延伸样本不能有效代表样本总体。当然研究者可以再次抽样，随机选择第二组延伸样本进行检验，以检验第二种可能性的大小。

由于数据收集耗时耗力，很多研究者不愿收集延伸样本。在这种情况下，结论过于依赖样本从而不具有代表性的可能就很难排除。解决这个问题的常见做法是，通过改变样本单位来检验模型的适用性，例如在现有的样本单位中进行随机抽样，重新估计和检验模型，并和原先的模型分析结果进行比较。通过这种模型稳定性的检验方法，可以有效地判断某些极端特征是否对统计检验结果产生影响。

如果研究没有提供延伸样本的检验结果，也没有系统地分析模型稳定性，那么读者必须认识到，结论很有可能是依赖于样本的，同时也应该了解，**没有以延伸样本为基础的独立检验结果作为对照的研究主要强调的是解释能力，而不是预测能力**。

二、研究方法的假设

实证研究通常借助统计工具来进行数据分析，但是各种统计检验本身也是有一定的假设前提的。统计检验方法常见的假设前提就是数据的类型及其分布特征。例如，基数数据和序数数据——前者是实际的数字，可以以比率的形式进行数学分析，而后者是排序数字。有时研究者也需要分析名义数据（nominal data），即分类数据或定性数据，以是或者否（即 1 或者 0）或者行业代码等来表示。

很多统计检验方法，例如卡方检验（Chi-square）可以用来分析分类数据，而分析基数数据或序数数据则需要其他的检验方法。大多数统计检验模型都会对样本数据的特征有所要求。**在很多情况下，研究者应该采用假设条件相对宽松的统计检验方法**（即当存在测量误差时要采用适当的检验方法）。但是这种做法也有可能造成信息缺失，此时需要考虑通过较为精确的方法进行比较。

所有的统计检验方法基本上可以分为两大类：参数检验和非参数检验，主要的区别是对数据分布的假设不同。参数检验要求数据服从正态分布，即具有平滑的、钟形分布的，通过均值和标准差即可充分描述特征的数据结构。非参数检验则不要求数据服从某种固定的分布，而是通过排序、符号和中位数等特征来分析数据。

在数据分析过程中，研究者应当注意所采用的统计分析工具与数据假设前提和实际数据结构特征的一致性，主要考虑的问题应当包括：量度选择、研究目的、变量（包括因变量和自变量）可得性、线性或非线性、配对可能性、标准化、截距项的存在以及假设的相关性。显然，选择的统计分析工具所要求的数据特征假设与实际研究数据特征的相关性越低，在结果报告和交流时的难度越大。很多研究者通常采用常用的统计分析工具和理论上更为理想的统计分析工具（例如同时采用最小二乘法和面板数据方法）来分析数据，并比较两者的可能差异。随着统计学和计量经济学的发展，越来越多的文献开始讨论各种统计检验方法在不同假设下的检验效果及稳健性。

比较稳健的做法是：**如果采用不同统计检验方法得出的结论一致的话，研究者应该同时披露常用统计检验方法的结果和理论上更有效的统计检验方法的结果；如果结论不一致，研究者应该采用理论上更有效的统计检验方法**，因为对数据特征的假设要求本身也是形成误导性结论的来源之一。

三、模型设定中的假设

模型设定通常假设不存在遗漏变量，但是无论是分析还是应用，遗漏变量问题总是难以回避的。公司经济分析模型设定中总是存在可能的未控制因素，包括行业、规模、资本结构、公司治理、管制状态、研究期间等。虽然研究者不可能检验每一个潜在的因素在给定模型中的作用，但是可以借助理论分析框架来确定需要控制的因素。研究者不应该假定这些变量的影响是不重要的，**在模型构造阶段就考虑这些潜在的影响因素，可以更好地解决遗漏变量问题**。

四、交流中的假设

如果研究者已经充分考虑了理论结构中的必要假设前提（包括样本选择和数据分析及其方法），那么如何有效说明假设的作用就是另一个重要问题。**研究者应当充分披露研究过程中的各种假设，包括研究者所预期的放松假设对研究结果有效性的可能影响**。即使研究假设缺乏足够的证据，也应该在报告中加以说明，包括该假设对结果的不利影响。有些假设前提可能会使实际结果比报告结果更好，而有些则会导致报告结果比实际结果更漂亮，后者对潜在的模型使用者的危害更大。因此在结果交流过程中，研究者也有必要大胆地指出研究结果的局限性。

有些假设可能是某种方法论的表现形式，这样在假说检验过程中就存在联合检验的问题，即模型分析结果依赖于模型的假设前提是否有效。如果某个特定的研究中存在联合检验问题，那么研究者应该加以明确阐述，以保证读者能够理解研究结论与模型设定的关系。

例如，Fama（1998）指出，对有效市场假说的检验会面临联合检验的问题。这个问题主要源于对有效市场假说的检验需要依赖于特定的定价模型来分析股票价格的变化。然而，这些特定的定价模型对股票价格的预测能力本身就需要被检验。因此，当对有效市场假说的检验不成立时，研究者难以区分究竟是市场本身不那么有效，还是检验所使用的资产定价模型不那么有效。

第三节 确定样本总体

没有明确的研究方向，再大的样本也只能产生精确的但毫无意义的结论。第二章讨论了样本选择过程对研究的内部有效性和外部有效性的可能影响。而在很多情况下，研究本身的质量和研究所采用的样本选择方法最为相关。随机抽样是样本选择——无论是样本公司还是实验对象的选择的一个主要方法，目的是保证在样本选择过程中不存在某种特定的模式。但是，只有和样本总体进行比较时，“随机”才会有其明确的含义。

一、样本的重要性

样本总体是研究者在抽样过程中被抽取的调查单位所组成的集合。只有当被抽取的样本反映了样本总体的特征时，通过分析样本所得到的结论才能推广到样本总体。通常情况下，**研究者不能通过主观假定分析样本和期望研究样本之间不存在显著差异，从而想当然地认为分析样本所得到的结果适用于期望研究的样本**。确定研究样本的一个重要因素是研究本身所希望研究的对象。

在确定研究对象的决策过程中，常识通常发挥了很大的作用。如果研究问题是通过会计政策变更来分析公司舞弊的概率，那么研究对会计信息的质量要求就比较高，研究者更倾向于将财务报表经过审计的上市公司作为研究对象。如果研究的问题是投资者对公司舞弊概率的判断，那么在证券交易所中实际参与交易的投资者应该成为研究的样本总体。但是研究者应当注意到，某个具体交易所的投资者可能并不是整个投资者群体的典型代表。例如，与大的机构投资者相比，小的机构投资者收集和处理会计政策变更-公司舞弊概率相关信息的能力和方式都会有所不同，因此要研究小的机构投资者的决策行为，可能就需要不同的方法来确定样本总体。

实验式研究中一个常见的争议是，以大学生为基础进行抽样的结果，是否有效地代表了更广泛的样本总体？公认的观点是，如果教育水平比较接近的人群决策模型存在共同点，研究者就可以以大学生作为样本总体的代表，分析实际的决策过程。但是如果决策过程对专业性的要求很高，或者决策者本身的利益对决策过程有很大的影响，以大学生作为实验者得出的结论就未必是有效的。

在研究文献中，样本总体定义不明确的案例比比皆是。例如，对MBA学员开展财务问卷调查，因为MBA学员只是众多公司管理者的一部分，而且又参与了相关的课程学习，会在一定程度上削弱问卷调查结果的有效性。如果对不同学校的MBA学员就相同的财务问卷进行调查，所得到的结果不完全相同，那么究竟是被调查者的知识差异导致了样本偏差，还是选择的被调查者的代表性不足导致了样本偏差？这本身就是一个值得讨论的问题。

在研究过程中，对同一个现象可能会存在不同的解释，**为了提高研究的内部有效性，研究者必须提前考虑到各种可能的替代性解释**，并在研究分析的过程中进行充分的讨论和分析。例如，“城门失火，殃及池鱼”这一成语就有两种解释：解释一是池鱼是春秋时期的宋国人，居住在城门附近，城门失火延及其家，池鱼不幸被烧死；解释二是城门不慎失火，为了救火人们只好赶紧从护城河里打水，护城河里的鱼儿不是被人们从河里舀起同水一起泼进烈火中被烧死，就是自己挣扎出来落到地上摔死。作为成语的学习者和使用者，我们已经无法确切知道这个成语真实的背景，但是我们需要知道，这个成语的确存在不同的解释。

研究者应当注意，随着时间的推移，研究对象本身也在变化，同时还存在其他难以控制的影响因素，包括地域、行业、年龄、规模、文化等，这些都会导致样本总体发生变化。例如，如果分析对象一个是上市公司，一个是非上市公司，结论会有所不同吗？显然答案是肯定的，但这只是研究的开始，感兴趣的研究者应当进一步考虑，为什么结论会有所不同。

二、样本选择的重要性

通常情况下，研究者已经收集了样本总体，但是由于各种原因，必须在抽样之前对样本总体进行筛选。例如研究的公司必须是财务年度为日历年度的公司，或者是非金融类公司等。**类似的筛选是必要的，可以避免因样本之间周期性因素或者行业因素差异而导致不同的结果**。

好的研究工作不仅要报告研究样本的描述性统计结果，还要通过统计数字和文字来说明筛选过程的必要性和后果，从而有助于读者对研究的过程有全面的了解，充分认识筛选效应及其对结果的可能影响。

例如，在资本结构的研究中，通常会删除银行类上市公司的样本。一方面是因为银行类上市公司负债率会比较高，另一方面是因为银行类上市公司通常会受到各国最低资本金要求的管制，导致其负债率集中在特定的水平。而其他行业的上市公司则不会面临类似的明确管制，资本结构选择的自由度相对较大。

第四节 样本选择方法

一、随机抽样方法

理想的抽样过程应当是随机的，即样本总体中的每个样本被选中的概率是相等的。通常研究者将样本按照某个顺序排列后，采用随机数来选择样本，随机数是通过计算机程序自动产生的，从数学角度来看可以保证样本选择不会存在某种特定模式。例如，把所有的上市公司按照代码排序，然后和随机数进行配对以确定研究样本。随机抽样过程可以保证研究样本能够代表样本总体的特征，但是研究样本对研究问题的代表性，则是由样本总体对研究问题的代表性来决定的。

除了随机数，还有各种其他的随机抽样方法，具体的操作有所不同。例如系统性抽样方法是将所有上市公司分成 N 组，在任何一组中抽取一个样本后，该组中的其他样本均不再作为研究样本。之所以采用这种方式，是因为如果样本总体恰好具有某种特征，足以影响分析结论，那么抽取的样本也会具有类似特征，从而影响结果，具体的特征包括行业、规模、业务甚至公司名称。因此只要样本总体的排序与研究问题无关，那么系统性抽样方法所得到的研究样本仍然是具有代表性的。

在随机抽样过程中，研究者还可以考虑采用偶然性抽样方法，而不是正式的随机抽样方法。例如，在挑选实验者的过程中，研究者走进人群随意选择，这样找到的实验者和用随机数选择的实验者应该具有同等的代表性。但是研究者本身可能也有某种偏好，会导致选择结果的有偏性。例如选中的实验者可能身高和年龄都比较接近，和样本总体相比有比较大的偏差。因此与随机数抽样方法相比，偶然性抽样方法的统计结论有效性比较差。

二、目标抽样方法：配对比较方法

除了随机抽样方法，研究者可能会有意识地选择非典型群体作为研究对象。例如，医学研究中可能要选择有各种感冒症状或病症的人群来检验治疗效果。同理，在配对比较方法中，配对样本的选择也要首先考虑研究样本的特征，要保证配对样本和研究样本在其他方面尽可能一致或接近。

一些研究设计则会扩大“受影响的”研究范围，其基本想法是，如果对某个样本总体来说效果难以辨别的话，那么通过随机抽样方法也难以辨别，或者其结论很难推广到更大的范围。例如研究者可能不仅选择已经舞弊的公司，还选择财务拮据的公司作为研究样本，理由是已经舞弊的公司很可能早就采取过变更会计政策的类似做法来争取时间，如果已经舞弊的公司的确采取过这种做法的话，未来就可以进一步研究财务拮据公司或类似公司是否也会采取这种做法。

研究者采用目标抽样方法时应当认识到研究的普遍性会受到很大的局限，必须根据研究目的缩小研究的样本总体。目标抽样方法的结果和根据研究问题选择目标样本总体的结果是基本类似的。

第五节　样本规模

一、样本规模的影响因素

除了样本选择方法，样本规模大小也是研究过程中的重要考虑对象。只有在确定样本规模大小之后，研究者才能够有效地运用数学上合理的公式和图表来表达研究过程。但是每一步的计算，都要求研究者对样本选择目的、研究结论的特征、预期结论的可靠性和精确性、以预期误差衡量的样本总体特征（如果这是研究的主要问题的话）等因素进行必要的主观判断。

是否采用不同的分类标准，取决于研究者如何量化某个指标，如会计政策变更的影响金额，或者会计政策变更的频率，用专业术语来说，前者是变量抽样方法，后者是属性抽样方法。

无论是变量抽样还是属性抽样，**样本总体的变化程度是影响研究样本大小的重要因素**。如果一个袋子里的玻璃球都是同一种颜色，那么需要抽取多少个玻璃球才能确定玻璃球的颜色呢？答案很显然，一个样本就足以回答所要研究的问题了。如果袋子里的玻璃球有三种颜色，在其他条件相同的情况下，需要抽取的样本数肯定是大于1的。这个例子的含义是，样本差异是重要的特征，可以帮助研究者判断样本变化程度对样本规模的影响，以及特定的样本规模能否有效地表示样本的差异程度。

预期结论的可靠性和精确度也会影响样本规模大小。可靠性也称为置信度，即在重复抽样的情况下获得同样结果的可能性，精确度主要考虑结果估计的准确程度，即如果用样本回归得到的平均值来估计样本总体的平均值，在给定的可靠性水平上，样本均值在多大程度上接近真实情况。

期望的误差水平也是影响样本规模大小的因素之一。期望的误差水平也称为可接受的水平。如果事先设定的误差水平比较高，那么研究者就没有必要扩大样本量来提高估计结果的精确度。但是由此产生的一个问题是，在给定点估计结果和置信区间的情况下，研究者（或读者）可以接受的精确度是多少？区间估计认为所有的估计都有可能高估或低估，但是只要估计的方法是无偏的，所得到的结果就不会只偏向某一边，这样研究者就可以通过双边检验的方法来确定估计结果的精确度。当然，如果研究者只关注某一个方向的影响，即研究者事先认为另一个方向的误差不重要，此时就可以选择单边检验的方法来确定结果的精确度。

二、对样本选择的描述

当一些民意调查宣称某些结果的误差率只有微不足道的2%时，作为信息的消费者，我们不仅要认识到这是一个有用的信息，可以用来说明调查结果的准确程度，还要知道这仅仅是全部信息的一部分，为了判断调查结果的可靠性，还需要知道研究者所采用的置信区间。如果研究结果没有提供可靠性水平的话，数字本身的精确度是毫无意义的。在属性抽样中有三条信息是必不可少的：可接受的平均频率、与平均频率相关的精确度水平以及理想的置信区间。在研究中，研究者确定的理想误差水平平均为2%，允许的误差水平是3%，对应的置信区间为95%。给定这三条信息和相同的研究问题，所有研究者确定的样本规模大小应该是一致的。

三、样本规模越大越好吗？

很多研究者潜意识中会认为“样本量越大越好”。显然，扩大样本量有助于**减少抽样误差**，提高估计结果的可靠性和准确性，但是扩大样本量可能会在缺乏实际显著性（practical significance）的情况下造成统计显著性（statistical significance）。换句话说，只要研究者的样本足够大，由于精确程度因素的作用，所有的统计检验结果可能都是显著的，但是从实践的角度来看，这些统计数字也许根本就没有意义。

有些研究者认为，小样本的研究结论比大样本更具有说服力，因为在小样本的情况下，研究者已经发现了变量的统计显著性，那么它的实际显著性程度应该更高，因为小样本情况下的统计显著性会被大大削弱。相反，如果研究没有得到预期的统计显著性结果，可能就需要扩大样本量了。当然，由于小样本研究会存在一定的人为效应，研究者必须认真考虑样本规模的大小。

四、样本选择的权衡

在研究过程中，确定样本规模大小也有一个成本-收益权衡的过程。

从研究角度来看，大样本研究的代价更大，有可能因为影响因素过多而限制了研究的深入程度；但是随着样本的扩大，研究者可以在样本选择、数据收集、实验操作、数据分析、排除竞争性假说和结果发现方面收获更多。如前所述，在大多数情况下，研究发现的代表性和统计显著性也是样本规模的函数。当大样本带来了太多收益的时候，研究者有可能迷失研究方向，太注重统计显著性而不是实际显著性。

本章小结

本章讨论了实证研究中的两个重要方面，研究假设和样本选择。在研究过程中，作者对假设的深刻理解及清晰描述，不仅对研究本身有着直接的促进作用，还可以帮助研究者更好地理解各种现象。

假设贯穿了实证研究的全部过程，无论是初始的理论分析，还是模型选择与分析，甚至研究结论的报告和交流，假设都扮演了非常重要的角色。虽然研究者需要借助假设来简化分析过程，但是在分析和应用结论的时候，研究者仍然需要关注假设与现实环境的一致性。更为重要的是，理论的发展通常是通过放松假设来实现的。通过不断地放松假设，研究者可以更好地理解不同假设的相对重要性并加深对现实世界的理解。

完整的样本选择过程包括确定样本总体、人为的筛选过程、选择样本单位和确定样本规模。样本选择过程中的每一个步骤都有可能影响研究结果的质量和研究结论的普遍性。**研究样本的特殊性程度越高，以研究样本为基础的研究结论就越难以应用到其他环境中**。研究者应该考虑读者借鉴研究结果和推广研究结论的需要，结合成本-收益权衡来确定具体的样本选择过程。

第三章参考文献

第四章

科学的研究态度

第一节　研究中的交流

一、专业术语的有效运用

研究者必须重视结论的报告和交流，尽可能避免误解并充分阐述研究的局限性，并尽可能地少用专业术语，以优化交流效果。

福克斯医生（Doctor Fox）的故事充分说明了研究的致命伤——专业术语泛滥。这个故事以真实的研究为基础，目的是说明为什么大家会如此青睐专业术语。研究者雇了一个演员来扮演专家，为一群心理学家和精神病医生做报告。报告的内容空洞无物，但是充斥着专业术语。这个演员很尽职地记住了所有的内容，作为著名的福克斯医生发表了演讲。演讲赢得了观众的热烈掌声，并被评价为“印象深刻”和“清晰且激动人心”。这在一定程度上说明无论是否有具体的内容，滥用专业术语都能给听众留下深刻印象。这一研究结果支持了福克斯医生假说，即研究者之所以倾向于采用专业术语，是为了给使用者留下更为深刻的印象，而不是加深使用者对研究内容的理解。

福克斯医生的故事对现实的启示是，研究者应当注意使用专业术语可能带来的危害，这种危害包括研究成果名不副实或者哗众取宠。虽然专业术语可以促进研究者之间的交流，但是研究者必须要清楚，研究领域以外的其他人并不一定非常了解专业术语的含义。此外，为了有效地交流思想和结果，研究者需要有效地理解各种研究过程及原理。如果专业术语泛滥，即使是研究领域相近的学者之间的交流也难以为继。

就像福克斯医生故事中的听众不应该被专业术语迷惑一样，研究者必须知道，专家也并不总是比普通人更能理解研究的内容。**研究者应该尽可能地用浅显的语言来说明研究的问题、相关的理论、模型推导或数据检验过程、研究的意义和局限性，以及未来的研究发展方向**。没有这样的表述过程，研究结果实际上是毫无价值的，也更容易被使用者忽视。

二、充分披露的清单

在研究交流过程中，研究者需要了解应当充分说明的相关内容，包括详细说明每一个研究步骤，也包括采用的假设前提、已检验的偏差、发现的问题及必要的解决步骤，以及发现的结果。研究者应当报告假设的检验情况，当假设前提不适用时，应当作出必要说明并报告其对结论的可能影响。同时在研究设计和交流过程中，研究者还需要说明影响内部有效性和外部有效性的各种因素，特别是应明确阐述研究结论的适用性。

三、必要关注

在论文中是否提醒读者需要注意的事项，是研究过程中研究者是否采取必要关注措施的信号。例如，准实验式研究方法应该说明研究变量之间的相关关系而不是因果关系，同理，如果数据特征与统计技术的假设前提不吻合，或者没有采取必要的步骤进行检验，研究者应该在报告中加以说明而不是精心掩盖。

四、洞察

在未来研究方向上，研究者无疑比其他人处于更为有利的位置。充分说明下一步研究的问题以及解释当期研究尚未回答的问题，可以帮助其他人更好地进行深入研究。如果研究者不能说明他的研究在整个理论体系中的作用，那么其研究贡献就可能不是那么清楚。研究者对未来研究方法的预测和说明，是对现有研究的长期贡献。

五、提醒

研究者需要提醒读者研究工作在各个方面的可信度，应该包括已知的局限性和对研究结果有影响的各种假设前提。描述研究关注的问题以及相关的结论，可以帮助读者形成自己的判断，研究者的视角无疑是有价值的，但是不同的读者可能会从不同的角度来判断研究的价值，进而得出不同的结论。

例如，在公司舞弊预期研究中，研究者提出了用概率估计模型预测值来评价公司舞弊的可能性。从事后的公司舞弊统计结果来看，概率估计模型预测值的结果非常令人信服，投资者也广泛使用该模型。一些会计师事务所就考虑采用概率估计模型预测值来评估公司财务报告的质量。当按照概率估计模型预测值预测公司实际上有没有舞弊时，不同使用者的对应措施是不同的。

投资者不会非常关注概率估计模型预测值的预测误差，因为在有其他替代项目可选的情况下，投资者不会花费太多的成本来考虑模型预测误差问题。而作为熟悉公司业务并希望和公司保持长期合作关系的会计师事务所，在概率估计模型预测值产生了不少预测错误的情况下，显然不可能仅仅因为概率估计模型预测值的预测结果就放弃客户，也不会仅仅因此就出具财务报告质量的非标准审计意见报告。因此对投资者有用的工具并没有给会计师事务所带来相同的好处。

与此相类似，对于会计信息的决策有用性，不同的报表使用者关注的信息和重点也未必是相同的。例如战略性投资者更关注公司的持续经营能力，散户可能更关心公司当期的分红能力，债权人更注重公司当期的债务清偿能力。虽然这些诉求在一定程度上都表现为关注公司的盈利信息，但是背后的含义显然是不完全相同的。

研究者对这些结论给出了很多的警告性说明，但对不同的读者来说研究结论的含义并不完全相同。

六、技巧

作为读者，除了要知道一些研究可能专业术语泛滥和过于专业化，还需要知道阅读研究报告的一些技巧。这里从文献回顾开始讨论。读者首先要了解相关的文献，因为论文所引用的文献不仅可以说明这项研究在整个理论体系中的作用和研究问题的相关性，还可以从及时性、原创性和独特性方面来说明研究的质量。当然这需要读者对研究文献背景的了解和掌握。

脚注（footnote）可以帮助读者判断研究问题的局限性、假设以及其他在研究设计中没有得到充分阐述的要点。通过对脚注的了解，读者有时可以判断出这篇论文是否值得一读。例如在其他类似文献中都提到的研究问题局限性和适用性说明，在本篇论文中却没有涉及，显然就会削弱读者继续阅读的兴趣。

大多数杂志要求一篇完整的论文包括摘要、引言和结论，相应的写作方式要求能够方便读者通过关键字检索，同时用合理的术语来表达研究目的、方法和结果。如果论文的摘要、引言或者结论部分不堪卒读，那么论文的交流过程就可以认为是完全失败了。

附录（appendices）通常用来说明技术细节或者模型推导过程，目的是简化研究内容说明，提高研究结果的可理解性，解决论文正文中术语泛滥的问题。

在文献引用方面，一个标准的范式是引用文献中的基础理论，而不是重复以往文献的理论推导过程和详细阐述具体的技术细节。假如研究者在研究报告中把参考文献所有的内容都复制下来，没有看到具体解释的读者很容易被绕糊涂："到底哪一部分是这项研究的基础?"同时杂志的版面也会限制论文的篇幅。无论是杂志还是作者，在这方面的唯一责任是"充分披露"文献引用的方向，感兴趣的读者会自行寻找。

最后，读者发现论文结果或解释不正确，或者研究过程中存在自相矛盾之处时，应当尽快地和作者直接联系并指出。任何研究者都会对阅读其论文的读者表示尊重，而且交流过程或者印刷过程都不可避免地存在错误。如果读者不能直截了当地提出问题，那么疑惑就会积累得越来越多。作为读者，吸收的信息越多，就越能够了解研究过程中的常见错误。

尽管作者、编辑、审稿人和校对人员做出了很多努力，但是实际发表的论文中，错误仍然在所难免。通过和作者直接交流，读者不仅可以避免过分思考错误结果和结论，节约时间，还能够更为清楚地了解为什么看上去是错误的东西实际上是合理的。这对研究者来说也是有好处的，这些意见可以成为下一次论文报告的前车之鉴。

七、小结

一方面，论文交流过程中存在各种问题，包括交流材料的技术特征，如为了引人注意而过度强调问题的复杂性和杂志版面限制等。无论如何，一篇好的论文应该通过脚注或者相关文献的引用来进行充分披露。如果论文的可读性太差，或者没有说明研究问题的局限性和未来研究方向，也会削弱研究本身的贡献。

另一方面，充分披露可以使读者更为有效地评价研究贡献并将其应用到自己的研究问题中。研究者应该明白，**在结果交流过程中，读者之间是存在差异的，因此需要用浅显的语言来表达术语，通过附录或其他方式来提高论文的整体可理解性**。

第二节 研究的科学态度

研究发现在被广泛接受之前，总是会受到各方的质疑。学术报告的编辑、审稿人、答辩专家都会从不同方面提出疑问，并对结论的可靠性和重要性发表自己的看法。**在面对质疑的时候，研究者必须有开放的心态，勇于承认自己的不足**。如果研究中真的存在不足而不认真修改，就会在错误的方向上越走越远，浪费太多的精力来维护一个错误的结论。

当研究者坚持认为某个错误观点就是研究动因，并提供了各种解释和说明时，读者就要意识到研究者可能在为自己的错误观点寻找可能的借口。

一、不过度依赖模型

为了估计各种研究动因对结果的影响，研究者可以采用模拟分析的方法，但是**研究者也不能先验地认为，模拟的结果就是现实世界的必然反映**。对于那些断言按照某个模型一定会产生预想结果的说法，研究者和读者都需要审慎地对待。一方面，模拟分析可以帮助读者比较各种竞争性假说的相对优缺点；另一方面，研究者不应该完全排斥可能的竞争性假说、不分析现有模型的可能误差，也不研究模型所依赖假设的合理性。

只要给出一个模型，总是会产生特定的估计结果。如果实际的环境中找不到证据来支持模拟的结果，研究问题的意义就会被大大削弱。

从模型的证据支持中，应该可以观察到某类特定事件的发生。因此，读者在阅读论文的时候，也要考虑研究者所宣称的证据是不是真实的证据。可以从以下方面入手进行思考：

（1）如果在某些特定环境下发生了某种事件，但是没有得到预期的结果，即结果并不支持研究者初始的预期，那么研究者为什么会认为影响因素在这些特定环境下必然会产生预期的结果呢？例如，研究者认为，独立董事比例越高，公司业绩越好。研究者将独立董事比例与公司业绩进行回归，但是没有发现显著的相关关系。读者应该思考，作者为什么要研究独立董事比例与公司业绩的关系。

（2）在没有该影响因素的其他环境中，为什么会出现类似的预测结果呢？如果基于其他国家的研究显示，独立董事比例与公司业绩之间存在正向关系，那么其他国家的相关研究理论依据是什么？本国的研究理论依据是什么？

（3）是否还有其他的影响因素？如国别因素是否会影响独立董事比例与公司业绩的关系？

（4）如果某些影响因素的确产生了预期的结果，那么在不同的环境下是否需要考虑其他的影响因素呢？如果国别因素的确影响了独立董事比例与公司业绩的关系，那么国别差异的哪些方面会影响独立董事比例与公司业绩的关系呢？产业结构差异、资本市场发展差异还是独立董事特征差异？

很多时候，研究者用来说明问题的证据并不是基于历史数据、采用统计方法得到的客观分析结论，实际上，模型只不过是在研究者假设的环境中，对某个事件及其影响（过程或者结果）的模拟而已。所以当某个事件看上去不合理的时候，就需要研究者添油加醋，让这个事件的结果看起来的确是那么回事。

模拟的过程就是一个假设套另一个假设，所以模拟的实质就是制造一个让人相信的场景，只要设定条件，结果会自然产生，至于结果是否和现实有相关性，那就不是研究者要关心的问题了，这就是研究中的杜撰问题。

模拟所制造的场景通常不会止步于一个假设，而是一个假设套着另一个假设。在这个滚雪球的过程中，很容易让研究者和读者忽视实际情况可能与研究假设及其预期结果相反。

为了说明自己的模型方方面面都是可信的，研究者通常会找出各种理由。为什么预期结果与实际情况不吻合呢？研究者的解释是模型没有控制某些影响因素，这种说法通常是研究方法或样本有偏的最佳托词；如果研究者的理由是研究方法问题，那么读者就要多加注意了。

研究者也可能通过评论以往的研究结果的方式来说明自己研究结论的正确性，如指责以往的研究结果错误或夸大其词，甚至采取断章取义的手法，对此读者也要有足够的认识。同样地，读者也有必要注意一下那些研究者声称不必要而删除的控制变量，为什么其他的研究结果要采用这些控制变量，而在这项研究中不采用呢？当然很多时候研究者是不会主动解释的。

当研究者采用了不那么有效的类比时，其实他的目的是尽可能地让结论看起来更具有普遍意义；很多研究中不管两个结论是不是真的具有可比性，就硬要去比较，此时研究者和读者都应该知道，研究结论像药品一样，对这个病症起作用，对其他病症不一定也必然起作用。

二、当研究发现与实际不符

为了说明证据的可靠性，研究者有时会特别警告读者，他的研究成果需要经过一段时间的严格检验才能够得到验证。在这种情况下，衡量标准就像一个移动靶，为了说明衡量工具的准确性，它必须要满足某些精确的条件，不管这个靶是朝哪边移动的。显然研究期间过长或者过短都有可能产生“错误”的结果，因为噪声的干扰可能会导致不确定性，而与预期一致则是可辨别的趋势，因此要对某个非常重要的证据加以说明。

在某些情况下，研究者认为，面板数据方法对某些项目来说非常有效，但是可能和模型的其他部分检验无关。当然研究者也可用一般的截面回归分析方法，但是研究者和读者都必须知道，在什么情况下均值是相关的、组间比较是更合理的。掌握这些基本的要点之后，读者就不会因为发现研究中某个未控制的影响因素虽然在模型中被认为是不必要的，却有可能改变整个分析结果而惊讶。

某些研究者非常排斥将其研究结果与实际情况和其他研究者的结果进行比较，理由包括一些统计上的细节不能满足建模的一般准则，比如分析工具所要求的基本假设及检验。除此之外，对模型的解释与以往的研究结果不一致，无需加以说明。至于大家已经公认的某个已知现象变化趋势，更是无关紧要了（虽然定义的逻辑未必是合理的）。

第三节　如何成为合格的研究者

一、研究者的特征

为了说明研究成果的实际意义，可以先了解一下研究者的必要特征，然后再想象一下研究者会如何帮助解决实际问题。显然，作为一个合格的研究者，应当具备以下基本特征。

1. 好奇心

研究者应当是有好奇心的——不仅对过去、现在和将来的事件及想法充满好奇，而且能够将这种好奇心转换成可检验的概念，并采取相应的研究设计来支持或反驳这些概念。哲学家和研究者的区别在于，研究者能够获得证据来检验竞争性假说。

2. 开放性

研究者必须有开放性的思路——这是有效进行研究的前提条件。研究领域的一句著名的谚语是，“只有在衡量工具更为精确的情况下，才能确定哪个学者真正发现了证据，哪个学者是说说而已”。对相反证据采取视而不见的态度，不是一个学者应有的态度，这种态度也会导致错失学习机会。

研究工作中更为困难的一个方面是研究有可能证伪，但是不可能证实。**不一致的结论很显然表明原先的概念或理论分析有问题，但是一致的结论只能说明某个概念的合理性，并不能说明研究的问题就是概念本身**。之所以如此，是因为不可能构造一个研究设计来控制与此概念有关的所有因素，任何一个被遗漏的因素都有可能改变结果。在现实生活中的典型例子就是审计过程中的统计抽样。由于不可能进行100%的检验，任何一个点估计的结果都不可能具有100%的置信度。审计师的做法是确定一个置信区间，允许实际结果有处于置信区间之外的风险。就像审计师选择95%作为置信区间一样，研究者通常也选择95%作为统计显著性的标准。

3. 毅力

研究者如果只投入了很少的时间，显然是很难发现什么结果的。科学的研究方法要求“痛苦”的数据收集和“净化”过程，要求研究者熟悉数据，掌握基本的数据分析方法，这些都是获得初步结果的基本步骤。有时，在确定和量化相关因素之前，研究者必须对数据进行删减。这样在研究的计划阶段，就要求研究者必须有毅力，因为研究者必须要确定所有的相关因素和噪声。为了提高数据分析质量，研究者需要借助初始数据或实验来确定影响因素和噪声控制的方法及其有效性。数据收集过程则对研究者的坚定性提出了相应的要求，在获得高质量数据的过程中，研究者之间的持续交流可能是最为有效的方法。

二、如何提高研究工作的效率

（一）规划研究

研究过程的乐趣在很大程度上依赖于研究者确定有价值问题的能力。一项研究工作很少只分析一个研究题目，确定一项研究工作的副产品和对其他研究或实务的意义，则是研究者持之以恒精神的重要保证。

研究工作及其结论的广泛性越强，现实意义越大，越能够吸引研究者、参与者和研究的资助者。无论原先计划的研究项目期限是多长，短期的副产品也是有价值的，可以增进人们对当前研究问题的理解。

假定你计划开始一项研究工作，可以先列出你所有感兴趣的研究题目，然后用可检验的假说或者概念来表述这些题目，想象一下可能的检验方法，考虑需要控制的相关因素以及衡量过程中可能出现的各种问题。

如果从批评者的角度来评论研究过程，可以考虑以下问题：为什么这项研究不可能产生有意义的结果？研究设计有什么问题？为什么研究结论可能会有多种结果？能否有效衡量相关因素和控制数据中的噪声？在这个意义上，研究过程的必要步骤之一就是对“做不到”清单有坚忍不拔的态度，所有的研究都是有缺陷的，研究者应该尽可能地确定和弥补这些缺陷。

在面对“做不到”清单时，真正的研究者不应该感到沮丧，而应该勇于接受挑战，并采取必要的步骤来实施有意义的研究。虽然研究过程是系统化的过程，研究问题却很少以系统化的方式出现，研究者的重要工作就是使研究问题变得系统化。

（二）反复耕耘

重复以前的研究工作也是很有意义的，也可以通过分析现有的数据得到有意义的结论。最有价值的研究不仅要求研究者有创新的思想，同时对数据收集工作提出了更高的要求。常言道，一分耕耘，一分收获。研究中的收获就是研究结论更有价值、研究结果更为合理、对现有知识的贡献更大。

经常有人认为，若研究的问题过于复杂，现有的实验方案或统计工具根本无能为力。但是一个具有研究思想的人会具体定义这种复杂性，考虑各种分析角度，并辅之以各种度量方式。例如，一个方案的预期有效性为

87%，另一个方案的预期有效性为86%，到底哪个方案更好？人们的观点可能很难一致。此时研究者可以考虑5分制或者10分制的有效性分类评价方式，即通过排序方式来反映人们的主观评价。如果科学家因为问题过于“复杂”而逡巡不前的话，科学理论的发展估计就是蜗牛一般的速度了。

社会科学研究可以借鉴学习自然科学中研究的推导式研究方法，研究者对支点和杠杆的具体运作、啤酒中泡沫的形成、货车上下山坡、苹果从树上落下的观察，都促进了科学研究的巨大进步。在社会科学研究中，这些能力则需要有所修正（因为人的行为规则和组织结果与物理学规律完全不同），**当出现某些异常结果时，研究者更需要认真研究，不能简单地将其归咎于研究设计缺陷而不予考虑**。

应用推导式研究方法就像是拼图，在拼图过程中始终有一个完整图像的引导，而每一块图片就是经验检验的证据、系统的观察和对相关证据的理解。

重复科学研究思想过程的最后一步是，构建“如果……，那么……”分析范式，即“如果发现的证据是……，那么结论应当是……”。研究者可以根据已有的证据来评价证据是否支持原有的研究假说。**采用上述的“如果……，那么……”分析范式，研究者可以明确分析过程中存在的问题，并通过调整研究设计来解决**。

三、研究工作的意义

要坚持不懈地进行研究，研究者需要明确研究工作的意义。本书认为，研究工作的意义是要努力区分“所知道的知识”、“自认为已经知道的知识”和“希望了解的知识”。

通常情况下，经验被认为是职业判断的主要基础，在很多案例中，公司高管的决策过程，通常会以故事的方式加以展示，形成轶闻式记录。这些轶闻式记录是研究的起点，但是将轶闻式记录作为研究的结论并加以推广，不可避免地会受到内部有效性和外部有效性两方面的质疑。

严谨的研究要在轶闻式记录的基础上开展正式的调查研究，即通过控制各种误差对个人观点的影响，对个人决策行为和过程进行系统化分析。例如，向30个独立董事了解做出每个决策平均花费的时间，他们很可能要求你提供一个具体的“环境”，并且要控制很多重要因素，包括常见的公司特征——行业、规模及其他特征。通过系统化的问题分析来促进知识掌握，是研究的主要目的。

研究者要同时有效运用观察力和分析工具，确定问题和有效运用研究工具是研究者的重要能力之一。当然，研究者也可以采用合作的方式，相互提供主要的分析能力和数据分析能力，这样就可以将不同研究者所具有的观察力和判断力更好地应用到研究中。

实务工作对研究的帮助是告诉研究者实务中所面临的问题。这些问题可能是短期的，也可能是长期的，会有助于整体问题的研究。例如独立董事在公司治理中的作用究竟是监督还是建议？在公司出现舞弊的情况下，如何界定独立董事的相关责任？对这些问题的研究，也许可以直接解决实际问题。

除了提出问题，独立董事对研究计划的评论会非常有利于研究工作的完善。例如，提出的问题会有结果吗？计划的研究设计能够有效分析问题吗？研究问题是否过度简化以至于削弱了结论的可靠性？

评价研究计划有效性的方法有试探性分析，这可以帮助研究者确定分析过程中的不足，这些不足对独立董事来说是家常便饭，研究者却可能闻所未闻。而且独立董事通常具有丰富的实践经验，有助于研究者的分析工作，并扩展研究者对独立董事作用和其面临的社会、经济和法律环境的理解。**实务工作者和研究者的联合比任何一方的单打独斗能更为有效地提高人们的知识水平**。

本章小结

研究态度也是研究中不可缺少的部分。研究不可避免地要用到专业术语，专业术语的滥用虽然会让研究看起来很高级，但是并没有太大的意义。研究者应当明确研究的读者定位，用浅显的语言来表达术语，通过附录或其他方式来提高论文的整体可理解性。在此基础上，研究者需要详细说明每一个研究步骤，包括采用的假设前提、已检验的偏差、发现的问题、必要的解决步骤，以及发现的结果。一篇好的论文可以通过脚注或者相关文献的引用来进行充分披露。如果论文的可读性太差，或者没有说明研究问题的局限性和未来研究方向，也会削弱研究本身的贡献。

研究发现在被广泛接受之前，总是会受到各方的质疑。学术报告的编辑、审稿人、答辩专家都会从不同方面提出疑问，并对结论的可靠性和重要性发表自己的看法。在面对质疑时，研究者必须有开放的心态，勇于承认自己的不足。作为研究者，固然可以将研究设计作为重要的支持依据，但是不应当过度地依赖特定的研究模型、样本期间、数据或指标。这也是研究中稳健性检验的重要来源，即检验改变研究模型的设定、样本期间或指标度量，现有的研究发现是否还存在或显著。

作为合格的研究者，好奇心、开放性和毅力是不可或缺的。在研究过程中，研究者只有科学地规划研究，对特定的问题反复探索，充分运用现有的知识和经验，才有可能取得相应的研究发现。要取得突破性的研究发现，厚积薄发是必须经历的过程。

第五章

公司财务研究概述

如果对于公司来说，财务管理是重要的，那么当财务管理行为发生改变时，整个公司的运营过程和资本市场都会受到影响。随着资本市场的发展，公司与资本市场的关系也在不断变化和演进，对财务管理提出了更多的要求。

财务管理涉及公司融资、投资和利益分配等职能，同时要面向公司经营决策的需要和资本市场投资者的需要。不同环境会影响公司融资、投资、利益分配的内容和形式。本章以公司财务为例，说明具体的研究过程和相应的研究发现，读者可以借鉴这个分析过程，并将其运用到其他研究领域中。

本章以公司财务为例，主要基于以下原因：第一，公司财务管理的对象是企业的资金及其流转过程，这贯穿企业经营的全过程。第二，公司财务管理以企业价值最大化为目标，要同时考虑货币的时间价值和风险-收益权衡，将公司经营过程中的不确定性量化，是非常具有挑战性的工作。第三，公司财务研究几乎综合了所有的社会科学研究工具，例如事件研究法就是从公司财务领域发轫的。第四，公司财务研究和其他领域的研究相互借鉴，例如公司财务从公司治理角度研究公司税负成因及其经济后果，是对税收经济学的重要补充和发展。

此外，很多人会很好奇："做财务还需要读博士?""做财务还需要做研究?"等等。本章的内容一方面可以让初学者对公司财务研究的内容和意义有感性的认识，另一方面也可以让研究者初步了解公司财务研究的成果。

第一节　理论基础和研究方法

一、理论基础

和所有的经济模型一样，市场是企业财务管理活动的最佳评判者。作为财务管理对象的资金，是由投资者提供的，公司财务管理的目标就是实现企业价值的最大化，所以公司财务研究不仅要关注资金水平、发生的时点，还要关注潜在的风险。

以市场为基础的公司财务研究通常以经济学和金融学理论为基础，其中有效市场假说、信息不对称理论和代理成本理论在公司财务研究中具有非常重要的地位。

有效市场假说认为，市场可以迅速掌握信息，使价格充分反映公司预期的折现现金流量。相应地，学者们也提出了一整套完整的检验技术，来确定特定信息或者财务报告中的信息含量（information content），即事件研究法（event study）。事件研究法的基本思路是，借助一个模型来刻画公司股票收益和市场整体收益的关系，通过此关系来估计公司股票的预期收益，公司股票的实际收益和预期收益之间的差异就定义为**超额收益**（abnormal return）或**预测误差**（prediction error）。如果超额收益具有统计显著性，则可以认为特定事件发生时对股票定价产生了影响，即具有信息含量。例如，公司财务研究发现，公司宣布发行新股通常会导致股价下跌。这一发现是以有效市场假说为基础（股票价格反映了公司价值的信息），采用事件研究法对股票市场价格进行检验的。

信息不对称理论认为，交易双方拥有的信息不同，会阻碍交易的顺利进行，降低市场交易的效率。同时市场参与者也会借助各种方式，显示自己的内在特征，以提高交易的效率。以上面的新股发行为例，研究认为，当投资项目预期收益不佳或当前股票市场价格被高估时，企业会更倾向于向市场潜在投资者发行股票进行融资；若理性的投资者根据股票增发行为推断出项目前景不佳或当前股价被高估的信息，就会相应调低对公司股票的估值，所以新股发行会导致股价下跌。

代理成本理论认为，在所有权和控制权分离的情况下，企业管理者拥有控制权，有可能会为了自身利益的最大化而损害投资者（拥有所有权）的利益，这种潜在和现实的冲突，会降低企业的运营效率，甚至导致投资者不愿意投资公司。因此，企业需要建立各种制度，即公司治理，以保证投资者得到适当的回报。有效的激励和监督，可以降低代理成本，提高公司价值。

二、研究方法

企业管理层如何进行财务决策，包括在决策中权衡各类因素，是现代公司财务研究的热点问题之一。研究者通常将实地研究作为基本的研究方法，深入了解某个或多个公司，包括企业在进行债务融资时，会如何考虑公司自身的特点，如何确定债务的类型、期限、贷款条件，等等，以此来得出结论。显然，研究者无法通过观察企业的特征来获取这些信息作为研究的基础，这时就需要充分借鉴和运用各类分析工具，对这些问题进行探索。

基于理性预期的数学模型，研究者可以对管理者决策行为所面临的约束条件进行合理的假设，并确定相对重要性，形成相应的理论预测结果。分析式研究通常是根据实际的资本市场来确定一个实验室环境，确定具体的交易规则和说明，观察和记录实验者的交易行为，这样研究者就可以观察到实验者在不同的环境下决策行为的变化。

实验式研究是模拟分析的基础，在模拟分析中，可以比较随机行为的参与者和服从某种特定规则的参与者的差异。类似地，通过分析实际的决策行为，研究的重点就是在实际的市场和企业环境中决策的类型和特点，并根据决策所处的环境来判断影响因素的相对重要性。

例如，在实地研究中发现，财务弹性是影响企业债务融资决策的重要因素，可通过分析性建模的方式，将财务弹性表示为一个变量，分析其对企业负债的影响。研究者可以构造实验环境，根据其对财务弹性的理解，事先界定财务弹性大的企业和财务弹性小的企业，分别考察实验参与者在不同环境下的融资行为及后果，以此分析财务弹性对企业债务融资决策的影响。

根据实验观察到的现象和参与者的反馈，研究者可以明确财务弹性对债务融资决策的影响方式和路径，通过调整相关的参数，来模拟不同环境下财务弹性与企业债务融资决策的关系。大样本的研究则要在明确财务弹性概念的基础上，以现实中的公司为样本，分析财务弹性指标与债务融资决策行为之间的关系，将其作为检验理论的依据。

如前所述，不同的研究方法得出的结论未必是一致的，研究者只有深入地了解各种研究方法的优势与缺点，才能够更好地理解相关的研究结论。无论采用哪种研究方法，研究者所定义的财务弹性，与现实决策中所理解的财务弹性未必是一致的，那么**研究结论与实际现象的差异，可能是因为研究的理论本身有所不足，也有可能是因为研究所采用的指标未必能够反映现实**。

第二节　公司财务的研究领域

一、资本结构

作为公司财务研究的奠基石，几乎所有的公司财务研究都和资本结构有关联。资本结构理论的研究起点并不是要论证资本结构的重要性，而是要研究在什么样的条件下，资本结构与公司价值是无关的。通过逐步放松假设条件，研究者发现在不同的条件下，资本结构与公司价值的关系也会发生变化，并在此基础上发展出不同的资本结构理论，从不同的约束条件角度解释和分析资本结构的影响因素。

但是，从实践的角度来看，还没有“统一”的资本结构理论能够解释所有的公司融资现象，某个资本结构理论可以解释一些现象，但是无法解释另一些现象。

二、股利政策

与资本结构理论的发展相似，股利政策的理论研究也从是否与价值有关这个基本命题出发。研究者首先证明，在特定的假设条件下，股利政策与公司价值无关；然后逐步放松假设，考察在不同的环境下股利政策与公司价值的关系，形成了不同的股利政策理论。

例如，在完全市场中，股利是公司价值的分配，而不是公司价值的创造，所以与公司价值无关。但是，在公司与投资者之间存在信息不对称的情况下，股利可以向投资者传递公司内在价值的信号，即公司价值越高，发放的股利越多，股东可以根据股利发放水平来判断公司价值的高低。随着代理成本理论的发展和公司治理研究的兴起，出现了新的解释：股利是股东得到的回报，股利越高，公司的代理成本越低，公司价值越高。

现有的理论都是将股利政策作为公司价值的体现，但是从内部有效性的角度来看，股利究竟是传递了公司内在价值的信息（信号理论），还是降低了代理成本从而增加了公司价值，需要从研究设计的角度做进一步探讨。

三、证券发行定价

与资本结构和股利政策的研究起点不同，证券发行定价是在现象发现的基础上逐步深化而形成的研究领域。研究者发现，公司在首次发行股票上市时，发行价格都会显著低于首日的成交价格，而且这一现象在全球范围内普遍存在。为什么公司的发行价格要低于首日成交价格呢？显然这无法从有效市场假说中得到解释，现有的研究者从信息不对称、制度设计、代理成本等多个角度进行了探讨，深化了对证券发行成本和制度设计重要性的认识。

四、投资与融资约束

早期的资本结构理论是在假设企业投资决策不变的情况下分析融资决策及其对资本成本的影响，后续的研究则认为，企业会根据投资的需要来确定融资规模，而且在信息不对称的情况下，企业未必能够获得投资所需要的全部资金，从而不得不放弃高收益的项目，即融资约束。而代理成本理论则认为，管理者有扩大企业规模的动机，从而选择效益低的项目进行投资，即过度投资而降低企业价值。因此，融资约束和投资效率成为公司财务研究的重要内容。

第三节　个体决策者角度

以资本市场为对象的公司财务研究，强调的是市场的整体决策行为，那么在市场分割的情况下，决策行为是否会不同呢？这就需要考虑市场中各参与者的个体决策行为。例如，将市场中的参与者分为有信息的参与者和缺少信息的参与者，并研究其对定价的影响，这就是从个体决策者角度分析其在市场中的作用。在这一研究方向上已经有非常多的研究课题，例如，决策者是否理性；如何利用信息；某些信息（如股利信息）是否比其他信息（如管理层持股信息）更有用；通过决策辅助工具、机器学习、深度学习等工具，可否提高决策效率。

一、个体非理性决策

个体决策者在分析问题时，很少采用以古典概率理论或贝叶斯决策理论（即将主观概率与其他证据结合起来获得结论）为基础的决策方式。人们通常很少关心结果的先验概率、样本规模和可预测性，往往错误地理解了机会的概念，更容易罔顾实际情况，抱着自己的观点不放。例如人们通常非常愿意相信某件事情，是因为这件事情和人们所希望出现的结果比较一致。

把非理性假设引入个体决策过程中，就会发现人们的决策会产生错误、偏差和不一致。例如，问题的提出方式可能会影响个体决策的初始选择结果，个体往往会以初始选择的结果为基础来分析问题，而不愿意根据实际情况进行充分的决策调整，最终产生不同的结果，这种现象即为"锁定与调整效应"。个人进行决策时还会考虑信息获得的顺序，更依赖近期获得的信息而不是以往的信息，即"近期效应"。同理，一些决策者会有过度自信的倾向，倾向于收集肯定性信息以加强现有的分析，对不利信息则不予重视或弃之不理。

行为财务理论是将心理学与公司财务结合而形成的研究体系。在现有的研究中，应从成长经历、个人特征、签名特征、决策模式等各个方面研究管理者的个性化差异，并分析其对公司财务管理决策的影响。与代理成本理论不同，行为财务理论隐含地认为，决策者的非理性决策源自自身的特点，不会因为外部的环境而改变，因此难以通过有效的制度建设来加以缓解。

对决策者非理性决策倾向的系统研究和效应分析，可以帮助决策者更有效地了解其决策过程中可能的缺点，并采取措施尽可能地避免失误。将管理者的特征作为工具变量以解决内生性问题并没有太多的理论意义。

行为决策研究中的一个关键争议是一致性的作用，观点的一致性是不是行为分析的重要特征，与精确性的相互关系如何？例如在特定情况下管理层表现出来的过度自信，是否在所有方面都是如此？还是管理层在自身经验丰富的领域会过度自信，在陌生领域就不那么自信？

二、群体决策

研究者在分析个体决策者认知行为的同时，也日益关注群体决策和交互决策效应，以及组织结构效应，具体包括决策过程中的反馈、自我肯定和业绩评价及其各自的作用。例如，激励会影响决策吗？如果决策者采用各种分析工具，可能的影响是什么？个人经历、特定任务所要求的知识以及分析问题的过程，都会影响到决策的产生过程。

公司财务涉及企业经营的各个方面，所有参与者（包括消费者、供应商、员工、债权人、股东）都发挥着直接或间接的作用，而公司财务决策本身也是一个完整的故事。

在公司财务决策这个故事中，每个参与者都会和公司相联系，也都会和公司的外部环境相关联，构成了不同参与者的社交网络。每个参与者的社交网络特征及其位置都会影响参与者的信息来源和社会资本，进而影响公司的财务管理决策。现代社交网络分析方法在公司财务中的应用也改变了研究者考虑问题的视角：原先的公司财务研究认为公司在抽象的经济环境中独立地进行决策，而社交网络分析方法的引入，可以定义公司的“网络化”经济特征，并在此基础上研究公司的财务管理决策。例如，公司投资决策中的从众行为（“动物精神”）或者外部压力的影响（“同行效应”），意味着公司在进行投资决策时，不仅要考虑自己拥有的特有信息，还要考虑同行业中其他公司拥有的私有信息，对自身信息和公开信息给予的不同权重，也会影响公司财务管理决策的特点。

本章小结

本章以公司财务为例，介绍了前面各章涉及的研究方法的运用。公司财务作为公司重要的管理内容，不仅会影响公司内部的各项经营活动和战略目标的实现，同时也通过资金的纽带与外部资本市场相联系。

公司财务的理论研究基础，在现阶段主要扎根于经济学，特别是微观经济学完美市场假设。公司财务研究的先驱者将研究重点放在了资本结构方面，在完美市场假设下，提出资本结构与公司价值无关的惊人论断，引发了一系列的理论争鸣，通过不断地放松假设，逐步深化资本结构的研究，以增强理论对现实的解释能力。

在深化资本结构研究的同时，研究者也在扩展财务管理的研究边界，包括股利政策、证券发行、融资约束、资本成本等等。这些研究的内容看似不同，但是都在回应“公司财务决策重要吗”这个基本的命题，研究结论同时也是要说明“公司财务管理为什么重要”和“在何种条件下公司财务管理会更重要”。

公司财务管理作为一项管理决策，必然会受到公司高管行为和特征的影响；同时，公司财务管理连接着资本市场，在接受资本市场投资者评价的同时，不可避免地会受到投资者行为特征的影响，形成了行为财务管理的研究领域。行为财务管理的研究，放松了决策者完全理性的假设，将非理性因素引入公司财务管理领域，在一定程度上扩展了公司财务管理研究的范围与视野。

公司财务研究取得发展，不仅需要研究者深入了解公司财务本身的特点，还要积极借鉴经济学、管理学、行为科学等领域的知识，将其引入公司财务的研究领域中，通过科学的研究方法，夯实公司财务理论研究的基础，扩展公司财务理论研究的边界。在这个过程中，不同的研究之间结论并不完全一致，甚至相互冲突，这也需要研究者采用科学的研究方法，分析矛盾产生的原因，并尽可能地加以有效解决，共同推进公司财务研究的发展。所以，全面了解公司财务研究的理论基础、现有的研究发现和争议，以及未来的研究方向，是开展公司财务研究的重要前提。

第二篇

专题篇

第六章

公司财务研究的基础理论

本章简要介绍现代公司财务研究的三个主要理论基础：有效市场假说、信息不对称理论和代理成本理论，及其对公司财务决策的影响。有效市场假说从市场价格及其变化的角度，为分析和评价公司财务决策的有效性奠定了理论基础。信息不对称理论深入分析了资本市场中信息的重要性和信号机制的基本特征。代理成本理论侧重于在有限责任的情况下，控制权和所有权分离对公司财务决策和公司价值的影响。

现代公司财务研究的很多问题都基于上述三个主要的理论基础及其组合。例如，研究公司发行新股的经济后果，不仅要考察发行新股后的经营业绩及其变化，还要从市场价格及其变化的角度进行分析。从市场价格及其变化的角度分析公司发行新股的经济后果，其理论基础是市场有效性；而对于发行新股后所导致的股票价格下跌现象，研究者则更多地从信息不对称理论或代理成本理论的角度进行解释。

现代公司财务的理论基础范围已经有了很大的扩展。行为财务（金融）理论日益成为许多财务研究的基础。本书没有介绍行为财务理论及其应用，有兴趣的读者可以阅读相关的经典著作。

第一节　有效市场假说

一、概述

1953 年，英国统计学家莫里斯·肯德尔（Maurice Kendall）向皇家统计学会提交了一篇讨论股票和商品价格的文章。作者原来预计找到价格变化的规律性，但出乎他的预料，这种规律似乎并不存在。每一数据序列似乎都是“漫游”的，几乎就像是命运在每周随机挑选一个数值，把它作为下周的价格。换言之，商品和股票的价格似乎都是**随机游走**（random walk）的。这篇文章的发现和结论在当时引起了非常大的争议，而且一直持续到现在。

从市场竞争的角度来看，股票价格随机游走是可以解释的。如果过去的价格变化可以用来预测未来的价格变化，那么投资者就很容易赚钱。在充分竞争的环境中，获得利润所付出的成本越低，由于竞争者的加入，其可持续的时间越短。这就意味着，如果投资者试图利用过去的价格信息来获取超额利润，价格会迅速变化，研究过去价格信息带来的超额利润就会消失。因此，**过去价格的全部信息将会在今天的决策中得到反映**，投资者不会等到明天再去利用这个信息去赚钱。在这种情况下，就不会存在某种特定的价格持续变动模式，而是表现为临近两期（多期）的价格变化之间是相互独立的。

在竞争市场中，今天的股票价格必然已经反映了过去价格的信息。但为什么停在这样的水平上？如果是在竞争市场中，股票的当前价格不应该反映投资者所能得到的所有信息吗？由于竞争的存在，每个投资者都在充分发掘和利用自身所拥有的信息来获得超额利润，导致的结果是，**在充分竞争的资本市场中，没有任何一个投资者可以一直获得超额利润**。

Fama（1965）开创的有效市场假说是根据证券价格所反映的信息程度，定义三种层次的有效市场：第一层次为弱有效市场，即价格反映过去价格数据所包含的信息，如果市场是弱有效市场，那么研究过去的收益是无法取得超额利润的。第二层次为半强势有效市场，价格不仅反映历史价格信息，而且反映其他公开信息，例如，从财经出版物或者互联网可得到的信息。如果市场半强势有效，价格就会对所有公开信息，如上个季度财务报告的公布、新股发行、两家公司兼并的计划等迅速做出反应。第三层次是强有效市场，此时，价格反映通过对公司和经济状况进行充分研究后所能得到的一切信息。在这样的市场中，的确会有幸运与不幸运的投资者，但始终能战胜市场的超级投资管理人并不存在。

Fama（1965）提出的有效市场假说在现代财务（金融）理论中的地位，类似于牛顿力学在物理学中的地位。有效市场假说刻画了在无摩擦的资本市场中，不同信息及其特征对股票价格的可能影响，以及理想状态下股票价格的变化特征。虽然有效市场假说所刻画的情况和现实的市场未必一一契合，但是为研究者理解资本市场及其运作提供了重要的理论视角。

二、争论

(一) 为什么金融市场应该是有效的

有效市场假说的理论基础是理性预期理论。理性预期学派的基本观点是：人们在经济活动中，根据过去价格变化的资料，在进入市场之前就对价格做出预期。市场会发生一些偶然情况，称为干扰因素，但人们可以事先计算它的概率分布，选出风险最小的方案，以预防不利后果的产生。在金融市场上，如果投资者的预期是理性的，在确定价格时就会考虑所有的信息，包括过去、当前和未来的信息，相应地，证券的成交价格反映了所有与证券价值相关的信息。

实现有效市场假说的重要方式是套利。当套利者发现证券价格被低估时，就应该按照当前价格买入股票来获利。如果市场中所有投资者都知道价格被低估，也都会买入证券，导致证券价格上涨，直到证券价格等于其内在价值，套利才会停止。反之，如果证券价格被高估，所有投资者都会卖出该证券，导致证券价格下跌，直到证券价格等于其内在价值。

(二) 为什么金融市场未必是有效的

作为一种理想情况下的分析，有效市场假说没有考虑信息收集和处理的成本。如果将收集和处理信息也看成一种经济活动，那么投资者在决定是否收集和处理信息时，必须考虑相应的成本和收益。当且仅当收益大于成本的情况下，投资者才会收集和处理相关信息，这就意味着，即便是公开信息，也未必会反映到股票价格中（Grossman and Stiglitz，1980）。

Grossman（1976）从另一个方面指出市场不可能达到强势有效的状态。如果市场太有效，证券的价格与内在价值偏离程度很小，那么收集和处理信息的成本超过收益，投资者就会放弃收集和处理信息，这样做的结果是信息无法反映到证券价格中，证券价格充斥着噪声，市场效率下降。当证券市场的效率下降到一定程度时，投资者会发现，收集和处理信息是有利可图的，更多的投资者会收集和处理信息，使股价能够更好地反映价值相关的信息。因此，**市场不可能完全有效，也不可能完全无效，而是在有效与无效之间动态调整**。

Shleifer 和 Vishny（1997）指出，套利本身也是有风险的。要进行套利，套利者必须大量买入证券，承担了持有特定证券的整体风险；在持有期间内，证券错误定价未必能够得到及时修正，可能会持续很长时间；更重要的是，若套利者向金融机构融资进行套利，由于价格没有及时修正，套利者蒙受了损失，金融机构会担心套利者偿债能力下降，要求立即偿还资金。因此，套利活动本身也是风险巨大的，难以持续。

三、小结

在一个有效的资本市场中，投资者可以信赖价格，因为有关证券价值的所有信息都已经包含在其中，大多数投资者都无法获得持续的超额收益。要获得超额收益，投资者知道的要比其他人多，甚至要比每个人都多。

如果市场是有效的，正确的价格将反映所有可获得的信息。当投资者关注公司的现金流以及这些现金流中属于他们的部分时，会给予公允而迅速的定价，因此市场价格可以作为评价公司行为和指导公司财务决策的重要依据。

在公司财务中，许多问题的焦点是：投资者是否以及如何复制公司的财务决策。例如，公司对并购给出的合理解释通常是可以生产更多的多样化产品和使公司变得更稳定。但是，如果投资者能够同时持有两家公司的股票，那么他们为什么还要同意公司进行多元化经营呢？如果投资者自己进行多样化投资的成本低于公司进行多元化经营的投资，这意味着，管理层认为可以增加公司价值的行为未必会得到市场的认可；反之，公司多元化经营创造价值的前提是必须存在协同效应。

有效市场假说为分析公司融资决策提供了重要的评价角度。公司管理层在确定融资方式时，必须考虑公司负债和股东负债的权衡。如果公司借债，财务杠杆增加，股票的风险随之上升，股东会要求更高的收益率；但是，如果公司不借债，股东也可以自行负债，获得这样的财务杠杆。管理层面临的难题，就是要判断公司借债是否比股东个人借债的成本更低，**只有当公司债务融资成本低于股东个人债务融资成本时，公司融资才可以为股东创造价值**。进一步的分析就是要讨论，在什么样的情况下，公司的债务融资成本会高于股东个人的债务融资成本。

第二节 信息不对称理论

信息不对称理论是指在市场经济活动中参与各方对有关信息的了解存在差异时对市场交易及其均衡状态的影响。现代理论研究结果表明，在极端情况下，参与者之间的信息不对称会导致市场崩溃，无法通过市场价格机制实现供求平衡。

按照有效市场假说，信息是影响证券价格的重要因素。但是，资本市场的参与者，包括公司和投资者，都不愿意完全披露信息。从公司的角度来看，如果管理层将公司所有的信息披露给投资者，那么也就同时将公司的重要信息告诉了竞争对手，这显然对公司是不利的；如果不披露信息或者投资者获得的信息很少，投资者就不愿意向公司提供项目投资所需要的资金。

正是由于信息披露的两难困境，管理层会比投资者掌握更多的与公司价值相关的信息，这种信息不对称会进一步影响公司融资和投资决策。

一、柠檬市场

Akerlof（1970）首次系统性地分析了信息不对称对资产交易市场的影响。以二手车市场为例，假设目前市场中，二手车质量有高有低（对不知道质量的买方来说，低质量的二手车经常出现机械故障，被称为“柠檬”）。

拥有“柠檬”的车主总是知道自己车辆的质量，但是他们有动机美化质量，因为诚实地告诉买方“柠檬”的质量，买方就不会支付高价，甚至放弃购买，这会减少车主的销售收入。因此，“柠檬”车主会让“柠檬”在各方面模仿高质量车，然后告诉买方这是一辆高质量的二手车。这种行为被定义为“道德风险”。

如果所有的“柠檬”都成功地实施了模仿策略，对所有的二手车来说就存在一个暂时的均衡价格，这个价格反映了二手车市场中所有车辆的平均质量，而且潜在的买方也知道这个价格。财务理论中将这种状态定义为“混同均衡”，因此所有产品会混合在一起确定价格。

但是，这种均衡是不可持续的。拥有高质量车的车主知道高质量车的内在价值高于当前混同均衡状态下的平均价格，他们就会把高质量的二手车从市场中撤出，导致留在市场中的二手车平均质量下降。如果买方也知道当前市场中二手车的平均质量下降了，将会再次出现混同均衡，而且平均价格将低于初始的平均价格。这一过程将不断持续，直到市场中只有最低质量的二手车，即市场崩溃。

表 6-1 以数字方式展示了信息不对称下的混同均衡。

表 6-1　二手车市场数据

二手车质量	价格	第一轮报价	车主决策	第二轮报价	车主决策	第三轮报价	车主决策	第四轮报价
5	5 000	2 500	退出					
4	4 000	2 500	退出					
3	3 000	2 500	退出					
2	2 000	2 500	留下	1 000	退出			
1	1 000	2 500	留下	1 000	留下	500	退出	
0	0	2 500	留下	1 000	留下	500	留下	0

假设二手车的质量从 0（最低）到 5（最高），相应的价格也是从 0 到 5 000。由于“柠檬”车主采用模仿策略，所有二手车从外观上都和最高质量的车（质量 5）一样，买方难以区分。买方知道二手车的质量分布，但是无法识别出每辆车的实际质量，因此买方根据二手车的平均质量确定价格（2 500）。在买方价格为 2 500 的情况下，车主就会把质量为 3、4、5 的车从市场中撤出，这样留在市场中的二手车平均质量为 2、1、0。买方理性地预期到车主的这个行动，对留在市场中的二手车仍然采用混同均衡定价，即按照平均质量（质量 1）确定报价 1 000，这样车主就会将质量为 2 的二手车撤出。重复这一过程，结果是市场中只有质量为 0 的二手车，买方也不会购买。

在上述的二手车市场中，既有需求，也有供给，但是由于信息不对称，买卖双方无法成交，甚至出现了市场崩溃。因此，信息不对称是影响市场出清的重要因素。

Akerlof（1970）将信息不对称扩展到健康保险市场的“逆向选择”问题，和二手车市场具有相同的经济逻辑。当保险公司无法区分投保人健康状况时，采用平均健康状况对投保人收取保费，健康程度良好的投保人会放弃投保，健康程度差的投保人购买保险，这样就导致保险公司的收费标准无法覆盖事后的保险支出。在后续的研究中，“柠檬市场”和

“逆向选择”成为描述信息不对称及其经济后果的专业术语。

Akerlof（1970）进一步分析了信息不对称问题的解决机制，包括监督、鉴证、信号、声誉、合同可执行程度、保证等。这些机制都可以在一定程度上减少买卖双方的信息不对称，提高市场效率，但是无法完全消除信息不对称。

例如，政府规定，凡是质量不低于 3 的二手车，可以进入高档二手车市场交易；质量低于 3 的二手车，只能进入低档二手车市场交易。那么会出现什么样的结果呢？

表 6－2 为有监督情况下的二手车市场数据。

表 6－2　有监督情况下的二手车市场数据

汽车质量	信息完全对称	混同均衡	监督（局部分离均衡）
5	5 000	0	
4	4 000	0	
3	3 000	0	3 000
2	2 000	0	
1	1 000	0	
0	0	0	0
市场容量	15 000	0	3 000

在表 6－2 中，如果信息完全对称，每种质量的二手车都能够被正确定价并出清，这个市场的容量是 15 000；如果是混同均衡，则市场容量为 0。在有监督的情况下，虽然高档二手车市场和低档二手车市场内部仍然存在混同均衡，但是总的市场容量比混同均衡状态下有所增加。因此，解决信息不对称问题可以提高市场中二手车的整体质量。

二、信号理论

作为 Akerlof（1970）理论的延伸，Spence（1973）分析了信息不对称环境下的信息传递机制，即信号机制。虽然 Spence（1973）分析的是劳动力市场中的信号传递机制，但是信号理论已经被广泛运用到资本市场中。

Spence（1973）的信号理论简述如下，在劳动力市场中，雇主需要对申请者进行评估，以确定是否雇用。雇主可以观察到申请者的两类特征：（1）不可改变的特征即指标（index），例如性别、年龄、民族、出生地等。(2) 可以改变的特征即信号(signal)。信号的作用(或有效性)取决于两个相互关联的条件：(1) 信号必须反映或体现申请者的内在生产能力；(2) 信号必须是难以模仿的，模仿的成本越高，信号的作用机制就越强。

Spence (1973) 指出，受教育程度是劳动力市场中的重要信号，有助于实现劳动力市场中的"分离均衡"。"(劳动力市场的) 均衡表现为一个反馈循环：雇主的期望导致不同受教育程度的申请者得到不同的工资，这又会导致每个人决定自己的教育投资水平。"这里的"反馈循环"均衡结构也包括雇主确定了申请者后，一段时间以后雇员的生产效率。"雇佣关系确定以后，雇主可以发现雇员的受教育水平与生产能力之间的关系，并据此调整自己的预期，这形成了一个新的循环。均衡就是一组信号与反馈循环产生的新数据相互印证（至少不能相互冲突），随着新的进入者加入市场，这组信号也会一直持续下去。"

信号理论的相关研究为研究信息及其内在质量提供了重要的研究视角，特别是"模仿的成本越高，信号的作用机制就越强"这一点，需要给予必要的关注。当研究者论证某个信息是否具有信号作用时，必须从模仿成本的角度进行必要的论证和说明。

在后续专题的相关章节中，读者会注意到，很多财务决策行为都具有信号作用，例如负债决策、股利政策等。但是，现有的研究都是从决策本身的特征出发，论证其信号作用机制。当公司面临众多可选择的信号时，究竟哪个信号能最有效地传递信息呢？目前的研究还无法回答这一问题。换而言之，现有的研究可以解释哪些信息或决策具有信号作用，但是无法回答这些信息或决策是否为最优机制。

三、资本市场中的信息不对称

产品市场的竞争和公司所有权-控制权分离，是管理层与资本市场参与者之间信息不对称的主要原因。即使所有的投资者的目标都是公司价值最大化，而且能够有效监督和激励管理层的经营决策行为，信息不对称依然不可避免。

为了创造公司价值，管理层必须制定公司的经营战略并付诸实施。假设公司处在竞争性的市场中，经营战略显然是不能透露给竞争对手的，这就使得管理层不能将竞争战略信息披露给投资者。如果公司管理层向投资者披露所有经营战略相关信息，那么竞争对手购买公司的股票成为股东，就可以获得公司经营战略等重要信息。因此，管理层必然比资本市场参与者掌握了更多公司价值相关的信息，这也会进一步影响到公司的治理结构和财务政策。

（一）信息不对称与信贷配给

许多公司都会通过向金融机构贷款进行融资。但是金融机构在确定贷款时，通常不是通过提高贷款利率来降低可能的违约风险，而是限制公司的贷款规模，即信贷配给。Stiglitz 和 Weiss（1981）运用信息不对称理论解释了信贷配给的成因。当银行无法有效区分借款人按期还本付息的能力时，如果采用调整贷款利率的方式，将会增加贷款的整体风险，因为这种方式区分了潜在的借款人（逆向选择效应），可能影响贷款人的投资行为（激励效应）。这两种效应都是信贷市场中银行与贷款人之间信息不对称所致。

这就意味着，**信息不对称程度越高，借款人面临的信贷配给问题越严重**。这在一定程度上是中小企业贷款难的内在经济动因。

（二）信号理论与股权结构

Leland 和 Pyle（1977）从信息不对称角度分析了股权结构与公司价值的关系，提出**在信息不对称的环境下，股权结构可以成为反映公司价值的信号**。

当一个原先由企业家持股 100%的企业发行股票融资时，企业家了解投资项目的内在价值，但是无法直接告诉外部投资者项目的内在价值。那么企业家可否通过特定的信号来传递公司价值信息呢？Leland 和 Pyle（1977）认为，企业家的持股比例是可以发挥信号作用的。

从企业家角度来看，持股比例决策是一个权衡结果。当公司价值增加时，持股比例提高，企业家所持有的股票价值也随之增加，但是企业家会损失多元化投资带来的好处。企业家最终确定的持股比例应当是成本-收益权衡的结果。

企业家持股比例的信号作用是有效的，因为这会增加企业家的成本：企业家在公司中持有股份越多，公司价值下降时，企业家的个人财富下降幅度会越大；同时，企业家放弃了将个人财富投资到市场组合所带来的分散化收益，承担了公司的风险。所以企业家持股比例越高，信号作用越强，公司价值也越大。

四、小结

在现代资本市场中，信息披露的困境使管理层拥有比市场参与者更多的与公司价值相关的信息，造成管理层与市场参与者的信息不对称。如果没有适当的缓解机制，信息不对称会导致市场崩溃，即便公司决定投资的项目是有利可图的，也无法获得足够的资金进行投资。当然，现代资本市场不断发展，公司融资规模也随之扩大，这从一个方面表明资本市场的各种机制在有效缓解信息不对称。

在信息不对称的各种缓解机制中，有成本的信号机制受到了广泛的关注。**信号不仅要反映生产能力，还要有难以模仿的成本**。模仿的成本越高，信号的效果就越强。很多研究从信号特征的角度讨论了股权结构、负债率、股利政策等特征，例如企业家的持股比例就成为传递公司价值的信号机制。在后续的章节中，本书将继续从信息不对称理论角度分析负债率和股利等财务决策。

第三节　代理成本理论

一、现代公司制度的优势

代理成本问题源于现代公司制度特征。在现代经济社会中，公司制的企业作为一个法人，具有两个重要的特征：(1) 有限责任；(2) 控制权与所有权分离。

在有限责任的规定下，股东以其投入到公司的股份对公司的债务承担清偿责任。如果公司的债务超过了公司可供清偿的资产，不能要求股东用其他的个人财产进行清偿，无论股东是个人，还是金融机构、其他企业或经济组织。如果公司不能清偿债务，债权人可以申请公司破产，但是只能对公司资产提出清偿要求。在债务负担沉重的情况下，公司也可以申请自愿清算，以保护股东的利益。

在现代经济生活中，很多大公司的股东拥有所有权，而股东聘请的管理层则拥有对公司资产的控制权。在某种意义上，所有权和控制权分离是经济发展的必然现象。某些人拥有资本，但是没有时间或精力去进行投资；而另外一些人具有投资的专业能力，但是缺乏资本。公司这种正式的组织形式，可以把这两类生产要素进行有机的结合。

公司的有限责任和所有权-控制权分离的特征，究其本质，都反映了投资者风险厌恶的特征。从有限责任来看，每个股东都关注自身财富的保值增值。公司的有限责任可以使股东将其对公司的控制权，即股份投资所形成的资产，让渡给管理层。就像Jensen和Meckling（1976）所指出的，如果股东承担了无限责任，那么每个股东都必须时刻监督其他投资者的财富状况和相关债务，在股权分散的情况下，这种监督成本是非常高的。

由于公司的所有权和控制权分离，股东可以进行分散化的股权投资来降低风险。对于大型公司的发展来说，所有权和控制权分离对股东的价值也是巨大的。股东的分散化投资意味着，在任何一个公司中，股东都没有足够多的股份；股东也不会把所有个人财富放到一个公司中来确保或监督公司的经营状况。因此，股东必须聘请管理层，并将公司经营的控制权交给管理层。

有限责任和两权分离使股东的多元化股权投资成为可能。**股东的多元化股权投资不仅直接减少了其个人财富的风险，也间接地增加了其股权投资的流动性**。所谓流动性，是指股东可以用最低的交易成本、合理的交易价格，迅速完成股票交易的能力。流动性是投资价值的重要组成部分，因为投资的最终目的是消费，如果股东预期到未来股票很难转让，那么股东现在就不会持有该股票或者给股票一个很大的折价。多元化股权投资对股票流动性的影响表现为以下过程：首先，充分的多元化股权投资使得每个公司的股票被其股东分散持有；其次，股权的分散化促进了股票交易市场的发展，股东可以根据自己对投资和流动性的需要进行股票买卖；最后，作为正向反馈机制，股票交易市场流动性的提高进一步提升了股东分散化投资的能力。

从公司价值的角度来看，分散的所有权和股东的多元化投资至少有三个积极作用：

（1）根据投资组合理论，分散化的投资可以减少公司特征风险，股东只需要承担多元化投资所不能分散的系统性风险，从而降低了股东对股票投资的必要报酬率。如果股东不能分散化投资，股东既要承担系统性风险，又要承担公司特征风险，那么股东就会提高其必要报酬率，增加公司股权融资成本，减少公司的可投资项目。

（2）流动性是证券价值的重要组成部分，股票交易市场的良好发展提高了每个股票的流动性，这也会降低股东的必要报酬率。

（3）股东的分散化投资和交易市场的流动性增强了公司发行股票融资的能力，使公司能够筹集足够的资金去投资净现值为正的项目。如果股东没有分散化投资或者股票交易市场的流动性很差，股东就会要求公司定期支付更高的现金股利，以弥补股票流动性下降带来的损失，这会减少公司用于资本预算的资金，削弱公司的盈利能力。

二、股东与管理层的代理成本

虽然有限责任和所有权-经营权分离为公司制度的发展提供了重要的基础，但是也带来了公司的代理成本。Jensen 和 Meckling（1976）认为，公司是一系列契约的联结（nexus of contracts），公司的各个利益相关者，包括股东、债权人、管理层、员工、供应商、消费者、政府等都通过公司这个特殊的经济主体共同实现了经济资源的投入和分享。但是公司及其利益相关者的各类契约都或多或少地受到管理层的影响，同时也对管理层形成约束。与其他利益相关者不同，股东作为公司价值的剩余索取者，只有在其他利益相关者的要求得到合理补偿的情况下，才能够获得剩余的股东价值。

作为剩余索取者，股东无疑承担了公司经营过程中的所有风险。管理层作为公司经营活动的决策者，也要追求自身利益的最大化。如果股东自身就是管理者，不存在所有权和控制权的分离，也不会存在委托-代理关系。但是，**在所有权和控制权分离的情况下，股东（委托人）难以直接观察管理层（代理人）的行为及其影响，管理层可能会以损害股东利益为代价来增加自身的利益**。管理层可以采取的代理行为包括两类：提高薪酬水平和降低薪酬风险。

1. 管理层提高薪酬水平的具体方式——过度的在职消费

管理层的在职消费行为直接增加了管理层的个人效用，但是股东承担了在职消费的所有成本。

（1）操纵利润水平。管理层的奖励通常会和公司的年度利润水平挂钩，这固然激励了管理层提高业绩，但是也为管理层操纵利润数字提供了机会，使会计报表不能公允地反映公司的财务状况和经营成果。

（2）建造公司帝国。在经理人市场中，管理层的薪酬通常与其管理的公司规模联系更为紧密。因此，管理层就有动机扩大公司的规模，而不是为股东创造价值，实现这个目标的方式有过度的内部扩张、兼并收购和减少现金股利发放，即过度投资行为，而这些行为并不能够为股东创造价值，甚至会降低股东价值。

2. 管理层降低薪酬风险的动机与方式

在如何看待公司风险方面，股东和管理层有着截然不同的态度。如前所述，充分分散化股权投资的股东只承担股票的系统性风险。但是管理层的主要收入来自公司经营的报酬，管理层承担了股票的所有风险，包括系统性风险和非系统性风险。因此，管理层有动机降低公司的整体风险，即使未必有利于股东的利益。管理层降低薪酬风险的具体方式包括：

（1）公司投资过度分散。管理层可以采取非相关的多元化并购方式，这不但有助于扩大公司规模，而且可以降低公司的整体风险。这种跨行业的非相关多元化并购对股东来说并不能创造价值，因为股东自己也可以通过分散持有股票实现多元化投资的目标。但是对管理层来说，跨行业的非相关多元化投资降低了公司经营失败的风险，提高了管理层薪酬的稳定性。

（2）公司投资短期化。当管理层的薪酬与公司的年度利润挂钩时，管理层就有动机选择短期内可以实现收益的项目进行投资，即使这些项目从长远来看未必有利于增加公司价值。例如，管理层为了提高当期的盈利水平，削减了必要的研发开支，损害了公司的长期竞争力，但是提高了自己当期的薪酬水平。这个现象在管理层即将退休时会表现得更为明显。

（3）负债水平过低。即使公司存在最优的负债水平，可以实现公司价值或股东价值的最大化，管理层也会倾向于选择偏低的负债率，以降低公司不能清偿债务本息而导致破产的风险。

（4）管理层壕沟防御。管理层还可以采取各种方式提高其在公司中的地位。例如，管理层可以选择有助于强化其个人核心能力的投资项目，这样公司在经营过程中需要高度依赖管理层的个人特征。随着时间的推移，即使管理层的业绩一般或者有所下降，股东也无法轻易更换管理层。难以更换不合格的管理层，就是管理层的壕沟防御。除此之外，管理层还可以采用毒丸计划，增加其他公司进行兼并收购的成本，以保障其现有的地位不会受到兼并收购的威胁。如果有一些积极的投资者购买公司股票，意图发起兼并收购行为，管理层也可以动用公司的资金，以超过当前市价水平的价格，从积极投资者手中买回股票，这种方式被称为“绿色邮件”（因美元钞票的颜色为绿色而得名）。

为了使管理层采取正确的经营决策，约束管理层的不当行为，增加公司价值和股东利益，股东需要通过契约等方式对管理层进行监督和激励，由此形成的成本即为代理成本。Jensen 和 Meckling（1976）指出，代理成本具体包括：（1）监督成本，即监督管理层所形成的成本，例如审计费用；（2）激励成本，即为了让管理层利益与股东利益保持一致的成本，例如给予管理层的奖金；（3）剩余损失，即与不存在代理行为的情况相比所形成的额外成本。有效的薪酬契约应当以代理成本最小化为目标。

三、股东与债权人的代理成本

公司的股东和债权人虽然都是公司的投资者，但是他们之间也存在委托-代理关系，也会存在利益冲突。其中，债权人是委托方，将资金借给公司（代理人），希望公司能够妥善地利用资金以保护债权人的利益，至少要按期还本付息。而公司的管理层虽然与股东之间有着利益冲突，但是仍然被要求为股东利益最大化目标服务。也就是说，**当股东和债权人之间发生利益冲突时，管理层将会以股东利益最大化目标作为评价解决方式的标准**。债权人会意识到，管理层会以损害债权人的利益为代价，增加股东的价值，即股东会对债权人进行利益侵占，而股东的有限责任则会增强股东侵占债权人利益的动机。下面我们分别用两个例子说明股东与债权人之间的利益冲突及其经济后果。表 6 - 3 列示了过度投资情境下的债务融资的代理成本。

表 6 - 3　债务融资的代理成本：过度投资

低风险项目				
状态	概率	公司价值	股权价值	债权价值
差	0.5	100	0	100
好	0.5	200	100	100
高风险项目				
状态	概率	公司价值	股权价值	债权价值
差	0.5	50	0	50
好	0.5	240	140	100

在表 6 - 3 的例子中，如果投资低风险项目，公司价值预期是 150，

债权预期价值是 100，而股权预期价值是 50。如果投资高风险项目，公司预期价值是 145，债权预期价值是 75，股权预期价值是 70。以公司价值最大化为决策目标，公司应当选择低风险项目进行投资，但是股东拥有项目投资决策的控制权，当股东以自身利益最大化为目标时，就会选择高风险项目，提高股东的预期收益，即使高风险的项目会损害公司和债权人的利益。

表 6-3 的例子充分说明了，在有限责任的情况下，无论是投资高风险项目还是低风险项目，股东的最低价值为 0，这样股东为了最大化自己的利益，就会选择高风险项目。但是，股东选择高风险项目会损害债权人的利益。因为在投资低风险项目的情况下，债权人的预期收益是确定的，不存在风险；但是在投资高风险项目的情况下，当出现不利情况时，债权人的预期收益下降，即债权人承担了项目的投资风险，但是债权投资收益的固定性使债权人无法获得相应的收益。更重要的是，投资高风险项目会减少公司的整体价值。

表 6-3 的例子表明，代理成本的存在不仅会造成投资者之间的财富转移，即债权预期价值从 100（投资低风险项目）下降到 75（投资高风险项目），而股权预期价值从 50（投资低风险项目）增加到 70（投资高风险项目），还有社会财富的净损失。

如果债务融资的代理成本仅仅是投资过度，那么通过事前的严格审核和事中的严格监管，债权人可以在一定程度上抑制公司股东可能的代理行为。那么债务融资的代理成本是否会有其他表现形式？表 6-4 列示了债务融资所可能导致的投资不足现象。

表 6-4　债务融资的代理成本：投资不足

维持现状				
状态	概率	公司价值	股权价值	债权价值
差	0.5	2 400	0	2 400
好	0.5	5 000	1 000	4 000
投资（需要股东追加投资 1 000）				
状态	概率	公司价值	股权价值	债权价值
差	0.5	4 100	100	4 000
好	0.5	6 700	2 700	4 000

在表 6-4 的例子中，如果追加投资 1 000，公司价值和债权价值都比不追加投资的情况有所增加，股权价值也会增加。但是只有当追加投

资的收益超过成本的情况下，拥有控制权的股东才会决定投资。在表 6-4 的例子中，追加投资会使股权价值增加 900，但是股东要出资 1 000，对股东来说，这显然是一个价值为负的投资决策，股东不会投资这种得不偿失的项目。

和表 6-3 的例子中过度投资增加债权人的风险不同，表 6-4 的例子说明，当公司维持现状时，股东和债权人未来的投资收益都有不确定性，二者共同承担了公司的风险；但是在追加投资的情况下，虽然公司整体价值增加了，但是增加的公司价值主要为债权人获得，即债权人的预期投资收益成为确定性的收益，而股东要承担所有的投资成本和价值损失。因此，以自身利益最大化为目标的股东就不会作出追加投资的决策，这不但损害了债权人的利益，而且损害了公司的整体利益。

上述两个例子说明了股东和债权人之间的利益冲突所导致的代理成本。在表 6-3 的例子中，因为过度投资，债权预期价值下降了 25，一部分表现为价值转移，即股权预期价值增加了 20，另一部分表现为公司价值的净损失，即公司预期价值下降了 5。而在投资不足的情况下，与追加投资的情况相比，维持现状时债权的预期价值下降了 800，一部分转移给股东（100），另一部分表现为公司价值的净损失（700）。公司价值的下降则代表社会财富的浪费，也就是 Jensen 和 Meckling（1976）所指出的代理成本中的剩余损失。

因此，**从减少社会财富浪费的角度看，债权人为了维护自身利益，积极对公司进行监督和治理，抑制过度投资或投资不足，一方面可以降低债权人的资金风险，另一方面会减少社会财富的浪费，提高整体的资金使用效率。**

当然，债权人要发挥公司治理作用，抑制股东潜在的代理行为，本身也会存在相应的成本，债权人也需要进行监督的收益和成本的权衡。这也是现代债权人利益保护研究的重要方面。

四、大股东与小股东的代理成本

Jensen 和 Meckling（1976）重点讨论了没有股权的管理层与分散持股的股东之间的代理问题。那么，随着股东持股比例的增加，是否可以解决管理层的代理问题，并提高公司价值呢？Morck 等（1988）发现，管理层持股比例与公司价值之间并不是简单的线性递增关系，而是表现为“N”型关系，即管理层持股比例在 0～5%的区间内，管理层持股比例与公司价值之间存在显著的正向关系；在5%～20%的区间内，管理层持股比例与公司价值之间却表现为显著的负向关系；在20%以上的区间范围内，管理层持股比例与公司价值之间虽然存在正向关系，但是并不显著。这一发现在很多场景下都得到了验证。

为什么股东提高持股比例反而会减少公司价值呢？虽然股东提高持股比例增强了控股股东监督和激励管理层的能力，控股股东承担了监督和激励管理层的所有成本，而根据同股同权的要求，增加的股东价值要按比例和中小股东共同分享，这会引发控股股东与中小股东之间的利益冲突。

Grossman 和 Hart（1980）证明，小股东搭便车的行为会损害公司价值。当股权在股东之间完全分散时，假设当前的公司价值为 V_0，如果收购方发起收购，可以将公司价值提高到 V_1。假定收购方承担所有的成本 C，收购方愿意支付的收购价格最高为 V_1-C。当收购方向股东公布这个收购价格时，现有股东可以选择按照收购价格将股票卖给收购方，也可以选择继续持有。虽然现有股东不能准确知道收购以后公司的真实价值，但是可以理性预期到收购以后的公司价值肯定要高于当前的收购价格，这样所有的股东都会选择继续持有，而不是按照收购价格卖给收购方。这样的结果是，一个可以增加公司价值的兼并收购活动，因为现有股东的搭便车行为而无法付诸实施。

Grossman 和 Hart（1980）进一步论述了抑制小股东搭便车行为的机制，一个可能的解决方案是允许大股东侵占中小股东的部分利益，使得收购完成后中小股东在公司中分享的利益等于收购价格，这样中小股东按照收购价格卖出股票和继续持有股票获得的收益是相同的，但现有股东的利益和公司整体价值都会增加。

虽然侵占方案似乎解决了中小股东搭便车的问题，但是在现实经济生活中，大股东侵占中小股东利益的行为更多地表现为损害公司整体利益和中小股东的利益，以增加大股东的利益，即“控制权的私有收益”。具体的形式包括：

（1）资产转移，即将上市公司中有价值的资产转移到大股东100%控股的非上市公司中。这样大股东在上市公司中的损失可以从非上市公司的收益中得到补偿，具体表现为关联交易或直接的资金占用等。

（2）信贷担保，让上市公司为大股东控制的其他非上市公司提供担保，这样非上市公司获得贷款和发展机会，但是由上市公司所有股东承担潜在的违约风险。

五、小结

现代公司中，有限责任与所有权-控制权分离已经成为一对矛盾。有限责任不仅降低了股东的投资风险，还间接促进了资本市场流动性和整体发展，但是有限责任也导致了公司资产所有权和控制权的分离，增加了管理层和控股股东的自由裁量权。无论是股东-管理层、债权人-股东，还是大股东和小股东之间的代理关系，委托方对代理方的监督能力越差，潜在的代理成本就会越高，而且代理成本不仅仅造成委托方和代理方之间的财富转移，更重要的是降低了公司整体价值。

所有权-控制权分离虽然增加了代理成本，但是也带来了其他方面的收益。从实践发展的角度来看，很多资本市场中的上市公司股权越来越分散化，债务融资在公司资本中始终居于重要的地位，说明即使存在代理成本，委托人和代理人也会探索出解决的方案，尽可能降低代理成本，保证双方能够得到合理的回报。保障投资者得到合理回报的一系列制度安排包括内部制度和外部制度，即公司治理机制（Shleifer and Vishny，1997）。完善的公司治理机制可以有效降低代理成本，提高公司价值。

本章小结

本章介绍了现代公司财务研究的三个主要的理论基础：有效市场假说、信息不对称理论和代理成本理论。这三个理论及其组合已经成为现代公司财务研究，特别是实证研究的出发点。即使是行为金融或行为财务的研究者，也必须要了解这些理论基础。

虽然存在着众多的争议，但是有效市场假说已经成为我们理解资本市场的重要出发点。根据有效市场假说，价格反映了所有与公司价值相关的信息，这意味着研究者可以从市场价格及其变化的角度，分析公司财务决策的经济后果，而不是完全依赖公司管理层的自我说明。当管理层声称某项财务决策可以提高公司价值，而股价大幅度下跌，就说明这项财务决策并没有为投资者创造价值。值得注意的是，对公司财务研究来说，有效市场假说只能说明股价可以用于检验公司财务决策的经济后果，并不能说明股价的变化方向及其内在机制。对股价与公司决策之间内在逻辑的分析，主要是建立在信息不对称理论和代理成本理论的基础上。

信息不对称理论认为，在市场交易中，有信息优势的一方会利用其信息优势从信息劣势的一方获得超额收益，而信息劣势方就会选择不合作，导致市场崩溃。交易双方开发出很多机制以缓解信息不对称，提高市场资源配置效率。研究者深入讨论了信号机制及其特征，强调了难以模仿的成本是信号机制的重要组成部分，如管理层持股比例可以作为信号，向市场传递公司内在价值的信息，减少公司管理层与投资者之间的信息不对称。

代理成本理论强调了在有限责任和所有权-控制权分离情况下，委托人（股东、债权人、中小股东）和代理人（管理层、股东、控股股东）之间的利益冲突，以及由此导致的成本和公司价值损失。有限责任促进了资本市场的发展，所有权和控制权分离加剧了公司内部的利益冲突。代理成本理论认为，监督和激励代理人可以有效降低代理成本，提高公司价值。

虽然信息不对称理论和代理成本理论从不同角度分析了公司财务决策及其经济后果，但是从公司财务实证研究的角度来看，某项具体的财务决策也会受到信息不对称和代理行为的共同影响，因此，**有效区分信息不对称和代理成本的相对影响，成为实证研究设计面临的困难和挑战**。

例如，信息不对称理论认为，管理层持股是公司价值的信号，即管理层预期的公司价值越高，其持股比例越高；而代理成本理论则认为，管理层持股比例越高，管理层和股东的利益冲突越少，代理成本越低，公司价值越高。那么，究竟是公司价值决定了管理层持股比例（信息不对称理论），还是管理层持股比例决定了公司价值（代理成本理论）？这构成了财务实证研究中的互为因果问题。有效解决这两个变量互为因果所导致的内生性问题，是提高相关研究内部有效性（排除其他假说解释能力）的重要方面。

第六章参考文献

第七章

资本结构理论

第一节 概 述

财务理论认为，公司（或资产）价值等于其未来现金流量的现值之和，即

$$V_0=\sum_{t=1}^{T}\frac{CF_t}{(1+r)^t} \tag{7-1}$$

式（7-1）中，V_0 表示公司价值；CF_t 表示现金流量；r 表示折现率。在公司定价中，折现率 r 可以表示为加权平均资本成本（WACC），即

$$r=WACC=\frac{B}{B+S}r_B+\frac{S}{B+S}r_S \tag{7-2}$$

式（7-2）中，B 表示负债水平；S 表示股权水平；r_B 表示债务融资成本；r_S 表示股权融资成本。$\frac{B}{B+S}$则表示负债在资产中的比重，即负债率（也称杠杆率、资本结构，以下统称为资本结构）。当然，资本结构并非仅仅涉及"负债与权益"。负债有不同类型，权益至少有两种（普通股和优先股），还有两者的混合体——可转换债券等。理论上，公司可以发行无数种组合的证券，那么是否存在一种特定的组合，可以增加公司价值呢？

如果改变资本结构会影响公司价值，存在两种途径：

（1）改变资本结构，会改变加权平均资本成本，从而影响公司价值

（投资与融资无关）。

（2）改变资本结构，不仅直接改变了加权平均资本成本，而且会影响投资经营决策，间接地影响未来现金流量，从而影响公司价值（投资与融资相关）。

现有的资本结构研究主要是基于这两种途径开展的。相关的研究不仅要分析资本结构是否影响加权平均资本成本和投资经营决策，还要深入探讨影响途径的内在作用机制，也就是为什么改变资本结构就会改变加权平均资本成本及投资经营决策。这在企业管理实践中，也许是一个"不言自明"的行为，但是研究者需要从众多的现象中总结出作用机制，并评价其相对重要性。

第二节 资本结构理论的内容

一、资本结构无关理论

Modigliani 和 Miller（1958）的开创性研究认为，在完美的资本市场中，资本结构与公司价值无关。即

$$V_L = V_U \tag{7-3}$$

式中，V_L 表示有负债的公司价值（公司价值等于股权和债权价值之和）；V_U 表示无负债的公司价值（公司价值等于股权价值）。

资本结构无关理论的核心是，公司的价值取决于其投资项目，**负债和权益的实质是对投资收益的索取权**，因此，只要公司的投资决策已经确定，**采用债务融资还是权益融资只是改变了公司价值在不同投资者之间的分配，并不会改变公司创造价值的能力**。[①]

可以设想，资本结构决策就是把公司的所有实物资产打包成证券卖给投资者，一些公司选择了最简单的组合即完全权益融资，也有些公司发行了多种债券和权益的证券组合。那么不同的证券组合对公司价值的影响是否有所差异呢？按照 Modigliani 和 Miller（1958）的观点，没有一种组合优于其他组合——整个公司的市场价值（所有证券的总价值）与

---

① Modigliani 和 Miller（1958）的资本结构无关理论可以视为产权经济学在财务理论中的直接应用。产权经济学认为，在没有交易成本的情况下，产权配置是不影响经济效率的。Modigliani 和 Miller（1958）所提出的完美市场中资本结构与公司价值无关，证明了在没有交易成本的情况下，股权和债权的分配（产权配置）并不会影响公司的产出（公司价值）。

公司资本结构无关。**公司在资本结构方面所做的任何调整，都会为投资者所“复制”或“抵消”**。虽然负债会提高股东投资的期望收益率，但这也增加了股票的风险，而且风险的增加刚好抵消期望收益的增加，这样，调整了风险后的股东预期收益并没有发生变化。

Modigliani 和 Miller（1958）提出的资本结构无关理论是一个具有普遍意义的理论，不仅可以应用于债务融资和权益融资的权衡取舍，而且可以扩展到所有金融工具的选择。在完美的市场中，债务期限结构，即长期负债和短期负债之间的选择，也不会影响公司的市场价值。

二、资本结构权衡理论

（一）公司所得税的影响

资本结构无关理论一经提出，就面临着诸多的争议（Miller，1988）。在反复争论的基础上，Modigliani 和 Miller（1963）考虑了存在公司所得税的情况下资本结构与公司价值的关系，得出的结论是，由于美国税法规定债务利息可以抵扣公司所得税，**通过负债可以减少税负相关的现金流出，为股东和债权人保留更多的现金流量**。因此，负债可以增加公司价值，即

$$V_L = V_U + \tau_C D \tag{7-4}$$

式中，V_L 表示有负债的公司价值（公司价值等于股权和债权价值之和）；V_U 表示无负债的公司价值（公司价值等于股权价值）；τ_C 表示公司所得税税率；D 表示公司的债务融资水平。

式（7－4）直观地展示了在有公司所得税的情况下，资本结构对公司价值的影响：在 τ 大于 0 的情况下，增加负债可以增加公司价值。由此产生的推论是，**公司应当尽可能地进行债务融资，通过最小化税负最大化公司价值**。

如果从研究结论对现实的解释和指导意义的角度来看，Modigliani 和 Miller（1958）以及 Modigliani 和 Miller（1963）的结论可以说是走了两个极端：前者认为资本结构不重要，后者认为公司应当尽可能多地负债来增加公司价值。在现实中，很少会有公司认为资本结构是不重要的，完全采用负债方式进行融资的企业也几乎不存在。

Modigliani 和 Miller（1958）以及 Modigliani 和 Miller（1963）的理论引领作用比指导实践的作用更为突出：一方面，他们提出的无套利均

衡证明方法，将公司财务决策与证券定价有机地联系起来，为后续的公司财务研究提供了重要的方法论基础。另一方面，资本结构无关理论基于完美市场的假设，如果研究者改变完美市场假设的前提，资本结构是否会影响公司价值呢？这为检验假设的重要性提供了一个判断基础：**如果改变完美市场假设，资本结构与公司价值仍然无关，那么说明这个假设在资本结构的研究中并不重要；反之，如果完美市场假设改变以后，资本结构会影响公司价值，说明该假设在资本结构的研究中是重要的**。①

Modigliani 和 Miller（1963）证明了在其他条件不变的情况下，改变无公司所得税这个假设，就可以改变资本结构与公司价值的关系，因此，公司所得税是影响资本结构决策的重要因素。后续的研究正是通过不断放松完美市场假设前提使资本结构的理论研究逐步地丰富起来。

（二）权衡理论

Modigliani 和 Miller（1958）以及 Modigliani 和 Miller（1963）在资本结构方面的理论研究中具有重要的意义，但是不能解释和指导公司实践，因此也是存在不足的。从均衡的角度来看负债可以通过节税而增加公司价值，而现实中公司不会采用100%的负债融资，就说明负债是有成本的。因此，资本结构与公司价值的关系可以表示为：

$$V_L = V_U + \tau_C D - C(D) \tag{7-5}$$

式中，$C(D)$ 表示负债的成本，随着负债的增加而增加。

对式（7-5）求导，当且仅当 $\tau_C = C'(D)$，即负债的边际成本等于公司所得税税率时，可以实现公司价值最大化，因此，**公司的最优资本结构是负债的边际收益与边际成本权衡的结果**，即权衡理论。

虽然权衡理论非常直观，对公司资本结构的实践似乎具有更强的解释能力，但是研究者并没有止步于此，而是进一步探索：（1）负债究竟有哪些成本？（2）这些成本足以抵消负债的节税价值吗？

1. 个人所得税

按照税法的规定，无论个人获得的是利息收入还是股利收入（或资本利得），都需要缴纳个人所得税，那么从个人角度来看，投资公司债权而放弃购买股票的净收益率，可以表示为：

$$(1-\tau_{pb})-(1-\tau_C)(1-\tau_{ps}) \tag{7-6}$$

---

① 有兴趣的读者可以参考 Stiglitz（1969）。

式中，τ_{pb} 表示投资债权获得利息的个人所得税税率；τ_C 表示公司所得税税率；τ_{ps} 表示现金红利的个人所得税税率。

式（7－6）表示当公司税前收益为 1 时，以利息方式分配给个人投资者的税后收益和以现金股利方式分配给个人投资者的税后收益，两者之间的差异。如果差异大于 0，则表示个人投资债权的收益大于投资股票的收益，个人投资者更倾向于购买公司发行的债券，而不是股票。

在此基础上，Miller（1977）提出了考虑了个人所得税情况下的资本结构理论，即

$$V_L = V_U + \left[1 - \frac{(1-\tau_C)(1-\tau_{ps})}{(1-\tau_{pb})}\right]D \tag{7-7}$$

式中符号的含义同前面的公式，此处不再赘述。

式（7－7）从个人所得税的角度回答了为什么公司不会完全采用债务融资方式。如果 $(1-\tau_C)(1-\tau_{ps})=(1-\tau_{pb})$，那么负债的节税作用就会被完全抵消掉；在特定 τ_C、τ_{pb}、τ_{ps} 取值的情况下，$1-\frac{(1-\tau_C)(1-\tau_{ps})}{(1-\tau_{pb})}$ 甚至为负数，表示增加负债会损害公司价值。

式（7－7）也是对 Modigliani 和 Miller（1958）以及 Modigliani 和 Miller（1963）的进一步延伸，当 τ_C、τ_{ps}、τ_{pb} 为零时，即在不存在公司所得税和个人所得税的情况下，有负债的公司价值等于无负债的公司价值；如果考虑公司所得税（$\tau_c>0$），但是不考虑个人所得税，式（7－7）就表示为 $V_L=V_U+\tau_C D$，增加负债可以增加公司价值。

Miller（1977）虽然从个人所得税角度解释了为什么公司不会全部负债融资，但是并不能由此推出存在使公司价值最大化的资本结构，因为公司发行债务的规模（供给）和资本市场投资者的购买意愿（需求）必须相等，而投资者购买公司债权的规模取决于投资者的个人所得税边际税率。因此，**公司不能通过改变债务融资规模而改变价值创造过程**。

2. 非债务税盾

针对 Miller（1977）的思想（见图 7－1），DeAngelo 和 Masulis（1980）指出，除了债务利息，实际的公司所得税税法中包含很多的抵税项目，如固定资产折旧、投资抵税等，统称为非债务税盾（见图 7－2）。即使考虑了个人所得税，不同公司的非债务税盾规模不同，对债务利息的抵税需求也就会有所差异。他们证明，**在存在非债务税盾的情况下，公司存在最优的资本结构，可以增加公司价值**。

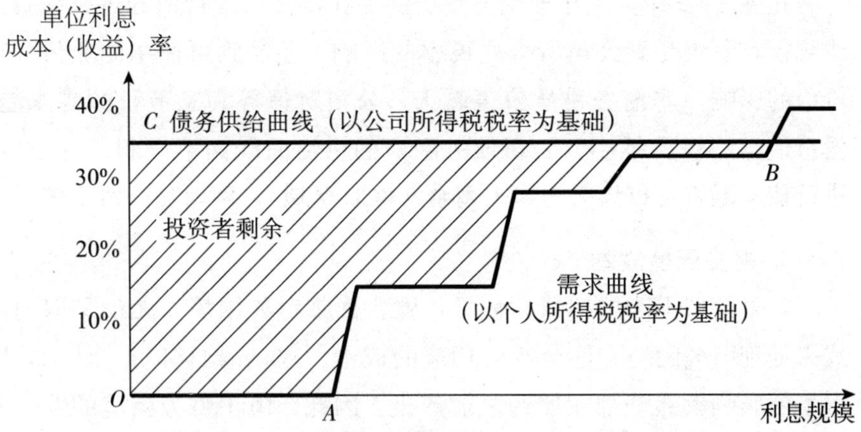

图 7-1 Miller（1977）的税负与公司价值关系图

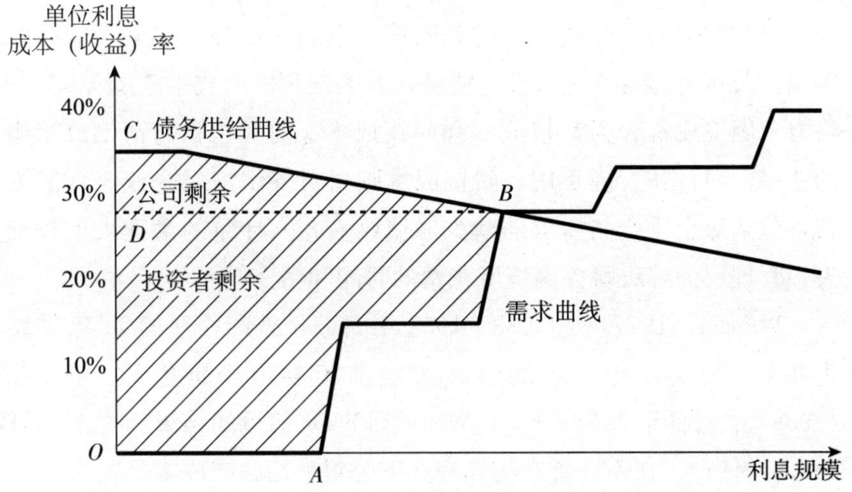

图 7-2 DeAngelo 和 Masulis（1980）考虑非债务税盾的资本结构

在图 7-1 和图 7-2 中，横坐标表示利息规模（债务融资规模），纵坐标表示单位利息成本（收益）率。投资者对债务的需求曲线主要受个人投资者边际税率的影响，表现为阶梯状上升。

在图 7-1 中，债务的供给曲线是由公司所得税税率 τ_C 决定的，表现为平行于横坐标的直线，这就意味着，公司发行债券进行融资，投资者购买债券的边际税率越低，获得的收益越多，会增加投资者剩余（$OABC$ 区域）。随着投资者边际税率的增加，投资者剩余会减少。由于公司之间的债券是可以完全替代的，无论公司发行多少债进行融资，都不会影响其发行定价，因此公司剩余为零，即**债券发行规模（资本结构）与公司价值无关**。

在图 7-2 中，由于非债务税盾的存在，公司发行债券进行融资的最优规模，不仅受到公司所得税税率的影响，还受到可使用的非债务税盾价值的影响。**非债务税盾价值越大，公司对债务利息节税的需求越低，发行债券的规模越小**。公司债务融资的供给曲线向下倾斜，这意味着，**进行债务融资可以为公司带来剩余（BCD 区域），即增加公司价值**。

3. 财务困境成本

如果公司不能按期清偿债务，就会面临财务困境。无论采取何种模式来处理财务困境，都会产生相应的成本。Warner（1977）认为，财务困境的影响大部分都在违约之前产生。因此，由于财务困境的发生是一个逐渐的过程，这个过程必然影响或制约企业的日常经营、投资和融资等活动，由此导致的成本统称为财务困境成本。

传统定义的破产成本是财务困境成本的一部分，如果不能摆脱财务困境，公司将不得不进入破产清算，并表现为破产成本。Ross 等（2010）将财务困境成本分为直接成本和间接成本，前者包括与清偿或重组相关的法律、会计和管理费用，间接成本则指财务困境对企业经营能力的损害，包括对企业产品需求的减少，债权人介入导致的管理决策权部分丧失，管理层为解决财务困境所花费的时间和精力等。

Warner（1977）以 1933—1955 年间进入破产程序的 11 家铁路企业为样本，发现破产成本约占破产之前年度市场价值的 4%；Ahman（1984）估计的结果为 4.6%；Weiss（1990）估计的结果为 3.1%。Betker（1997）估计了在不同破产清算程序下公司平均破产成本分别为 3.93%和 2.85%，加权平均结果为 3.51%。Gilson 等（1990）研究了 26 家成功进行财务重组的企业的实际现金支出，相关成本平均占困境企业账面资产价值的 0.65%，而 Betker（1997）的发现是 2.51%。Tashjian（2000）发现简易破产程序下，破产成本占资产总额的 1.65%和 2.31%，原因是简易破产程序耗时更短，且节约成本。

上述文献的结果表明：（1）公司规模越大，以公司规模作为分母的直接财务困境成本度量就越小，表明破产成本存在规模效应。这或许是因为破产成本主要是固定成本。（2）无论采用何种方式进行破产清算，破产成本都为公司价值（规模）的 5%以下。

对破产成本的探索和相关的实证研究，不仅让我们更了解债务所引发的经济后果及其影响程度，也为学术界质疑破产成本相关研究的重要性提供了依据。针对 Warner (1977) 的发现，Miller (1977) 提出了如下的质疑：如果负债给公司带来的节税价值接近 42%（当时美国公司的平均所得税税率），而负债的破产成本只有不到 5%，这显然是一个马和兔子进行比较的问题（负债的破产成本不足以抵消负债的节税效应）。

虽然如此，Miller (1977) 也承认，**负债引发的间接财务困境成本可能更为重要**。与直接财务困境成本的范围十分明确相反，间接财务困境成本所包含的内容十分庞杂。公司与供应商、客户、雇员和债权人等存在财务利益关系，当公司陷入财务困境时，维系公司生存的财务利益关系体无疑会受到损害，例如第六章所提到的股东和债权人的利益冲突所导致的过度投资和投资不足的代理成本。Altman (1984) 认为间接财务困境成本为 10%～17%。Andrade 和 Kaplan (1998) 考察了财务困境对 31 家高杠杆交易企业的经营收益的影响，认为间接财务困境成本为 10%～23%。

正是因为间接财务困境成本内容庞杂，不同研究所发现的结果差异比较大。很多研究主要以股票市场的价格及其变动作为公司价值的基础，这可能在一定程度上忽视了股东和其他利益相关者（如债权人）的冲突，还应考虑间接财务困境成本的资本化或折现率对当前公司价值的影响(Almeida and Philippon，2007)。

4. 信号机制

资本结构对公司价值的影响，除了节税效应和财务困境成本以外，是否还存在其他影响公司价值的作用机制呢？Ross (1977) 从信号机制角度阐述了资本结构与公司价值的关系。

Ross (1977) 指出，**资本结构可以向资本市场传递公司价值的信号**。对于一个盈利水平比较低的公司来说，能够承担的负债水平会比较低，因为盈利水平低的公司的税盾价值比较低，过多的负债不仅会抵消负债的税盾价值，还会增加公司破产成本。相反，对于盈利水平高的公司来说，增加负债并不会显著增加财务困境成本，更主要的是发挥了债务节税效应。因此，**预期未来盈利增加的公司才会选择在当前增加债务融资**。理性的投资者会认识到这一点，提高相应公司的股票和债权价格。

5. 自由现金流量假说

Jensen (1986) 认为，管理层和股东之间产生代理冲突的重要原因之一是公司拥有足够多的自由现金流量，即公司的经营活动现金流量减去预期净现值为正的项目所需投资现金流量的差额部分。当公司自由现金流量为负时，管理层和股东的利益冲突并不会明显地表现出来；当公司自由现金流量为正时，管理层就有可能为了个人私利，将自由现金流量投资到净现值为负的项目上（因为净现值为正的项目都已经被投资了），降低公司价值。而债务融资的还本付息要求可以减少公司的自由现金流量，缓解代理冲突，提高公司价值。

6. 总结与评价

在以往研究的基础上，Myers（1984）总结了资本结构的权衡理论，基本思想可概括为图 7-3。

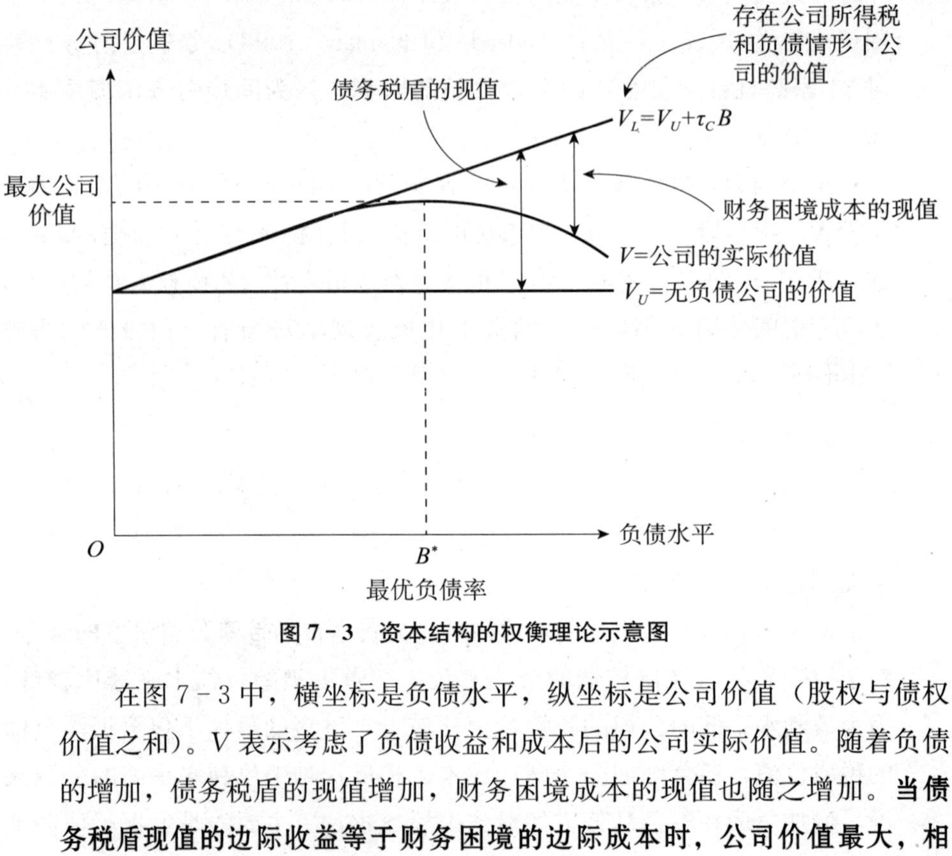

图 7-3 资本结构的权衡理论示意图

在图 7-3 中，横坐标是负债水平，纵坐标是公司价值（股权与债权价值之和）。V 表示考虑了负债收益和成本后的公司实际价值。随着负债的增加，债务税盾的现值增加，财务困境成本的现值也随之增加。**当债务税盾现值的边际收益等于财务困境的边际成本时，公司价值最大，相应的负债率（B^*）为最优负债率。**

资本结构的权衡理论不仅是对当时资本结构理论研究的重要总结，也是对未来研究的重要指引。资本结构的权衡理论不仅回应了“资本结构重要吗”这个基本命题，还为解答“什么影响了资本结构”提供了明确的思路。前者在资本结构与公司价值之间建立了明确的对应关系：因为存在能够使公司价值最大化的资本结构，所以研究资本结构的决定因素，实际上就是在研究使公司价值最大化的决定因素。后者则有助于不断扩展资本结构的研究范围，特别是从经验证据的角度分析资本结构的成因。

资本结构的权衡理论讲述了一个鼓舞人心的故事。这一理论与 Modigliani 和 Miller 的理论不一样，后者认为公司应该尽可能负债。权衡理论避免做一些极端的预言，而是解释了负债率适度的合理性。但是现实怎么样呢？资本结构的权衡理论能否解释公司的现实行为呢？

答案是“可以，也不可以”。从“可以”的方面来讲，资本结构的权衡理论成功地解释了很多行业的资本结构差异，例如，高科技成长性公司的资产风险性高且大多是无形资产，通常情况下负债很少，相对来说，航空公司由于持有的是有形资产且相对安全，它们就能够承担大量负债。

从“不可以”的方面来讲，权衡理论无法解释一些观察到的公司资本结构特征，特别是：(1) 资本结构的“均值反转”现象；(2) 盈利水平与负债的关系。根据权衡理论，高效益必定意味着更高的偿债能力和更多的需要避税的应税利润，公司应当有更高的目标负债率。但是，现实中盈利能力强的公司负债通常较少。

与 20 世纪初低公司所得税税率（甚至为零）的时期相比，美国公司在 20 世纪 90 年代的负债比率基本没变。其他工业化国家公司的资本结构也都与美国公司类似。很多国家都实行可抵扣税制，在这种税制下利息税盾并没有什么价值。因此，从债务节税价值的角度分析资本结构的成因，仍然面临来自实践的挑战。

当然，所有这些“不可以”并不能否定权衡理论，正如乔治·斯蒂格勒（George Stigler）指出的那样，**偶然得来的证据并不能推翻一种理论，只能用一种理论来击溃另一种理论**。

三、优序融资理论

优序融资理论始于**信息不对称**（asymmetric information），这是一个极具想象力的术语，试图说明管理人员比外部投资者更清楚公司的前景、风险和价值。

信息不对称既影响公司进行内部融资和外部融资的选择，也影响新增加负债还是发行新股的选择。**公司确定投资项目后，资金来源首选是内部资金即盈利再投资，其次是新发行债券，最后是新发行股票**。

信息不对称可以解释为什么在现实中债务融资要优于发行新股，债券发行是家常便饭，股票发行则很少。即使在美国的股票市场中，外部融资仍然主要来自负债。在那些股票市场不发达的国家，发行股票就更加困难了。但是，高科技、高成长性的公司可以成为值得信赖的普通股发行者，这些公司的资产大多是无形资产，破产成本或财务困境成本特别高昂，此类公司将更多地依赖外部融资尤其是股权融资。

（一）优序融资理论的意义

优序融资理论并没有明确定义目标负债权益组合比，因为两种权益融资（内部权益和外部权益）一个处于优序融资的最先位置，另一个却落在最后。每家公司的负债率反映了它们各自对外部融资的累积需求。

优序融资理论解释了盈利水平高的公司通常负债更少，并非因为它们的目标负债率很低，而是因为它们并不需要外部资金。盈利水平低的公司发行债券是因为它们没有足够的内部资金用于资本投资，同时也因为债务融资处在优序融资中最先的位置。

根据优序融资理论，利息税盾的重要性并不是首要的。当内部现金流量减去红利后与实际的投资机会不相匹配，负债率就将改变。投资机会受限但盈利水平高的公司有能力偿还债务，把负债率降到一个较低的水平。如果投资机会所需要的投资超过盈利能力，公司将会越来越多地借债。

优序融资理论解释了在同一行业内盈利性和财务杠杆之间为什么存在反向关系的问题。假设公司的一般性投资与行业的成长保持同步，同一个行业里的公司的投资增长率将基本相同。**在不考虑股利政策的情况下，盈利水平低的公司内部资金非常少，只能更多地依赖债务融资。**

（二）优序融资理论的不足

优序融资理论用非常精炼的语言刻画出公司融资的特征，很好地解释了资本结构均值回归、盈利能力与负债之间的负向关系等，对股票融资的市场反应、融资约束等相关研究的发展起到了重要的引导作用。但是优序融资理论本身也存在一些不足，主要集中在以下方面。

1. 内部融资、债务融资和股票融资的顺序

内部融资、债务融资和股票融资是基于严格的顺序，还是“其他条

件相同”情况下的顺序？所谓严格的顺序，是公司在确定投资项目后，首先将内部资金全部投入项目中，然后再进行债务融资；当所有的债务融资资金都投入项目以后，再进行股票融资。如果是“其他条件相同”情况下的顺序，如何定义“其他条件相同”？优序融资理论本身并没有提供直接的解释。极端地来看，每个公司在进行外部融资时，都会持有现金和短期投资，为什么公司不将所有的现金都用于投资呢？为什么有些公司会出现“存贷双高”的现象？另外，站在合并报表角度，研究者所观察到的内部融资、债务融资、股票融资是否还能遵循优序融资理论？显然，优序融资理论并不能提供相应的解释。

2. 债务融资是否始终优于股权融资

按照严格的优序融资理论，只有当债务融资能力耗尽的情况下，公司才应该发行股票进行融资。对于如何定义公司的债务融资能力及其是否耗尽，优序融资理论本身并没有提供可供借鉴的指引。为了界定公司债务融资能力，研究者通常需要借助权衡理论的模型进行推理和实证检验，这样就很难有效区分优序融资理论和权衡理论对实证结果的影响。

3. 债务融资的特征

优序融资理论并没有对债务融资的特征进行深入的探讨。如果债务融资始终可行且没有违约风险，那么债务融资和内部融资是等价的；如果债务融资存在违约风险，Myers（1984）认为，直觉上债务融资的风险应当介于内部融资和股权融资之间。一些研究则表明，当同时存在债务和股权融资机会时，存在多重均衡，债务融资未必总是优于股权融资（Noe，1988）。

四、小结

Frank 和 Goyal（2008）认为，公司财务研究中的相关理论，大致可以分为四种类型：

（1）观点式理论，即研究者根据以往的文献和自身的逻辑推理提出了某种观点，这是目前大多数实证研究中所依据的理论。

（2）推导式理论，即借助经济学和数学分析工具形成的理论，如资本资产定价模型。

（3）统一性理论，即能够将所有现象加以总结和概括的一种理论。

（4）规范性理论，即用于评价和指导实践的理论。

按照这样的标准，目前关于资本结构的权衡理论和优序融资理论最多也就是推导式理论，这两种理论都可以解释一部分的公司资本结构现象，对其他现象的解释力不足，并没有哪种理论占据主导地位。每一种理论都或多或少有一定的意义，适用于特定公司的资产、运营和环境等。

不存在主导性的资本结构理论，并不意味着研究者就可以止步于此，研究者应当在充分了解资本结构相关理论及其发展脉络的基础上，进一步探索资本结构形成的原因及其经济后果。同时，研究者也要了解现实中的资本结构特征和相应的实证研究发展，加强对资本结构理论及其特征的理解。

第三节　资本结构的实证研究

一、事件研究法

证券置换是指将股票（债券）转换为债券（股票）的非现金交易，证券置换可以保证公司的资产规模不会因发行（或回购）证券而发生变化，所以证券置换是一种纯粹的导致资本结构改变的事件。**通过研究置换过程中证券价值的变化，可以分析资本结构变化对公司价值的影响及其作用机制**。

Masulis（1980）以1962—1976年106项负债率上升和57项负债率下降的证券置换事件为样本，研究表明：证券置换对公司股票价格具有显著的影响，在负债率上升的事件中股价收益率平均为7.6%，而在负债率下降的事件中股价收益率平均为－5.4%。

Masulis（1980）总结了各类证券置换事件的结果：

（1）证券置换事件中的证券收益率变化可能反映了负债的节税效应，也可能是股东和债权人的利益再分配所致（利益分配效应）。

（2）如果节税效应和利益分配效应相互补充，证券置换事件的证券价格变动幅度更大；如果节税效应和利益分配效应相互抵消，证券置换事件的证券价格变动幅度更小。

（3）证券置换过程中，不同证券的价格变化方向相反，支持了利益分配假说。

（4）如果债券发行条款中没有保护条款和限制债务融资条款，公告期的收益率显著为负，支持了利益分配假说。

(5) 负债率下降的证券置换，股票收益率显著为负，表明公司的此项决策并不是以股东利益最大化为目标，能否实现公司价值最大化目标有待进一步研究。

(6) 破产成本的作用对负债率下降的置换事件缺乏解释能力。

Pinegar 和 Lease (1986) 发现在负债率上升的证券置换事件中，普通股收益率为 4.5%；而在负债率下降的证券置换事件中，普通股收益率为－0.73%。虽然估计的公司总价值（普通股、优先股和债券价值之和）有所下降，但是在负债率下降的证券置换事件中，优先股股票的收益率为 6.58%。他们认为，实证结果与信号传递假说（公司价值下降）和利益分配假说（优先股价值上升）是一致的。

Copeland 和 Lee (1991) 的研究进一步增强了信号传递假说对证券置换的解释能力。他们认为，由于管理层在证券置换中不会出售股票，在负债率上升的证券置换事件中，公司通过发行债券回购外部股票时，管理层的持股比例会增加。他们发现：

(1) 负债率上升会导致股票系统性风险下降，而负债率下降则会导致股票系统性风险增加。

(2) 公司财务指标（每股收益、每股销售收入、每股资本支出）的数值会随着负债率上升而增加。

(3) 负债率上升，管理层在事前会增持股票；负债率下降，内部人员更倾向于在事前卖出股票。

对个别证券发行的研究，也得到了类似的结果：股票再融资（负债率下降）会导致股票价格显著下降，而股票回购则会显著提高股票价格，这表明资本市场的确将负债率上升视为好消息，而将负债率下降视为坏消息。

综上所述，证券置换相关研究的经验表明，**在公司资本结构变化过程中，负债的节税效应和破产成本效应并没有很强的解释能力，更主要地表现为财富转移效应和信号效应。与财富转移效应相比，信号效应似乎更为明显**。因此，证券置换相关的研究结论主要支持了优序融资理论。

虽然证券置换研究为资本结构与公司价值的研究提供了重要的证据，但是证券置换的研究假设也面临一些批评和质疑。例如，Smith (1986) 指出，如果公司调整资本结构是为了最大化公司价值，那么无论负债率上升还是下降，都应该会增加公司价值。进一步地，如果公司需要通过证券置换来调整资本结构以增加公司价值，当前的资本结构就不是最优的，那么为什么公司当前的资本结构不是最优的呢？

在实际的资本市场中，证券置换的数量是比较少的，进行证券置换可能是公司自选择的结果。因此，基于证券置换样本得出的结论未必能够推广到没有进行证券置换的公司，即研究结论的外部有效性不足。

二、截面分析方法

为了减少事件研究法中的样本公司自选择的潜在影响，很多研究者采用大样本的截面分析方法，研究的主题通常包括两类：（1）资本结构的价值相关性；（2）资本结构理论的比较检验。

（一）资本结构的价值相关性

Fama 和 French（1998）的研究是较早的检验资本结构价值相关性的重要研究之一，核心是检验资本结构的价值相关性，并检验税盾效应在资本结构价值相关性中的作用，即检验有税资本结构理论的有效性。按照 Modigliani 和 Miller（1963）的理论，负债率越高，公司价值越高，那么负债率指标的回归系数应当显著为正。

控制了公司无负债情况下的公司价值、盈利能力及其他影响因素后，Fama 和 French（1998）以公司的市场价值作为因变量，以利息支出衡量的负债水平作为主要解释变量，进行了回归分析。结果显示，该回归系数要么不显著，要么显著为负。他们认为，这个结果说明利息的节税效应并不是公司负债的首要因素，这主要还是支持了权衡理论和代理成本理论对资本结构的解释。

针对 Fama 和 French（1998）的发现，后续的研究者指出潜在的计量误差及其影响，特别是无负债情况下的公司价值（V_U）是无法观测和准确度量的，因此他们的研究设计中既有度量误差的影响，也可能有遗漏变量，两者会影响到回归系数的符号和显著性。

作为修正，Kemsley 和 Nissim（2002）在有税资本结构模型的基础上，构造了以下的检验模型：

$$V_U = V_L - \tau_C D + \varepsilon \tag{7-8}$$

此时，尽管无负债情况下的公司价值（V_U）仍然存在度量误差，但是这种度量误差会包含在等式右边的误差项中，不会影响负债率变量的回归系数及其显著性。研究结果支持了有税资本结构模型，负债率变量的回归系数显著为负，且回归系数的大小接近 0.4，即样本期间内的美国公司所得税税率为0.4。

（二）资本结构理论的比较检验

由于资本结构价值相关性研究设计中存在着众多的计量问题，一些学者以资本结构为因变量，将检验资本结构的特征及其决定因素作为区分权衡理论和优序融资理论的依据。

1. 静态权衡理论的基本模型

$$D_{it} \equiv D_{it}^{*} + \varepsilon_{it} = f(x_{it}) + \varepsilon_{it} \tag{7-9}$$

式（7-9）中，D_{it}表示第i个公司在第t时刻的负债率；D_{it}^{*}表示最佳负债率；ε_{it}表示随机干扰项；$f()$表示函数关系；x_{it}表示影响资本结构的经济因素（如公司所得税税率、盈利能力、行业特征等）。

通过对各个影响因素（x_{it}）进行回归，得到的系数可以用于检验特定理论的适用性。例如，根据前述的理论分析，公司所得税税率越高的公司，越倾向于通过负债方式进行融资。在控制了其他影响因素后，税收变量的回归系数显著为正，则表示实证结果支持了税率越高负债率越高的假说。

在权衡理论中，最优资本结构是公司对负债的节税价值与相关边际成本进行权衡的结果，因此，从公司所得税税率角度解释资本结构，是检验权衡理论的重要出发点。MacKie-Mason（1990）认为，研究税率与资本结构的关系，不应当只考察税率和当期资本结构的关系，还应该检验税率和资本结构变化的关系。其通过构造公司所得税的有效税率指标发现，公司的有效税率越高越倾向于采用债务融资。Graham（1996）、Graham（1996）、Graham（2000）则指出，检验资本结构的节税效应，需要正确衡量公司的税收状态，特别是边际税率。这一系列的研究结果证明，公司的边际税率不仅和资本结构的变化有关，也和当前的资本结构相关。这些结果支持了资本结构的节税效应及权衡理论，也提出了度量边际税率的思路，使税收成本的研究成为公司财务研究的重要内容之一。①

一些研究根据公司所得税税率变化的外生事件，考察名义税率变化对公司资本结构的影响（Faccio and Xu，2015；Givoly et al.，1992；

---

① 资本结构也为检验税率指标的有效性提供了重要标准，即研究所构造的税率指标（平均税率或边际税率）不仅要和税法保持一致，在控制了其他因素后还应当与资本结构保持正向关系。

Heider and Ljungqvist，2015），结果显示，公司资本结构会随着公司所得税和个人所得税的名义税率的变化而变化，这支持了权衡理论的重要支柱：负债的确存在节税效应。

另一些研究则从非债务税盾的角度研究资本结构的决定。Bradley（1984）以固定资产折旧等项目作为非债务税盾的度量，得出非债务税盾越高公司负债率越高的结论，与 DeAngelo 和 Masulis（1980）的预测相反，作者认为，非债务税盾源于公司的固定资产，度量了资产的可抵押价值，提高了公司负债的能力。Dhaliwal 等（1992）、MacKie-Mason（1990）则以投资税收抵免作为非债务税盾的度量，发现在面临税收耗尽（即进一步增加利息会导致公司亏损而丧失债务节税效应）时，非债务税盾与负债率之间存在显著的负向关系。但是 Graham（1996）认为，投资税收抵免作为非债务税盾，对资本结构的解释能力非常微弱。

Titman 和 Wessels（1988）运用因子模型检验了资本结构的相关理论，结果表明，盈利能力与公司负债率存在显著的负相关关系，结论支持了 Myers 和 Majluf（1984）的优序融资理论，而资产专用性和公司负债率的显著负相关关系则支持了 Titman（1984）的代理成本假说，由于代理成本的存在，资产专用性越强的公司愿意承担的负债水平越低。

Frank 和 Goyal（2003）检验了美国上市公司资本结构决策的 39 个不同影响因素的相对重要性，他们发现，公司的资本结构与行业负债率水平、公司规模、无形资产、可抵押资产和最高税率显著正相关；与破产风险、是否支付股利、亏损抵扣、盈利能力和市场利率显著负相关。他们认为，实证结果支持了权衡理论，而不支持优序融资理论。

Booth 等（2001）、Rajan 和 Zingales（1995）分别检验了发达国家和发展中国家的资本结构特征及其影响因素，研究结果表明，无论是发达国家之间，还是发展中国家之间，公司资本结构的影响因素及其作用机制存在很大的差异。Fan 等（2012）的研究表明，不同国家和地区的法律体系、税法、腐败程度和资本供给偏好，对公司负债率和期限结构具有显著的影响。这些研究为开展产权制度与资本结构的研究提供了重要的起点。

2. 动态权衡理论的基本模型

$$D_{it} - D_{it-1} = \delta(D_{it}^{*} - D_{it-1}) + \varepsilon_{it} \qquad (7-10)$$

与式（7-9）相比，式（7-10）引入了重要的变量，δ 表示调整系数，即公司根据目标资本结构调整当前负债水平的能力。当 $\delta=1$ 时，D_{it} 就是最佳的资本结构；当 $\delta<1$ 时，表示调整不足（即调整成本过高），当前的资本结构水平低于最优资本结构水平；当 $\delta>1$ 时，表示调整过度，当前的资本结构水平超过了目标资本结构水平。

与静态权衡理论相比，动态权衡理论模型的检验面临更为复杂的问题：(1) 如何估计最优资本结构的水平？(2) 如果调整系数 δ 是一个变量，如何构建调整系数的决定模型？(3) 因为最优资本结构 D_{it}^* 和调整系数 δ 都是变量，需要用非线性回归方法对式（7－9）的相关参数进行估计。

针对盈利能力与资本结构负相关的实证结果，Fischer 等（1989）认为，公司的目标资本结构并不是一个确定的水平，而是一个区间。当实际资本结构在目标区间内波动时，公司并不会主动调整资本结构。随着公司盈利增加，负债率不断下降，当负债率接近目标资本结构下限时，公司会进行债务融资来调整资本结构；反之，当负债率接近目标资本结构上限时，公司将发行股票来调整资本结构。因此，**动态资本结构理论也可以解释盈利能力与资本结构之间的负相关关系**。

Fischer 等（1989）还发现，调整成本的微小差异会显著影响公司资本结构调整速度，造成公司之间的负债率差异；公司所得税税率越高，个人所得税税率越低，公司的负债率越高；公司的经营风险越大，资本结构区间越大，平均的负债率越低。他们认为，动态资本结构模型可以更好地解释公司负债决策。

Fischer 等（1989）研究的重要意义在于，提出了目标资本结构是一个区间，而不是一个确定的点，这与现实中的公司财务管理行为更为吻合。考虑到证券发行和偿还的交易成本，公司并不会实时地调整资本结构，公司发行债券和股票的行为会存在一定的时间间隔。但是，在实证设计方面，如何确定公司的资本结构最优区间，又是一个棘手的问题。

动态资本结构研究的一个重要内容是对调整速度的研究。假设有外生的冲击改变了资产价值或者使管理层能够利用市场时机，使公司的负债水平偏离了目标资本结构，那么公司应当会向目标资本结构逐步调整，因此对调整速度的估计就成为评价动态资本结构模型有效性的依据。

现有的研究结果显示，公司资本结构的调整速度非常缓慢。Fama 和 French（2002）的检验结果表明，虽然资本结构调整速度在统计意义上是显著的，但是在经济意义上微不足道。Welch（2004）发现，公司年度间资本结构的变化，60%可以归因于公司主动的证券发行决策，但是目标资本结构在其中的作用并不显著。Baker 和 Wurgler（2000）认为，公司发行股票的择时行为与资本结构显著负相关。

表 7-1 总结了现有的资本结构调整速度的实证检验结果。

表 7-1 现有资本结构调整速度的实证检验结果

	最小二乘法（OLS）	广义矩估计（GMM）/工具变量（IV）	固定效应（FIXED EFFECT）	其他
Fama 和 French（2002）	9～18%			
Kayhan 和 Titman（2007）	10%			
Flannery 和 Rangan（2006）	13%	34%	38%	
Lemmon 等（2008）	17%	25%	39%	
Rongbing 和 Ritter（2009）		17%		
Iliev 和 Welch（2010）				<0%
Faulkender 等（2012）	50～70%			

在表 7-1 中值得注意的是，不同方法估计的资本结构调整速度存在很大的差异，Hsiao（2003）指出，OLS 方法估计的系数偏低，而固定效应方法估计的系数则偏高，因此，实际的资本结构调整速度应该是在上述结果之间。

3. 优序融资理论的基本模型

$$D_{it} - D_{it-1} = a + b \times DEF_{it} + \varepsilon_{it} \tag{7-11}$$

与动态资本结构的实证模型（式 7-10）非常相似，等号左边是资本结构的变化，但是在优序融资理论中，最主要的解释变量是资金缺口（DEF_{it}）。当公司面临 1 个单位的资金缺口时，就需要通过增加负债的方式补充这 1 个单位的资金缺口。如果公司存在 1 个单位的资金溢余，就可以偿还 1 个单位的债务融资。所以资金缺口的回归系数 b 的取值应当为 1（Shyam-Sunder and Myers，1999）。

Shyam-Sunder 和 Myers（1999）的实证研究结果显示，用动态权衡理论解释资本结构变化时，调整系数很小（$b=0.33$），且模型的解释能力很弱（R^2 为 21%）。而优序融资理论的回归模型中，系数接近 1（$b=0.75$），模型的解释能力也显著增强（R^2 为 68%）。据此，他们认为实证证据支持了优序融资理论。Chirinko 和 Singha（2000）则认为，Shyam-Sunder 和 Myers（1999）的实验设计并不能评判两种理论的有效性。

Minton 和 Wruck（2010）对负债率偏低（财务保守）的公司进行了检验，他们发现，这些公司的经营活动现金流量很高。当需要进行融资时，一些公司更倾向于债务融资，而这些公司通常在耗尽所有内部资金的情况下，才会采用外部融资的方式。由于这些公司不存在低税率或更多的非债务税盾，因此权衡理论的节税效应并不能解释公司的财务保守现象，此类公司的资本结构决策支持了优序融资理论。

Frank 和 Goyal（2003）对优序融资理论进行了检验，他们发现，公司外部融资规模很大，股票净融资规模往往会超过债务发行规模，而且资金缺口并不是唯一重要的影响因素，传统的影响因素仍然发挥着重要作用，而这些传统变量都是权衡理论的代理变量。更重要的是，优序融资理论是基于信息不对称理论的逆向选择推导出来的，因此，优序融资理论应当更适用于小型高成长性公司，但是实证结果显示，大型公司的资本结构决策与优序融资理论更吻合，这显然和优序融资理论背道而驰。

第四节　中国的资本结构研究

一、中国上市公司资本结构：现状与发展趋势

表 7－2 和图 7－4 展示了我国 A 股上市公司 1990—2022 年间加权平均资本结构的变动趋势。在计算过程中，剔除了当年净资产为负（770 个）和金融行业（3 466 个）的样本。资本结构的度量采用总负债率、有息负债率以及长期负债率，即分别以总负债、短期借款＋长期借款＋应付债券、非流动负债合计除以总资产。

表 7－2　加权平均资本结构时间序列统计结果

年份	总负债率		有息负债率		长期负债率	
	平均值	标准差	平均值	标准差	平均值	标准差
1990	60.17%	16.33%	14.66%	25.46%	15.89%	17.14%
1991	47.61%	31.10%	28.98%	22.33%	11.27%	16.19%
1992	46.53%	20.26%	24.94%	15.25%	8.03%	10.20%
1993	38.34%	17.52%	19.35%	13.84%	7.47%	9.20%
1994	39.82%	16.94%	20.91%	13.40%	7.22%	9.51%
1995	45.61%	16.06%	22.46%	13.51%	7.22%	9.78%

续表

年份	总负债率		有息负债率		长期负债率	
	平均值	标准差	平均值	标准差	平均值	标准差
1996	43.88%	16.12%	22.05%	13.34%	6.58%	8.38%
1997	41.33%	17.10%	20.55%	13.16%	6.29%	8.36%
1998	41.59%	17.73%	20.62%	13.75%	5.91%	8.01%
1999	42.44%	18.16%	21.70%	14.08%	5.95%	8.48%
2000	42.63%	17.57%	21.09%	13.72%	5.96%	8.38%
2001	43.84%	17.99%	22.38%	13.93%	6.30%	8.53%
2002	45.57%	17.85%	22.69%	14.34%	6.34%	8.48%
2003	47.26%	18.52%	23.83%	14.79%	6.92%	9.22%
2004	49.02%	18.72%	24.16%	15.08%	7.26%	9.63%
2005	50.80%	18.91%	23.68%	15.19%	7.34%	10.09%
2006	51.17%	18.63%	22.64%	15.06%	7.52%	10.10%
2007	49.96%	18.58%	21.28%	14.53%	7.79%	9.78%
2008	49.57%	19.67%	21.22%	15.37%	8.00%	10.63%
2009	48.16%	20.70%	19.92%	15.85%	9.28%	11.72%
2010	44.04%	22.62%	17.16%	15.98%	8.32%	11.22%
2011	42.33%	23.05%	16.42%	15.64%	7.66%	10.73%
2012	42.65%	22.72%	16.71%	15.79%	8.23%	10.85%
2013	43.97%	22.28%	17.25%	15.72%	8.70%	10.89%
2014	43.87%	21.50%	16.29%	14.61%	8.67%	10.42%
2015	42.61%	21.01%	15.53%	14.37%	8.52%	10.43%
2016	41.04%	20.82%	13.86%	13.77%	8.47%	10.41%
2017	40.59%	20.32%	17.17%	13.06%	8.12%	9.97%
2018	42.29%	20.29%	17.07%	12.48%	8.09%	9.72%
2019	41.94%	20.46%	16.45%	12.40%	8.19%	9.73%
2020	40.93%	20.49%	15.61%	12.53%	8.07%	9.68%
2021	41.19%	20.72%	14.85%	12.12%	8.50%	9.91%
2022	40.30%	20.74%	14.73%	12.15%	8.76%	10.01%

资料来源：CSMAR 数据库.

总体而言，A 股上市公司的资本结构表现出了很强的稳定性，虽然有一定的波动性，但波动的区间较小。总负债率的主要波动区间为[40%，44%]；有息负债率在 1994—2008 年间的主要波动区间为

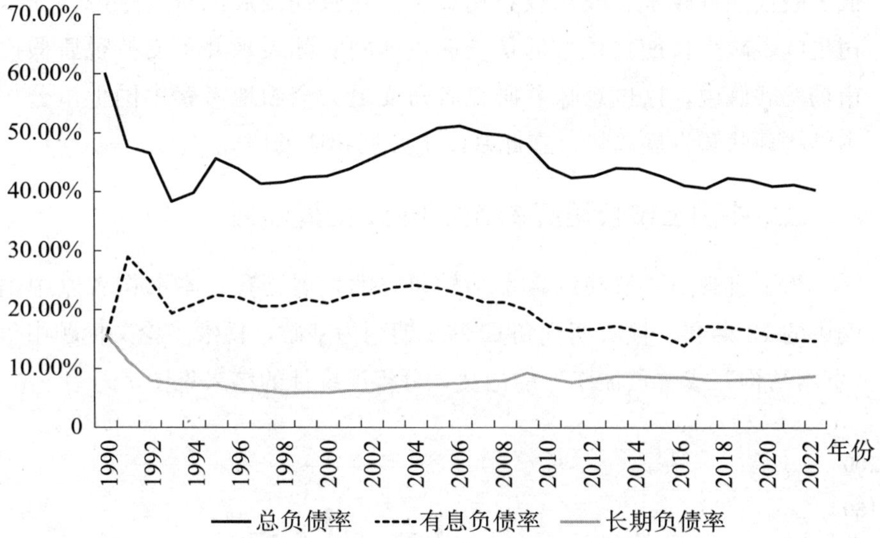

图 7-4　加权平均资本结构时间序列

[20%，24%]，在 2009—2022 年间的主要波动区间为 [14%，18%]；长期负债率的主要波动区间为 [6%，9%]。总负债率和有息负债率自 2008 年起呈小幅下降趋势，而长期负债率自 2000 年起呈小幅上升趋势。

总负债率和有息负债率自 2008 年起下降，这在一定程度上支持了资本结构的税盾假说以及以此为基础的权衡理论。2008 年我国企业所得税税率由 33%改为 25%，减弱了负债的税盾作用，债务融资相对权益融资的优势下降。当然，另一种可能的解释是，随着中国资本市场的发展，股权融资的难度降低，公司股权融资成本下降，削弱了债务融资相对权益融资的优势，表现为股权融资偏好。无论是税盾价值还是融资成本的相对变化，都是基于权衡理论的解释。

从负债的结构来看，上市公司负债的主要部分是经营性负债，特别是短期的经营性负债，这一方面表示上市公司对其供应商（包括员工）有比较强的谈判能力，另一方面也会增加公司短期的财务压力，使流动性风险提高。从有息负债率和长期负债率的差异来看，随着时间的推移，两者的差异在逐渐缩小，即**上市公司的负债从以短期负债为主逐步转向了以长期负债为主**。

长期负债的实际表现也对税盾假说和市场发展假说提出了挑战，如果 2008 年企业所得税改革降低了债务融资的税盾价值，那么公司应当在减少整体负债的同时，减少长期负债，但是数据显示的结果是，长期负债并没有随着企业所得税税率的下降而同步减少。如果股票市场发展降低了股权融资成本，股东权益构成了公司长期发展的资金来源，那么公司更应该减少长期负债。但是长期负债的实际表现并不支持税盾假说和市场发展假说，这也意味着研究者需要更为全面地考察中国上市公司资本结构现状和发展趋势，在此基础上开展相应的研究。

二、中国上市公司资本结构研究：时间序列

为了直观地了解我国资本结构研究的发展历程，本书作者以中国知网中的 EI 期刊、核心期刊和 CSSCI 期刊为基础，检索了论文标题中包含“资本结构”或“负债率”的论文，分年度统计的结果见图 7－5。

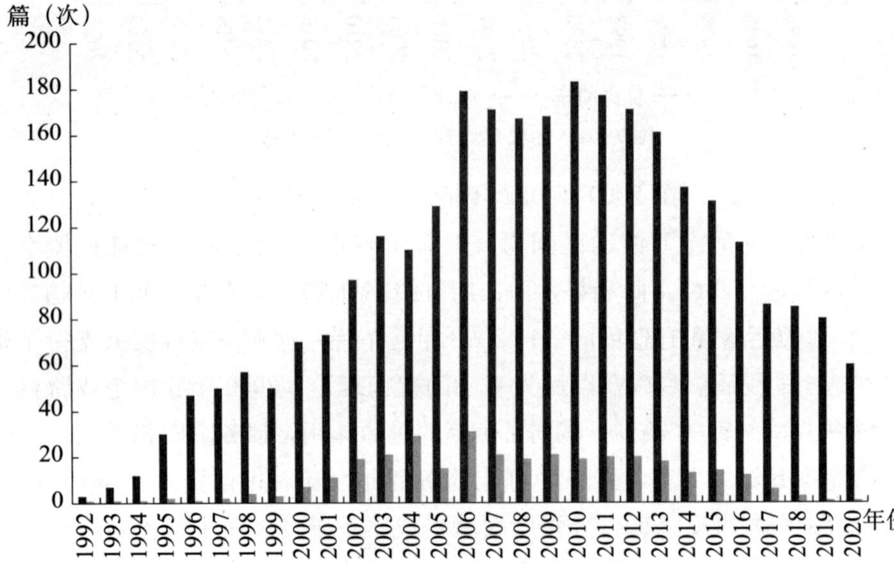

图 7－5　资本结构相关论文发表和高引用率论文数量

图 7－5 中的深灰色柱体表示以“资本结构”或“负债率”为主题的相关论文发表数量。中国关于资本结构的研究最早起源于 1992 年，1999 年以后关于资本结构的研究得到迅速发展，在 2010 年达到顶峰，期刊发表的相关论文数量为 183 篇，此后，资本结构相关的论文发表数量逐年减少。2020 年，相关论文发表数量为 60 篇。

图 7－5 中浅灰色柱体表示每年发表的论文中，被引用超过 50 次的论文数量。[①] 可以发现，2002—2013 年，每年被引用超过 50 次的论文数量维持在 20 篇左右，2013 年以后这个数字逐年下降。当然，引用量的多少

① 2019 年和 2020 年发表的论文中没有被引用次数超过 50 次的论文，这里选择了引用次数最多的一篇文章。

和论文发表的时间也有密切的关系。

我国资本结构研究的主题也表现出明显的时间序列特征，大致可以分为三个阶段：

(1) 1998年以前，研究主题为介绍现有的资本结构理论，通过与发达资本市场中公司的负债率进行比较，为我国公司的资本结构决策提供指引（汪平，1992；张人骥，1994）。

(2) 1998—2006年，研究主题为中国上市公司资本结构的决定因素或影响因素，并在此基础上逐步增加中国制度背景的分析（程宏伟，2004；郭鹏飞等，2003；洪锡熙等，2000；胡援成，2002；姜付秀等，2005；李青原等，2006；刘志彪等，2003；陆正飞等，1998；吕长江等，2001；沈根祥等，1999；施东晖，2000；唐国正等，2005；肖作平，2003；肖作平，2004；肖作平等，2002；晏艳阳等，2001；赵冬青等，2006）。

(3) 2007年以后，研究主题为中国特定制度背景，包括宏观环境、资本市场发展、行业特征、产品市场特征、公司治理、所得税改革等。将以上制度背景纳入资本结构影响因素的研究中，资本结构的动态调整日益受到重视，这成为我国当前资本结构研究的重要发展趋势（白云霞等，2013；曾海舰，2012；曾海舰等，2010；程六兵等，2017；甘丽凝等，2015；顾研等，2018；郭杰等，2012；韩亮亮等，2008；韩亮亮等，2008；黄继承等，2016；黄继承等，2014；江龙等，2013；姜付秀等，2011；姜付秀等，2013；姜付秀等，2008；姜付秀等，2008；孔宁宁等，2010；李科等，2009；李莉等，2014；李增福等，2012；林慧婷等，2016；马文超等，2012；麦勇等，2011；闵丹等，2008；沈艺峰等，2009；盛明泉等，2016；盛明泉等，2012；苏冬蔚等，2009；王跃堂等，2010；王正位等，2007；王志强等，2009；伍中信 等，2013；肖作平，2009；于蔚等，2012；张会丽等，2013；张胜等，2017；张太原，2007；赵冬青等，2008；赵兴楣等，2011；周煜皓等，2014；朱凯等，2010）。

本部分将集中分析介绍第二阶段和第三阶段相关研究的发现，并提出未来可能的研究方向。

三、中国资本结构研究的实证文献回顾

（一）综合性的影响

陆正飞和辛宇（1998）以1996年35家制造业A股上市公司为样本

进行实证研究，发现不同行业上市公司的资本结构有着明显的差异，获利能力与资本结构负相关，公司规模、资产担保价值和成长性对资本结构无显著影响。该文是国内较早对资本结构影响因素进行实证研究的文献，对后续的研究具有重要的引领作用。

沈根祥和朱平芳（1999）以权衡理论为基础，以1995年的180家不同行业上市公司为样本，以主成分分析法度量公司规模、获利能力、抵押担保价值、成长性与非债务税盾等因素，并检验其对资本结构的影响。发现获利能力、抵押担保价值与负债正相关；成长性与非债务税盾与负债负相关，比较全面地支持了权衡理论。

洪锡熙和沈艺峰（2000）以1995—1997年221家工业公司为样本，采用卡方检验方法，检验了资本结构的影响因素，发现公司规模和盈利能力两个因素对公司资本结构的选择有显著的正向影响，但公司权益、成长性和行业因素对资本结构无显著影响。

吕长江和韩慧博（2001）描述了1998年以前我国826家上市公司资本结构的特点，然后对资本结构的影响因素进行了分析。研究发现，获利能力、流动比率、固定资产比例与负债率负相关；规模、成长性与负债率正相关。该文首次考察了股权性质对资本结构的影响，虽然没有得到显著的结果证实，但是扩展了资本结构研究的方向。而且该文直观地描述不同行业资本结构的差异，为从行业角度分析资本结构提供了重要的开端。

将行业作为资本结构影响因素的后续研究包括（但不限于）晏艳阳等（2001）、郭鹏飞等（2003）、姜付秀等（2005）等。晏艳阳等（2001）侧重于比较中美两国行业结构对公司资本结构的影响。郭鹏飞等（2003）强调了不同行业门类公司之间存在资本结构的显著差异，而同一行业门类内的不同行业大类公司间不存在资本结构的显著差异。刘志彪等（2003）、姜付秀等（2005）则运用产业经济理论和财务理论，检验了行业特征、资本结构和产品市场竞争之间的关系，发现在不同的行业特征下，资本结构与产品市场竞争之间的关系表现出不同的特征。闵丹和韩立岩（2008）发现，企业负债率随行业集中度的增加而降低，随行业生命周期的延续而逐渐增加。姜付秀等（2008）则发现，行业竞争越激烈，公司资本结构偏离目标资本结构的幅度越小，也越接近目标资本结构。

（二）公司治理的影响

随着法学与金融学研究的发展，国内学者也日益关注公司治理各类因素对公司财务决策的影响。在资本结构领域，国内学者结合我国上市公司的治理结构特征，将现有的产权理论、代理成本理论等应用于研究中，取得了丰硕的研究成果。

肖作平（2009）认为，政府官员没有充分的监督动机和积极性，没有足够的激励水平和能力对管理者进行有效监督，因此国有控股公司的代理冲突更为严重，治理机制比较差，会倾向于使用股权融资，因此国有控股上市公司的负债水平更低。朱凯和俞伟峰（2010）认为，与民营控股股东相比，国有控股股东可以获得独占性的税收收益，降低了国有控股上市公司通过负债避税的概率，表现为国有控股上市公司负债率更低。王跃堂等（2010）以我国企业所得税改革为契机，发现企业所得税改革后税率降低的公司明显地降低了债务水平，符合替代效应的理论预期，而且税率提高的公司中，非国有控股公司债务增加得更多；在税率降低的公司中，非国有控股公司负债水平下降更多，这表明非国有控股公司在资本结构决策中会更多地考虑债务税盾的因素，在税收筹划方面更为激进。

我国学者进一步细化了股权结构的特征，分析了金字塔结构、集团控制的影响。股权的金字塔结构一方面为公司创造内部资本市场，提高了在内部调度资金的能力；另一方面为大股东侵占上市公司利益提供了可能。韩亮亮等（2008）认为复杂的金字塔结构形成并维系了内部资本市场，从而降低了交易成本，成为外部融资渠道的替代选择，降低了对银行借款的需求。白云霞等（2013）发现，大股东利益侵占与公司负债水平之间存在显著的正相关关系。张会丽等（2013）以我国资本市场中的集团型上市公司为研究对象，发现母公司对集团的整体控制力越强，子公司负债占比越低；子公司负债占比越高，资本结构偏离目标值的程度越大，即资本结构的适度性越差。

（三）宏观因素的影响

郭杰和张英博（2012）讨论了政府管制对企业资本结构的影响，研究了 2000—2010 年中国 4 次 IPO 暂停对企业资本结构的影响，发现 IPO 管制能显著（正向）影响企业的资产负债率，而企业择时在考虑政府管制因素后与资本结构并不相关。

曾海舰和苏冬蔚（2010）与曾海舰（2012）探讨了宏观经济因素，特别是信贷政策（经济周期）对企业资本结构的影响。曾海舰和苏冬蔚

(2010) 运用DID模型检验了信贷政策对资产负债率、有息负债率和应付款项占比的影响；曾海舰（2012）发现房产价值对公司投融资变动有正向影响，且主要是源于抵押担保渠道。

(四) 资本结构动态调整的相关研究

1. 公司特征方面

姜付秀等（2008）发现，代理问题、发展机会、资产流动性等公司特征是造成行业内公司之间资本结构差异的主要原因；沈艺峰等（2009）从抗董事权、信息披露和投资者保护实施三个方面对上市公司投资者保护的执行情况进行整体刻画，发现公司对投资者保护的执行情况越好，公司越倾向于进行股权融资，其负债占比随之降低；姜付秀和黄继承（2013）则以CEO变更事件为外生冲击构建双重差分模型，发现CEO拥有财务经历的公司，其负债水平明显更高，资本结构的调整速度明显更快，与目标资本结构的偏离程度显著更低；而盛明泉等（2016）以高管持股比例作为公司股权激励的代理变量，发现公司对高管进行股权激励的强度与资本结构调整速度显著正相关，且当资本结构向下调整时，股权激励对资本结构动态调整速度的促进作用会更大。

2. 政策制度的角度

李增福等（2012）认为，公司资本结构水平受到税收政策的影响。由于债务悬置效应的存在，在面临税率的外生变化时，公司的资本结构调整行为具有非对称性，具体表现为，低负债率公司的资本结构对税率上升更为敏感，而高负债率公司则对税率下降更为敏感；马文超和胡思玥（2012）则依据“信贷观”下的贷款渠道及信贷配给理论发现，当货币政策变化影响到信贷供给时，未受约束公司的资本结构在政策紧缩时受影响较小，而受约束公司的杠杆率随着政策的紧缩（宽松）而减小（增大）。

3. 外部环境的角度

闵丹和韩立岩（2008）与姜付秀等（2008）认为，行业环境是影响公司资本结构的重要因素。例如，闵丹和韩立岩（2008）发现，公司负债率随行业集中度的增加而降低，随行业生命周期的延续而逐渐增加；姜付秀等（2008）则发现，行业竞争越激烈，公司资本结构偏离目标资本结构的幅度越小，越接近目标资本结构。麦勇等（2011）、姜付秀和黄继承（2011）与李莉等（2014）认为，区域环境也是影响资本结构及其调整的重要特征。例如，麦勇等（2011）研究发现，资本结构的调整速度在地区之间存在显著差异，东部地区公司资本结构调整速度最快；姜付秀和黄继承（2011）发现，地区市场化程度越高，资本结构的调整速度越快；而李莉等（2014）认为，地区的知识产权保护水平越高，在资本市场融资时公司的内外部信息不对称程度越低，公司越倾向于股权融资。林慧婷等（2016）发现，外部信息环境也会对公司资本结构产生重要影响，媒体报道水平越高，公司资本结构在低于目标水平时，增加负债的概率越大；而在高于目标水平时，偿还债务和发行股票的概率越大。

本章小结

资本结构可以视为公司财务理论研究中“皇冠上的明珠”。经过 60 多年的发展，资本结构理论体系已经相当完备，而且对公司财务相关领域的研究起到了重要的奠基作用，包括股利政策、股票发行、资本成本等等，这些都可以看成资本结构理论研究的延伸。除了资本结构水平和变化，资本结构的研究还有其他的相关问题，包括债务期限结构、债务结构（债券还是银行贷款）、债务条款等。限于篇幅，本书对这些内容没有详细介绍。

资本结构的实证研究结果存在很大的争议。虽然权衡理论和优序融资理论都得到了一些经验证据的支持，但是都有各自无法解释的现象。无论是权衡理论还是优序融资理论，都把资本结构视为具有经济后果的重要变量，权衡理论将最优资本结构与公司价值最大化直接联系，而优序融资理论则考虑公司面临的信息不对称成本对资本结构的影响。因此，**资本结构是一个具有经济后果的财务决策，研究资本结构也就是在研究公司融资行为的经济后果**。

与美国资本结构研究主题相比，中国资本结构的实证研究基本上秉持了权衡理论，即认为存在能够使公司价值最大化的资本结构，并在此基础上探索最优资本结构的影响因素。研究设计方面主要采用的是静态权衡理论的研究模型，近期的论文开始关注各类因素对资本结构调整速度和调整成本的影响，很少有论文从优序融资理论的角度对我国资本结构的成因及其发展进行实证检验。

与美国的资本结构研究先有理论争鸣再有实证检验的路径不同，我国的资本结构实证研究更多的是在模仿和比较的基础上开始的，这不仅是对现有的基础理论的扩展，也是结合中国的制度背景和企业实践，对现有的理论进行的检验，特别是结合中国的资本市场，检验相关理论的适用性和重要性。未来基于中国资本市场发展和中国企业的管理实践，结合现有的基础理论，系统性提出资本结构研究的新方向和新方法应该成为我国公司财务理论研究者的重要工作。

第七章参考文献

第八章

股利政策

股利政策是指公司向股东提供回报的方式，具体包括现金股利或股票回购。现代股利政策的研究肇始于 Miller 等（1961）的股利政策无关假说。股利政策无关假说指出，在完美的资本市场中，特别是不存在信息不对称、公司投资政策固定的情况下，如何支付股利、支付多少股利都不会影响公司价值（股东财富）。但是在实践中，股利政策存在系统性的特征，而且公司价值也会随着股利政策的变化而变动。

Lintner（1956）对 28 家公司的高管就股利政策进行了访谈。在访谈的基础上，作者总结了几个重要的现象：（1）股利政策存在黏性，即股利政策并不会随着盈余变化而同步变化，只有当管理层认为公司盈余会达到一个新的水平时，公司才会增加或减少股利；（2）长期的、可持续的盈利水平是影响公司股利水平的重要因素；（3）在此基础上，作者提出了股利变化的部分调整模型，可以解释样本公司 85%以上的年度股利变化。

理解股利政策是非常重要的，每年上市公司要向投资者支付大量的现金股利或进行股票回购，同时，现金股利也是股东回报的重要组成部分，因此，**股利政策不仅会影响公司的现金流量，也会影响到公司投资者的预期回报即股权资本成本，共同影响公司价值**。

第一节　股利政策无关假说

Miller 等（1961）提出，在完美的资本市场中，投资决策决定了公司价值，而股利作为投资支出与盈余之间的差额，并不会影响公司价值；从投资者角度来看，投资者也可以通过买卖股票的方式自制股利，并不会因为公司是否发放股利而给予不同的定价。

完美的资本市场有以下假设：

（1）不存在信息不对称；

（2）没有税收；

（3）买卖股票没有交易成本；

（4）没有契约成本或代理成本；

（5）单个投资者或公司不能影响证券价格。

在上述完美市场假设前提下，给定公司的投资决策是固定的，很容易推导出股利政策与公司价值无关的结论。

假设公司在 $t=0$ 时全部采用股权融资，那么该公司的价值就等于股东未来获得的股利折现价值之和：

$$S_0 = \sum_{t=0}^{\infty} \frac{E_0(D_t)}{(1+r)^t} \tag{8-1}$$

式中，S_0 为 $t=0$ 时的股票价格；$E_0(D_t)$ 为投资者根据 $t=0$ 时的信息预期的公司在第 t 期支付的股利金额；r 是经过风险调整的投资者期望收益率。

公司每期的现金流量来源和用途可以表示如下：

$$CF_t + F_t = D_t + I_t + (1+r)F_{t-1} \tag{8-2}$$

式中，CF_t 是公司经营活动现金流量；F_t 是第 t 期的公司新增债务融资；D_t 是公司支付的现金股利净额；I_t 是当期公司投资活动现金流量；$(1+r)F_{t-1}$ 是第 $t-1$ 期的债务融资在第 t 期的偿还金额。

假设公司债务融资采用自融资的方式，即新增债务融资规模等于支付的债务本息，即

$$F_t = (1+r)F_{t-1} \tag{8-3}$$

$$D_t = CF_t - I_t \tag{8-4}$$

将式（8-3）代入式（8-4），则

$$S_0 = \sum_{t=0}^{\infty} \frac{E_0(CF_t - I_t)}{(1+r)^t} \tag{8-5}$$

注意，在式（8-5）中并没有包含股利支付（D_t）这个变量，公司的价值只取决于经营活动现金流量与投资活动现金流量的差值（即自由现金流量），自由现金流量是现金股利支付的基础。当然，如果公司的投

资规模超过了当前的经营活动现金流量，公司不但不应该支付现金股利，还需要发行额外的股票进行融资（根据式（8－3），债务融资是自融资）。因为经营活动现金流量和投资支出都不是现金股利的函数，根据式（8－5），股利政策与公司价值无关。

如果公司支付的现金股利超过了自由现金流量，会影响公司（股东）价值吗？在完美的资本市场中，公司的融资活动只能按照市场公允价值定价（即融资是净现值为0的项目），当期额外支付1元的现金股利，则要求公司按照市场公允价值额外新增1元的股票融资，因此，**在完美资本市场假设下，股利政策与公司价值无关**。

Miller等（1961）明确界定了股利政策与公司价值无关这个命题所需要的假设前提，因此，当股利政策与公司价值相关时，就意味着完美资本市场假设的某个或某些条件不能成立。本章的其余部分就是从税收、信息不对称和代理成本理论等方面逐步放松假设，来检验股利政策对公司价值的影响。

很多国家和地区（包括我国）的税制中，现金股利的个人所得税税率高于资本利得的个人所得税税率。在这种情况下，理性的个人投资者就会更关注资本利得带来的税收收益，这会对现金股利政策产生影响。尽管相关的研究已经持续了数十年，仍然有很多问题有待探索。虽然相关的理论研究结果证明税收会影响股利政策，但是实证证据却存在很大的争议。

对个人投资者来说，只有在实际进行股票交易时，才需要对买卖收益进行纳税，因此长期持有股票的个人投资者面临的资本利得税税率是低于现金股利税率的。通过精心确定股票交易的时间和类型，投资者可以选择纳税的时点和金额。理性的投资者可以清空其投资组合中亏损的股票，从而无限期递延资本利得相关的税款，降低投资者的有效税率。假设投资者递延税收支付期为20年，折现率为10%，那么他的有效税率可以下降85%。投资者有各种方式在递延资本利得实现的同时，保持消费水平不变。投资者可以以当前的投资组合为抵押获得借款进行消费，也可以卖出投资组合中亏损的部分来获得资金。

当存在资本利得税收偏好时，理性的投资者应当表现为税收相关的股利厌恶。在其他条件相同的情况下，投资者应当偏好投资股利收益率（股利/当前股价）低的股票。在均衡状态中，股利厌恶增加了高股利收益率股票的税前风险调整收益率，即税收引发的股利收益率与股票收益率之间存在正相关关系。对这一假说的检验大致可以分为两类：第一类是在静态均衡条件下检验股利收益率和股票收益率的正相关关系（即 Brennan（1970）模型）；第二类是检验除权日的股票价格的变化。

在经典的 CAPM 模型基础上，Brennan（1970）提出，考虑到现金股利的个人所得税影响，股票的税前超额收益率应当与系统性风险和股票收益率存在线性的正相关关系，即

$$r_i = r_f + \beta_i(r_m - r_f) + a_3 d_{i,t} \tag{8-6}$$

式中，r_i 是股票 i 在第 t 期的收益率；β_i 是系统性风险；$d_{i,t}$ 是股利收益率；r_m 是市场收益率；r_f 是无风险收益率。若回归系数 a_3 显著为正，则表明存在税收效应。后续的研究结论并不统一，如 Black 等（1974）发现并不存在显著的税收效应，而 Litzenberger 等（1979）的结果支持了税收效应假说。

Black 等（1974）采用长期股利收益率，即上一年度的现金股利除以年末的股票价格，构造投资组合。按照长期股利收益率将股票进行分组，显然，高股利收益率的股票投资组合在下一年的收益率应当更高。结果显示，在高股利收益率组合和低股利收益率组合之间，经过风险调整的税前股票收益率并不存在显著的差异，而且税后的股票收益率也与股利收益率无关。在此基础上，Black 等（1974）认为，股利并不会影响股票的预期收益率。

Litzenberger 等（1979）采用短窗口构造投资组合，具体步骤如下：如果公司在第 $t-1$ 月宣布发放股利，在第 t 月进行除权，则股利收益率为 $\frac{d_t}{p_{t-1}}$，在这种情况下，第 $t-1$ 期的股票价格 p_{t-1} 包含了与股利宣告相关的信息。如果股利宣告和除权在同一个月份，用过去 12 个月发放的股利总额作为第 $t-1$ 期的预期股利水平。如果当月公司没有发放股利，则预期的股利收益率为 0。

Litzenberger 等（1979）的检验方法分为三个步骤：第一步是用 $t-60$ 到 $t-1$ 期的实际收益率，采用市场模型，估计股票的系统性风险（β 系数）。第二步是对 Brennan（1970）模型按照月份进行回归检验，得到 a_3 的时间序列估计值。第三步是对 a_3 的时间序列估计值的均值和标准差进行分析。研究结果表明，a_3 显著为正，因此支持了股利的税收效应。

为了控制其他信息对股票价格的可能影响，第 t 期的期望短期股利收益率采用了第 $t-1$ 期所能够得到的信息。但是，Miller 等（1982）指出，即便如此，还是存在其他信息对股票价格的影响，特别是公司取消股利发放的影响。如果发放股利向市场传递了有关公司价值的正面信息，那么取消股利发放就会向市场传递有关公司价值的负面信息，但是美国的股票价格信息数据库中并不记录公司取消股利发放的相关公告。Litzenberger 等（1979）没有考虑公司取消股利发放的因素，错误地假定取消股利发放对应的月份所预期的股利收益率为 0，将负的月超额收益与预期股利收益率为 0 相联系，从而提高了预期股利收益率与同期股票收益率的正相关性。

Kalay 和 Michaley（2000）采用股票的周收益率对 Litzenberger 等（1979）的研究设计进行了修正，研究了股利发放过程中现在的信息作用机制。他们将研究样本确定为股利宣告日早于除权日所在的周的公司（占样本总数的 96.6%），删除了包含股利取消公告的周收益率。研究结果表明股利发放率的回归系数显著为正，且回归系数与 Litzenberger 等（1979）的研究基本相同，在一定程度上排除了信息驱动的影响。但是，对 Brennan（1970）模型的两个主要检验，Black 等（1974）和 Litzenberger 等（1979）得出了相互冲突的结论，如何协调这两个重要发现，明确股利与公司价值的关系，仍然需要更进一步的检验。

第二节 现金股利、税负与公司价值

通过研究现金股利除权日股票价格变化，可以直接比较 1 元的现金股利和 1 元的资本利得的股价相关性。在股利发放过程中，有三个重要日期：股利宣告发放日、除权日和现金股利支付日。在股利宣告发放日之后除权日之前，股票的交易价格中包含已经宣告但尚未发放的现金股利，在除权日之后，股票的交易价格就不再包含现金股利，即在除权日之后购买股票的投资者是不能获得已经宣告发放的现金股利的。

一、理论分析

除权日的股价变化的理论模型核心是比较除权日预期的股价下降程度与每股现金股利的关系。**在完美资本市场中，股价下降的程度应当正好等于每股现金股利，如果不满足这个条件，就会为投资者提供额外的**

套利机会。

Elton 和 Gruber（1970）提出了在考虑现金股利和资本利得税率差异的情况下，除权日股价变化的无套利均衡模型。假定长期资本利得的税率 t_g 小于短期的现金股利税率 t_d，D 为每股现金股利，P_b 是含权日最后一天的股票价格，$E(P_a)$ 是除权日当天的预期股价，那么在均衡条件下：

$$(1-t_g)[P_b-E(P_a)]=(1-t_d)D \tag{8-6}$$

由此可得：

$$\frac{P_b-E(P_a)}{D}=\frac{1-t_d}{1-t_g} \tag{8-7}$$

显然，现金股利的税率越高，除权日股价下降的程度就越大。在这种情况下，研究者也可以从除权日的股价下降幅度推断现金股利和资本利得的相对税率。除权日股价下降程度小于股利发放。

Elton 和 Gruber（1970）也提供了相应的实证证据，支持了税收驱动的资本利得偏好假说。但是在美国，税率是比较复杂的，例如短期的资本利得被视为普通收入，适用较高的税率。Kalay（1982）认为，短期的投资者利用现金股利和除权日价格变动进行套利。

假设现金红利的个人所得税税率为 30%，资本利得的个人所得税税率为 0，股票的含权价为 50 元，股利为 2 元，在预期的除权日，股价下降幅度应当为每股股利的 70%，即 1.4 元。短期投资者可以在含权日买入股票并在除权日当天卖出股票。虽然该投资者在资本利得上损失了 1.4 元，但是获得了 2 元的现金股利，税前净收益为 0.6 元，相当于税前股价的 1.2%（0.6/50），年化收益率可以高达 1 873%（假设每年 250 个交易日）。

Kalay（1982）指出，如果不考虑交易成本，消除如此巨大的套利空间，则要求预期的股价下降程度必须等于现金股利。虽然个人投资者可以用资本利得的损失来抵扣现金股利，但是有上限的（按照当时的美国税法，大约每年 3 000 美元），但是对机构交易者没有这方面的限制。因此，在没有交易成本的情况下，只要除权日股价下跌程度不等于现金股利，那么短期投资者就一定会进行套利。

当然，我们也不能保证除权日股价预期下降程度必然会等于现金股利。当上市公司存在法人投资者时，法人投资者的现金股利收入的税率为 30%，而实现的资本利得则作为投资收益按照企业所得税税率纳税（2018 年以前美国企业所得税税率为 34%），在这种情况下，法人投资者是偏好现金股利的，预期的除权日股价下降与股利的等价关系，反而为法人投资者提供了套利机会。按照上面的例子，公司获得 2 元的现金股利，按照 30%的税率纳税，但是可以确认 2 元的资本损失，如果公司适用的企业所得税税率为 34%，那么每股税收现金股利额为 1.796 元，而每股税收的资本损失为 1.32 元，净收益为 0.476 元，相当于每日税前投资收益率为 1%，年化收益率为 1 100%。

除权日股价下降幅度和每股现金股利满足何种关系时，法人投资者才没有套利机会呢？显然，除权日股价下降幅度应当大于每股现金股利，按照上面的例子，2 元的每股现金股利相当于股价下降 2.721 元。但是公司还有其他的短期个人投资者，那么要实现所有投资者的无套利均衡，除权日股价下降幅度与每股现金股利之间应存在什么样的关系呢？投资者之间的差异化税收状态，会导致除权日股价变化与每股现金股利之间的关系存在多种状态，即便是市场的相对均衡定价，对某些投资者来说也意味着套利机会，即除权日为特定投资者提供了不可避免的额外收益。

交易成本也是影响除权日均衡定价的重要因素，影响除权日股价变化与每股现金股利之间的关系。只要假设交易成本超过了除权日前后买卖股票的收益，那么除权日股票价格的下降就会落在某个区间，在该区间内所有交易者都无法获得收益率。因此，**差别化税率和交易成本的存在，意味着用除权日股价下降幅度推断边际投资者的边际税率这一设想是很难成立的。**

二、经验证据

现有的经验证据都表明，除权日股价下降幅度要小于每股现金股利，这意味着非常大的含权投资收益率（Campbell et al.，1955；Durand and May，1960；Elton and Gruber，1970；Kalay，1982；Lakonishok et al.，1983；Eades et al.，1984），虽然理论研究并没有预测除权日股价下降幅度与长期资本利得税之间的特定关系，但经验证据似乎表明，与现金股利相比，投资者更偏好资本利得带来的税收节约。后续的研究从税收偏好角度提出了质疑。

对除权日股价变化的研究越深入，实证发现的经验证据越难以解释。以 Eades 等（1984）的研究为例，他们发现在除权日之前和当天，股价表现出显著为正的超额收益率；在除权日之后股价的超额收益率显著为负。实际上，除权日当天的超额收益率要低于含权日最后一天的超额收益率。

据 Eades 等（1994）提供的表格，除权日前 5 天至除权日（第 0 天）的累计超额收益率为 0.43%，但是除权日当天的超额收益率为 0.142%，除权日后第 1 天至第 5 天的累计超额收益率为－0.24%。现有的理论如何解释除权日前后如此显著且收益颇丰的套利机会？除权日前有 0.288%（0.43%－0.142%）的累计超额收益，内在的经济动因是什么？在交易成本很低的情况下，为什么专业的投资者不利用这个现象进行套利呢？

Michaely（1991）以美国 1986 年税法改革为契机，研究了除权日股价的变化。他发现在税法改革之前和之后的年度，公司股价在除权日前后并不存在超额收益。这似乎表明，在 20 世纪 80 年代后期，除权日股价下降幅度等于每股现金股利。但是这个现象在 1986 年税法改革之前也出现了，因此难以验证税收效应假说。Eades 等（1994）对除权日股价变化进行了时间序列分析，结果也不支持税收效应假说。

综上所述，在不考虑交易成本的情况下，除权日股价变化与每股现金股利等价并导致无套利均衡这一现象并没有得到理论分析和经验证据的支持，我们也无法通过除权日股价变化与每股现金股利的关系来推断经济体的税收状态。**交易成本可以为除权日股价变化和每股现金股利的均衡关系提供重要的理论支持，但是理论并不能告诉我们，除权日股价下降到何种程度才能够实现无套利均衡。**

三、截面分析

如前所述，Black 等（1974）和 Litzenberger 等（1979）对除权日的研究结论是截然相反的，Black 等（1974）强调了投资者长期持有的决策，而 Litzenberger 等（1979）更关注投资者短期持有的决策。两者的研究设计不同，因此结论存在差异是可以理解的。而且在股票年收益率与股利收益率无关的情况下，投资者也可以在除权日期间获得较高的税前超额收益率。更重要的是，这两类研究的结论与税收效应假说是不一致的。

Brennan（1970）的资产定价模型认为，从长期来看，股利收益率越高的股票，应该具有更高的风险调整后的税前收益率。Litzenberger 等（1979）的研究认为，应当修正在研究设计中对预期股利收益率的长窗口估计量，关注除权日前后的短期预期股利收益率能够避免对除权日窗口期超额风险调整回报的有偏估计。这一现象也可以从时间序列的季节效应角度进行解释，并不支持税收效应假说。

Kalay 等（2000）用周和月收益率数据对 Litzenberger 等（1979）的结论进行了检验，发现股利收益率的回归系数显著为正，表明股利所驱动的股价变化，主要是时间序列特征而不是税收效应所致。Kalay 等（2000）的研究中，股利收益率的回归系数分别为 0.246（周数据）和 0.226（月数据），两者基本相同。用周数据计算的除权日所在周和其他周的股票超额收益率，与用月数据计算的结果也基本相同，这表明股价的超额收益基本上发生在除权日所在周，支持了股价变化的时间序列假说。

Kalay 等（2000）进一步用季度数据进行了检验，假设季度股利等于上一年度季度的股利收益率，发现股利收益率的回归系数并不显著，这一证据直接支持了时间序列假说。

综上所述，**在除权日前后，存在超额的股票回报率，但是与股利收益率无关**。尽管 Black 等（1974）和 Litzenberger 等（1979）的发现是相互冲突的，但是他们的证据并非互相排斥，而且都与税收效应假说是不一致的。

四、风险角度

如果税收效应不能解释除权日股价的变化，那么可以从哪些角度提供解释呢？一个可行的解释角度是股票的风险变化。在除权日前后，股票交易量显著增加，同时股票收益率的波动性也显著提升（Lakonishok and Vermaelen，1986）。除权日期间的风险变化也会反映到股票价格中。也就是说，由于除权日股票风险的增加，投资者会要求更高的投资收益率，平均而言，在除权日前后 11 个交易日中，股票累积超额收益率平均为 0.24%，而股票的超额收益率平均为 0.54%，这意味着，除权日期间的超额收益率就占到了整个持有期间超额收益率的 44%。如果风险的同步增加可以解释这个差异，那么我们需要一个理论来作为指引。但是遗憾的是，这方面的理论还非常不成熟，需要研究者的探索。

五、后续发展

Sialm（2005，2006）对资产定价、股价收益、现金股利和税收的关系进行了检验。Sialm（2005）直接估计了税收的时间序列变化，并检验了其在资产定价中的作用，与预期一致，资产价值与有效税率之间存在显著的负相关关系，但是整体税收水平与整体的资产收益率之间存在显著的正相关关系。Sialm（2006）从估计的税后现金股利收益率的角度，对 Brennan（1970）模型进行了检验，发现风险调整后的股票收益率与税后现金股利收益率之间存在显著的正相关关系，支持了税收资本化假说，即当个人投资者预期现金股利需要缴纳更高的个人所得税时，会要求更高的税前股票收益率。

第三节 代理成本与股利政策

一、股东与债权人代理冲突下的股利政策

（一）理论分析

Miller 等（1961）提出，在完美的资本市场中，如果公司的投资规模不变，股利政策与公司价值无关。假设公司投资规模不变是非常重要的，这样可以有效区分投资决策和股利政策对公司价值的影响。但是在现实中，股利政策与投资决策是相互影响的，例如公司要增加投资，就要减少现金股利的支付（假设其他金额不变），同样公司也可以通过出售资产获得现金，提高现金股利水平。因此，**对股利政策的研究，需要充分考虑不同的股利政策对公司投资决策的影响，还必须考虑公司各个参与方的利益诉求和契约特征**。

公司作为一系列契约的联结，需要签订契约的各方提供投入，同时公司也要为各方提供适当的回报。股东可以聘用或解聘管理层，管理层通常也会持有较多的公司股票，而且管理层薪酬中有相当大一部分是和公司股票价格相关联的。这里我们假定管理层的利益与股东是一致的，主要分析股东和债权人的利益冲突对股利政策的影响。

股东和债权人共同分享公司创造出来的经营活动现金流。典型的债权人每期可以按照约定获得利息，到期收回本金，股东则享受剩余索取权，获得支付给债权人以后剩余的收益（现金流）。但是，在现代公司中，有限责任制度在一定程度上限制了债权人的利益。当公司价值低于债权人的价值时，债权人固然可以获得全部的公司价值，但是只能部分补偿其应得的利益。显然，在股东和债权人之间，利益分配是不对称的：在好的情况下，债权人获得固定收益，股东独占所有的剩余收益，享受公司价值增加的好处；在差的情况下，债权人会损失一部分本金和利息，

承担公司价值下降的风险。

股东和债权人之间的利益非对称性，是双方利益冲突的根源。债权人希望得到足额的本息，减少公司价值下降的风险，得到利益保障；股东则会选择有增长潜力的项目进行投资，即使有可能会增加公司价值下降的风险。同时增加增长潜力和价值下降风险，会在增加公司股权价值的同时，减少债权的市场价值。股东和债权人的市场价值关系可以表示为：

$$F = B + S \tag{8-8}$$

其中，F 为公司价值，B 为债权价值，S 为股权价值。在公司价值保持不变的情况下，股东可以通过减少债权价值来增加股权价值。在这种情况下，债权价值的下降正好等于股权价值的增加。在完美的资本市场中，除权日公司价值的下降正好等于现金股利。

如果股利支付不改变债权价值，那么股权价值就会随着股利支付而等额下降，股东的财富水平不受影响。但是股利支付减少了公司的资产，增加了债权不能足额偿付的风险，从而减少了债权价值。如果 $\Delta B<0$，则支付股利有助于增加股东价值。当债权人预期到支付股利会减少债权的市场价值时，债权人就会要求公司少支付或不支付现金股利；而股东则会要求公司支付更多的股利，增加股东的价值。

资本市场中的参与者也是股东要求增加现金股利的动机。公司一旦发行债务，股东就会要求公司发放额外的现金股利，即使不能增加公司的价值。潜在的债权人就会根据这一预期来确定债权的价值，这样超额的现金股利就不会损害债权人的利益，债权的价值也会有效反映预期的股利支付水平。在这种情况下，就会存在次优的股利支付所导致的公司价值损失，这个损失也由股东来承担。因此，**从股东利益最大化的角度来看，如果要进行债权融资，就需要限制现金股利支付**。理论分析的结果证实，债务契约应当包含限制股利支付的条款。

法律通常也会对股利支付进行限制，例如股利支付不能超过盈余水平，这样有助于保护不知情的投资者。但是，股东也会向债权人提供额外的限制条件。Kalay（1982b）检验了债权融资契约中都包含的限制股利支付的条款，这些条款适用于所有向股东支付的形式——现金股利和股票回购，其中包含了直接限制和间接限制。直接限制表现为债务存续期内现金股利和股票回购的最大金额限制，是一种相对柔性的约束，只能在差的条件下限制公司的股利支付水平，不能采取其他措施。间接限制则要求公司承诺资产价值保持在特定的水平上，包括最低的营运资金水平，或者资产负债率的上限等。和直接限制不同，一旦公司违反了间接限制的条款，股东就必须投入新的资本来确保资产价值，否则就会丧失对公司的控制权。

当股东面临这些限制性条款时，是否会采用各种方式尽可能地支付现金股利呢？例如发债的同时支付股利，或者出售资产支付股利，这些方式都会损害债权人的价值而增加股东价值。Kalay（1982b）发现，股东会主动约束股利支付行为，将资源更多地保留在公司中。假设股东主动约束自身的股利支付水平，可以提高债权的市场价值，极端情况下，股东可以承诺不发放股利，这样也就不需要保持资产水平，同时消除现金股利的税收相关成本，这样最有利于提高公司价值。但是，在现实中，股东选择了股利支付的限制条款，而且实际支付了更低水平的现金股利。

股东这一选择的经济动因究竟是什么呢？Kalay（1979，1982b）认为，在投资项目的资金来源存在限制的情况下，完全限制股利支付会导致公司出现投资净现值为负的项目（即过度投资），而回购债权则会使资本结构偏离最优水平，这样都会降低公司价值。保持股利支付的储备，可以减少过度投资的成本。Kalay（1979）发现，公司的投资机会越多，负债率越高，股利资金储备水平越低，支持了现金股利的代理成本假说。

（二）实证证据

股东-债权人利益冲突下的股利政策及其价值相关性的实证研究，会检验股利发放时，未预期股利对股票价值和债权价值的影响程度。在其他条件不变的情况下，额外的现金股利会增加股票价值，减少债权价值。但是其他条件很难保持不变，通常未预期的现金股利增加（减少）都会伴随着未预期的盈利增加（减少）。即使当期的盈利水平保持不变，管理层对公司未来的预期变化也会导致股利变化。如果股利增加反映了公司未来业绩向好，那么未预期的股利增加也会增加债权价值，这和股东-债权人代理冲突假说的预期是相反的。

Hadjinicolaou 和 Kalay（1984）发现，当股利减少时，股权和债权的价值都显著下降；而当股利增加时，股权价值上升，但是债权价值不受影响，这表明股利的信息含量是影响股利政策价值相关性的重要因素。Dhillon 和 Johnson（1994）检验了股利发生重大变化的样本，发现当首次发放股利或股利大幅度增加时，股权价值上升而债权价值下降，这支持了代理成本假说。Jayaraman 和 Shastri（1988）检验了特别股利发放时的股权价格和债权价格变化，发现在美国的财务实践中，特别股利并不包含公司长期价值变化的相关信息，更适合用于检验股利政策对股东-债权人财务转移的影响，他们的结果支持了股利政策的代理成本假说，但是统计结果并不显著。

二、股东-管理层代理冲突与股利政策

（一）理论分析

与股东-债权人的利益相类似，股东和管理层之间也存在利益冲突，并且会影响到股利政策。管理层的薪酬通常与公司的利润水平挂钩，公司的规模越大，利润水平也会越高。而且管理层的社会地位和公司规模密切相关，因此，管理层会更倾向于将利润保留在公司中，而不是发放股利。此外，管理层的人力资本与公司的存续也高度关联，通过将利润保留在公司中，管理层可以减少公司的财务拮据风险，还可以增加在职消费，减少股利支付对期权价值的负面影响。总而言之，**管理层发放的股利如果低于股东价值最大化要求的水平，就会导致过度投资，减少股东价值**。

虽然股东可以通过董事会监督管理层，但是任何监督都不可能是完善的，也无法完全消除股东和管理层之间的利益冲突，因此，股东和管理层之间的利益冲突就会影响到公司的股利政策。

Easterbrook（1984）认为，在缓解股东-管理层代理冲突的过程中，股利政策将发挥重要的作用。随着公司规模的扩大，企业家需要更多的外部资金进行投资，需要引入更多的分散的中小股东。这些中小股东没有能力也没有意愿进行监督。如果公司能够有效组织股东并将监督成本有效分摊给中小股东，那么公司就可以获得额外的收益，股利政策就是这个思想的具体体现。

通过支付现金股利，公司进行外部融资的可能性也随之提高，而在进行外部融资时，资本市场中的专家，包括律师、会计师、投资银行、基金经理等都会对公司进行严格的审查，并对公司投资项目进行评估。如果这些专家出现失误，就会影响其个人声誉；如果定价错误，则会影响专家未来的经济业务，投资者就会不愿意购买这些专家推荐的证券。这样，对发放股利的公司管理层审查越频繁，管理层损害股东利益的程

度就越低，因此发放股利可以增加股东价值和公司价值。

从实证研究的角度来看，Easterbrook（1984）的结论可以形成以下推论：（1）在其他条件不变的情况下，公司的股权集中度越高，现金股利支付水平越低。而且大股东自身有意愿和能力去监督管理层，也不需要借助资本市场的力量进行监督。（2）公司的负债率越低，现金股利支付水平越低，即公司的负债率与股利支付水平之间存在正相关关系。

Jensen（1986）认为，股东与管理层之间代理问题的根源是公司的自由现金流，即投资所有净现值为正的项目后剩余的现金流。管理层可以利用自由现金流去实现自身利益的最大化，而减少自由现金流就限制了管理层转移财富的能力。支付现金股利、偿还债务本息都是减少公司自由现金流的财务安排。与 Easterbrook（1984）不同，Jensen（1986）认为股利与资本结构之间存在负相关关系。

（二）经验证据

Lang 和 Litzenberger（1989）认为，自由现金流引发的过度投资问题，主要出现在投资机会少、成熟型的公司中，他们以托宾 Q 值作为公司投资机会的度量指标，发现公司的投资机会越少（托宾 Q 值越小），发放现金股利对股票价值的影响就越大，支持了股东-管理层的代理成本假说。但是 Yoon 和 Starks（1995）则发现，从长期来看，投资机会的多少并没有显著影响股利政策的价值相关性，并不支持自由现金流假说。Lie（2000）的发现也支持了自由现金流假说。

DeAngelo 等（2005）从公司的生命周期角度分析了股利政策。公司需要权衡在整个生命周期内保留盈余和支付股利相关的成本和收益，在这个过程中，公司的利润不断累积而投资机会不断减少。他们发现公司支付股利的概率与公司的资本积累程度（利润和股东投资）显著正相关，而且资本积累程度也会显著影响公司首次发放股利和取消股利发放的价值相关性。

Eckbo 和 Verma（1994）检验了加拿大公司中的投票权与股利政策的管理，发现管理层的控制权越强，股利支付水平越低，支持了代理成本与税收假说。拉波塔（LaPorta）、洛佩兹·西拉内斯（Lopez-de-Silanes）、安德烈（Andrei）和维什尼（Vishny，2000）从法学和金融学的角度检验了股利政策，法律对股东利益的保护越完善，公司现金股利支付的水平越高，特别是在缺乏成长机会的公司中。他们的研究并不支持利益绑定假说，即在法律保护不完善的情况下，管理层会自愿发放股利以减少自由现金流及相关的代理成本。

Agrawal 和 Narayanan（1994）检验了企业负债水平对股利政策的影响，发现负债率与股利支付之间存在显著的负相关关系，支持了 Jensen（1986）的自由现金流假说，而且在无负债的公司中，管理层持股比例越高，股利支付率越低，进一步支持了代理成本假说。

Jensen 等（1992）对股利支付、资本结构和股权结构进行了联合检验。在控制了盈利能力和投资机会的情况下，他们发现，股利支付与负债率、高管持股水平显著负相关，表明债务融资和高管持股可以有效降低代理成本，是对股利政策的有效替代。Lambert 等（1989）检验了高管股票期权激励对股利政策的影响，发现公司实施股权激励后，股利支付水平显著下降。

第四节　信息不对称与股利政策

一、概述

现有的经验证据表明，股利政策会显著影响股票价值，一些研究则从股利政策的信息特征角度展开研究。Pettit（1972）发现公司宣布增加股利时股价上升，宣布减少股利时股价下跌。Aharony 和 Swary（1980）发现，在控制了当期盈利变化后，股利变化对股价的影响仍然存在。因此，对投资者来说，股利提供了盈余变化以外的相关信息。

Asquith 和 Mullins（1983），Healy 和 Palepu（1988），Michaely 等（1995）检验了首次发放股利和取消股利发放的市场反应，发现股票市场对这两类股利政策的变化反应极其强烈，首次发放股利会导致股价上涨 3%，而取消股利发放则会导致股价下降 7%。Kalay 和 Lowenstein（1986）分析了股利发放宣告时点选择对股票价格的影响，发现有好消息的公司倾向于提前宣告发放股利，而有坏消息的公司则倾向于推迟宣告发放股利。

综上所述，未预期的股利变化对股票价格有显著的影响，增加股利会提高股价，而减少股利或取消股利发放则会降低股价，这些发现都表明，**股利向投资者传递了公司价值相关的重要信息**。这就意味着，在现实的资本市场中，股利包含了投资者以前不知道的信息，或者说股利向投资者传递了公司内在价值的信号，降低了投资者对公司价值的不确定性，从而增加了公司价值。Miller 和 Rock（1985）从信息不对称角度解释了股利的价值相关性：

$$股利支付=公司盈余-投资支出 \tag{8-9}$$

假设公司的投资是固定且已知的，公司的盈余满足一阶自相关：

$$E_{t+1}=p\times E_t+e_{t+1} \tag{8-10}$$

式中，E_{t+1}为公司未来一期盈余水平，E_t 为公司当期盈余水平，P 为一阶自相关系数。即公司当前的盈余包含了未来盈余水平的信息，股利是公司盈余进行投资后的剩余部分，因此超过预期的现金股利不仅意味着当前的盈余超过预期，还意味着未来的盈余超过预期。如果市场并不了解公司当前的真实盈利水平，超过预期的现金股利就会导致宣告日股价上升。

二、现金股利的信号模型——理论分析

正如 Miller 和 Rock（1985）所指出的，如果股利可以用来向投资者传递信息，那么投资所有净现值为正的项目时这个规则未必成立，因为管理层可以调整投资决策、提高股利支付水平来提升当前的股价。为了保持这个内在的一致性，研究者提出了一些信号模型，将股利作为一种“高成本”的信号机制来传递公司的内在价值，主要有 Bhattacharya（1979），Miller 和 Rock（1985）和 John 和 Williams（1985）的研究中的三个经典模型。

（一）Bhattacharya（1979）的模型

Bhattacharya（1979）认为，通过事前确定股利政策，管理层可以向市场传递公司投资的私有信息，特别是项目的盈利能力信息。在第 0 期，公司承诺支付未来股利，在第 1 期，公司用投资项目产生的现金流支付股利。该模型的关键假设是，如果公司投资项目产生的现金流不足以支付股利，公司将会被市场惩罚，外部融资成本增加。公司支付股利以后将向新的投资者发行股票进行融资，新的投资者将在第 2 期获得股利回报。不同期间的项目收益是独立且同分布的。这样新投资者愿意接受的发行价格就取决于他们对项目收益的预期。

在第 0 期，管理层可以通过承诺在第 1 期支付股利向市场传递投资项目盈利能力的信号，因为如果项目投资收益率低，公司不能足额支付股利，将会面临高额的外部融资成本，使实际收益率低的公司难以模仿实际收益率高的公司，这样股利就发挥了信号传递作用。

Bhattacharya（1979）的研究非常经典，但是也面临诸多批评，包括：（1）该模型没有明确界定公司如何在事前确定特定的股利政策，因为股利并不是一个合同义务；在不能足额支付股利的情况下，公司未必一定要转向高额的外部融资方式。如果市场参与者认为这些承诺是不可置信的，就会认为股利未必是公司价值的信号传递工具。（2）与现金股利类似，股份回购也可以在这个过程中起到信号传递作用，而且还有税收上的优惠。因此，该模型也没有解释为什么公司一定要采用股利政策而不是股份回购作为信号传递的工具。

（二）Miller 和 Rock（1985）的模型

在 Miller 和 Rock（1985）的模型中，公司在第 0 期开始投资，在第 1 期产生盈利，公司需要决定是将此盈利用于发放股利还是投资新项目。管理层知道公司项目的实际盈利水平，但是市场参与者无法直接观察到公司的实际盈利水平（可以观察到报告的盈利数字）和项目的未来盈利能力。该模型假设一部分投资者希望在第 1 期出售股票，且公司盈利能力存在时间序列上的自相关，这意味着公司有动力在第 1 期让市场相信公司的盈利水平高，保证出售股票的投资者可以用较高的价格卖出。

公司盈余、股利支付和投资支出之间必须要满足会计的等式，即公司盈余必须等于股利支付和投资支出，公司盈余是资金来源，股利支付和投资支出是资金用途。在资金来源一定的情况下，增加股利支付必须要减少投资支出。该模型认为，“好”公司可以通过削减投资支出来增加股利支付。在均衡条件下，如果股利支付水平足够高，对“差”公司来说，模仿“好”公司的股利支付水平，要放弃更多的未来投资，是得不偿失的，会减少股利支出。因此，股利支付水平就传递了公司价值的信号。

该模型的优点是，用明确的方式展示了股利支付与投资支出之间的替代关系，对公司宣告股利发放的市场反应也做出了相应的预测和理论支持。但是在该模型中，股利支付的金额实际上是现金股利、股份回购和新增外部融资的净额，所以也无法有效说明公司为什么选择现金股利而不是股份回购作为信号传递机制。

（三）John 和 Williams（1985）的模型

John 和 Williams（1985）区分了现金股利和股份回购在信号机制中

的作用差异，正是**因为现金股利面临更高的个人所得税税率，所以现金股利的成本更高，可以更为有效地传递公司未来价值的信息**，从而解释了公司为什么采用支付现金股利而不是股份回购等其他方式。

该模型认为，股东可以通过出售股票来变现，而且比外部投资者更了解公司的内在价值，管理层的目标是实现现有股东的利益最大化。如果公司价值被低估，现有股东出售股票就会蒙受损失。“好”公司可以通过支付股利向市场传递内在价值的信息，如果外部投资者将股利视为公司价值的信号，股价就会上升，现有股东可以卖出更少的股票来变现。对现有股东来说，虽然现金股利增加了个人的税收成本，但是好处是股价上升，现有股东仍在公司中拥有较高的股权比例。如果公司价值被低估，持有较高的股权比例显然会有更多的好处（未来的价值会增加）。与“好”公司相比，“差”公司会发现，模仿“好”公司支付更多的现金股利，让股东持有更高比例的股份，是更为糟糕的决策，因为市场的错误定价会得到修正，股价被高估的公司其股票价值未来会下降。只有股价被低估的公司，才会发放现金股利以保证投资者不按照当前的市场价格出售股票，即使股东要承担较高的现金股利税收成本。该模型的结论是，未来盈利能力强的公司应当支付更多的现金股利，而且现金股利要足够多，能够减少现金股利与股份回购之间的税收成本差异。该模型也解释了为什么公司会在支付现金股利的同时进行股权融资，因为现金股利可以用于解决股价被低估的问题，从而降低股权融资的外部成本。

三、现金股利的信号模型——经验证据

现金股利的信号机制理论研究，为实证研究提供了至少两个可以检验的假说：（1）当现金股利发生变化时，股票价格应该是同向变化的；（2）更重要的是，公司未来的盈利能力变化与当前的现金股利变化，两者之间应当是正相关的。也就是说，如果当前的股利向市场传递了公司未来的盈利信息，股利对股票收益率应当有增量的解释能力。

Watts（1973），Gonedes（1978），Penman（1983），DeAngelo 等（1996），Renzrtzi 等（1997）的研究表明，当前股利及其变化与公司未来的盈利能力变化，两者之间的正相关关系并不显著，或者只有微弱的正相关关系。Penman（1983）还发现，未来盈利增加的公司并不会在当期调整其股利水平。Renzrtzi 等（1997）则发现，现金股利变化与以往或当期的盈利变化之间存在显著的正相关关系，但是与未来的盈利变化之间

并不存在系统性的关联。与信号理论的预测相反，削减现金股利的公司在未来两年内反而会增加盈余。

Ofer 和 Siegel（1987）检验了未预期的股利变化与公司盈余预期的关系，他们发现，如果用分析师的盈利预测作为市场对公司未来盈余的预期，在股利变化的当年，分析师会同向地调整对公司未来盈余的预测。

以税收成本为基础的股利信号理论认为，相对于资本利得税，现金股利的税收成本越高，现金股利的信号作用越强，对股票价格的影响程度就越大。Bernheim 和 Wantz（1995）检验了不同税制环境下，股利变动对股价的影响，发现现金股利的税收成本越高，现金股利变化对股价变化的影响程度越大，这支持了以税收成本为基础的股利信号理论。Bernhartdt 等（1994）采用非参数方法，在控制了信号理论中的非线性特征后，得到的研究结论并不支持股利的信号传递理论。Grullon 和 Michaely（2001）以美国 1986 年税制改革为契机，发现在 1986 年以后现金股利税收成本相对下降，但股价变化对股利变化的反应程度却明显增加，不支持股利的信号传递理论。Amihud 和 Murgia（1997）以德国股票市场为样本对此问题进行了研究，在德国现金股利的税收成本要低于资本利得的税收成本。在这种情况下，现金股利的变化并不会因为税收成本变化而传递公司内在价值的信号。研究结果显示，与美国资本市场一致，德国公司的现金股利发生变化时，股票价格也随之发生变化。

综上所述，**目前只有很少的证据表明，现金股利的变化可以向市场传递公司未来盈利能力变化的信息，而且股利变化滞后于盈利的变化，而不是领先于盈利的变化**。Graham 等（2001）的问卷调查结果也显示，很少有管理层将现金股利视为公司内在价值的信号。

如果现金股利没有向市场传递公司未来盈余的信息，那么股利变化为什么会影响公司价值呢？第一种可能的解释是现金股利传递了当前的盈余能力信息，第二种可能的解释是现金股利传递了公司经营风险的信息。Graham 等（2001）的调查结果显示，40%的管理层认为发放股利降低了股票风险。Grullon 等（2002）也发现，增加股利可以降低股票的系统性风险，减少股利则会显著增加股票的系统性风险；虽然增加股利降低了公司未来的盈利能力，但是股票系统性风险的下降幅度更大，抵消了盈利下降的不利影响，因此增加股利会增加股票价值。第三种可能的解释是股利变化影响了投资者对公司以往盈利持续性的预期。Koch 和 Sun（2004）发现股利的变化改变了市场对公司以往盈余持续性的预期，这在一定程度上解释了 Renzrtzi 等（1997）的发现，但是对市场参与者来说，股利变化仍然传递了有用的信息。

第五节　中国股利政策理论研究综述

一、我国上市公司股利政策现状

表 8-1 为 1997—2021 年间 A 股上市公司等权平均股利收益率与股利分配率的时间变动趋势。其中股利收益率为年度累计已宣告现金股利总额除以上年底总市值，股利分配率为年度累计已宣告现金股利总额除以当年净利润。统计样本剔除了当年净资产为负的样本（770 个），并在计算股利分配率时剔除了净利润为负的样本（6 876 个）。

表 8-1　股利政策时间序列统计结果

年份	股利收益率		股利分配率		发放股利公司占比
	平均值	标准差	平均值	标准差	
1997	0.57%	1.20%	14.55%	29.36%	24.38%
1998	0.49%	1.02%	19.43%	49.52%	26.96%
1999	0.53%	1.11%	18.65%	43.03%	28.87%
2000	0.78%	1.06%	32.08%	49.12%	57.39%
2001	0.49%	0.75%	32.87%	41.01%	56.98%
2002	0.58%	0.92%	31.60%	40.15%	49.75%
2003	0.76%	1.32%	37.82%	312.40%	46.21%
2004	0.97%	1.44%	34.73%	106.62%	52.72%
2005	1.11%	1.82%	28.97%	44.38%	45.58%
2006	1.63%	3.01%	26.80%	49.01%	49.85%
2007	1.09%	1.91%	18.89%	25.61%	51.57%
2008	0.44%	1.49%	29.95%	89.71%	52.99%
2009	1.21%	3.84%	27.53%	123.38%	56.54%
2010	0.68%	2.61%	23.86%	33.97%	61.78%
2011	0.76%	3.20%	28.42%	71.66%	67.16%
2012	1.12%	3.50%	34.02%	59.37%	71.72%
2013	1.19%	3.78%	30.73%	70.34%	72.51%
2014	1.11%	4.20%	29.61%	49.16%	70.95%
2015	0.88%	2.71%	36.37%	227.74%	68.87%

续表

年份	股利收益率		股利分配率		发放股利公司占比
	平均值	标准差	平均值	标准差	
2016	0.70%	2.64%	34.02%	162.29%	74.36%
2017	0.90%	2.98%	31.25%	64.20%	77.35%
2018	0.98%	2.47%	35.28%	122.55%	71.89%
2019	1.40%	3.20%	30.63%	44.58%	70.06%
2020	1.30%	2.83%	32.57%	50.38%	70.61%
2021	1.28%	3.32%	32.42%	51.58%	69.18%

资料来源：WIND 与 CSMAR 数据库.

中国上市公司各年的现金股利宣告发放总额占权益总市值的百分比主要区间为［0.5%，1.5%］，且自 2012 年起稳定于 1%左右；各年股利分配率集中于 30%±5%，这反映了上市公司股价波动幅度比较大。如果股利收益率反映资本市场投资者通过股利所获得的收益状况，那么 1%的股利收益率意味着通过二级市场市价购买股票，并希望通过现金股利的方式获得投资收益，这个收益率甚至低于一年期的银行存款利率。

那么，偏低的股利收益率是否意味着上市公司分红意愿和能力比较低呢？在当年盈利的公司中，选择发放现金股利的公司数量占比在一定时期内保持稳定，在 2000—2009 年间保持在 50%左右，在 2011—2021 年稳定在 70%左右。而且 2012 年以后，现金股利占公司当年净利润的水平在 30%左右。如果认为 30%的现金股利分配率偏低，那么现金股利分配率究竟多少才是合适的呢？

如果研究者认为股利分配率代表公司权衡了未来投资和股东回报后的合理安排，那么偏低的股利收益率显然是不能通过继续提高股利分配率而得到改变的。偏低的股利收益率只能归因于偏高的股票价格。**在股票价格被高估的情况下，股利的信号作用和约束代理成本作用究竟能够发挥多大的作用，是研究中国股利政策时不可忽视的问题**。

二、我国股利政策研究发现与综述

股利政策一直是公司金融领域最为热门的研究问题之一。首先，从较早的股利有关论到股利无关论，随后是放宽定理假设条件形成的“税收效应论”“信号传递论”“委托代理”等理论，传统股利政策学派从不同的角度对股利政策问题进行了积极的探索。国内学者的早期研究集中于对股利理论的验证，围绕税差理论、股利代理理论、股利信号理论展开研究。其次，有大量学者探讨了股利政策的影响因素，主要从公司特征、公司治理、环境因素角度考察了其对公司股利政策的影响。最后，学者们研究了是否支付股利、股利支付水平以及与股利分红相关的法规（如半强制分红政策）的市场反应对公司价值的影响。

（一）股利政策的价值相关性研究

国外学者一般通过考察宣告股利发放时的市场反应来检验股利是否能够传递信息。大量的实证研究支持了股利具有信息含量的论断。Pettit（1972）发现当公司宣告增加股利时，股票价格上涨，反之，当宣告减少股利时，股票价格显著下降。我国学者利用上市公司的经验数据从信号传递角度考察我国上市公司的股利政策，然而并没有得到一致的结论。许施智和张峥（2007）认为上市公司的股利政策是一种信号，而股票股利、现金股利、资本金转增股本的信息传递效应存在差异。魏刚和蒋义宏（2001）的调查发现支持了信号传递理论：财务总监们表示他们支付现金股利主要是为了表明公司财务状况良好、现金流量充足，而支付股票股利则是因为他们对公司发展前景充满信心。

但是一些学者指出，与西方国家的发现相反，在我国现金股利并不受投资者欢迎，具有较弱的信号传递效应。孔小文等（2003）采用截面数据研究发现虽然支付股利的上市公司存在超额收益，但是不支付股利的上市公司在股利公告日前后的累计超额收益率最高。吕长江等（2010）考察上市公司发布的股利变更公告后发现，我国上市公司的现金股利支付并没有信号传递效应。

如果股利能够向投资者传递信息，那么它是否能传递关于公司未来盈利状况的信息呢？学者对这一问题进行了大量研究，但仍无法得出一致的结论。部分学者的研究表明股利中包含公司未来盈利状况的信息，公司未来盈利的变化与股利的变化正相关。齐寅峰等（2005）指出公司当期的盈利是影响上市公司制定股利政策的最重要因素，然而有学者认为公司的股利支付水平由其长期盈利状况而不是当前的盈利状况决定（孔小文等，2003）。

学者们研究了是否支付股利、股利支付水平以及与股利发放相关的法规（如半强制分红政策）的市场反应对公司价值、投资行为、企业社会责任表现的影响。“纯”现金股利信息（没有送股、配股等方案）对股票的超额回报没有显著影响，不能显著提高企业的市场价值（何涛等，2002）。雷光勇等（2015）研究发现在政治不确定情况下，企业股利政策的稳健性调整具有显著的正向市场效应。屈依娜等（2018）按内部控制质量高低把样本公司分为两组，分别检验市场对现金股利分配力度的反应。结果表明，在内部控制质量较低组，现金股利分配力度与累计超额收益正相关；而在内部控制质量较高组，两者不存在显著关系。马鹏飞等（2019）研究发现，当大股东利用现金股利掏空公司时，中小投资者倾向于退出投资，股利支付会使公司的价值受损，形成股利折价；但监管动机下的现金股利反而对公司价值存在正向效应，表明投资者认同上市公司的监管行为，监管行为不是股利折价的根源。

肖珉（2010）研究发现在我国股票市场上，现金股利有利于抑制内部现金流充足的公司过度投资，支持股利的代理模型和强制股利的治理作用。刘银国等（2015）也指出可以通过发放现金股利来抑制由自由现金流引起的过度投资行为，结果验证了 Jensen（1986）的自由现金流假说。

李卓等（2007）实证检验了上市公司的股利类型、股利支付率与企业未来盈利能力的关系，并进一步考察了大股东派发现金股利对盈余持续性的影响。研究发现，我国上市公司中派发了现金股利的公司其盈余持续性要强于未派发股利的公司，而且在净利润和营业利润上也表现出更强的增长能力。但在派发现金股利的公司中，股利支付率的大小与盈余持续性强弱并不呈简单的线性关系，股利支付率高的公司的盈余在整体及其组成部分上并未表现出更强的持续性。大股东对于现金股利的偏好并未显著影响到盈余的持续性。由此，研究者认为，我国上市公司的现金股利政策能够成为以持续性衡量的盈余质量或未来盈利能力的附加信号。

支晓强等（2014）探究了现金分红与公司未来基本面的关系。研究发现：相比于没有分红的公司，有现金分红的公司未来盈利增长率更高。然而在控制了盈利能力等基本面因素后，现金分红并不影响投资者对股票的估值，整体而言，现金股利公告发布后，机构投资者并没有增持有现金分红的股票。特别是在公告日附近，机构投资者表现为显著地净卖出，说明机构投资者并不偏好现金分红。

魏志华的一系列研究基于 2008 年 10 月 9 日中国证监会发布的《关于修改上市公司现金分红若干规定的决定》，考察了中国特殊的半强制分红政策的市场反应、对公司分红水平以及对再融资企业的影响。李常青等（2010）的研究表明半强制分红政策实施，计划再融资、高成长低自由现金流、高竞争低自由现金流的上市公司市场反应较差；给有再融资需求或潜在的再融资需求的成长型以及竞争行业上市公司带来了一定的负面影响。魏志华等（2012）表明中国独特的半强制分红政策在各个阶段都显著提高了中国资本市场的派现意愿和派现水平。但刘星等（2016）研究认为半强制分红政策的实施提升了公司现金股利的支付意愿，但未能实现上市公司股利支付水平（股利支付率）的整体提升，甚至在一定程度上降低了整体股利支付水平。进一步地，魏志华等（2017）实证检验了中国独特的半强制分红政策对有再融资动机的上市公司分红行为的影响，研究发现：半强制分红政策显著提高了有再融资动机的上市公司的派现意愿和派现水平；上市公司派现可以有效降低两类代理成本，而现金股利变动（尤其是现金股利增加）则可以有效传递公司未来盈利变动的信号；相比而言，有再融资动机的上市公司通过派现降低两类代理成本、发送股利信号的作用显著更弱。全怡等（2016）研究发现出于再融资考虑，半强制分红政策的实施使得上市公司在货币政策紧缩期反而发放了更多的现金股利，体现出一定的政策导向作用。

我国 2012 年颁布的《关于实施上市公司股息红利差别化个人所得税政策有关问题的通知》，将投资者的股利税与持股时间相结合。贾凡胜等（2016）研究发现，政策颁布期间资本市场有显著为正的市场反应；相对而言，现金分红水平预期提升较大的公司市场反应显著较好。谢知非（2019）从市场机制与监管机制的双重迎合动机出发，实证检验了双重迎合动机对现金股利平稳性的影响。研究发现，半强制分红政策实施前，投资者偏好和预期的迎合对我国上市公司股利平稳性的作用明显，而监管政策作为新的强迎合对象，不同程度地削弱了原有市场机制的作用。其中，国有企业的政策迎合动机远高于非国有企业，达标型分红作为国有上市公司逐渐“理性”的策略性迎合手段帮助股利监管政策在实施后期实现了预期效果。

步丹璐等（2021）发现发放现金股利或引入国有性质股东能够增加外资持股企业的社会责任表现，说明股利补偿与股权制衡是增加外资持股企业社会责任表现的有效手段。

（二）对股利相关理论的检验

Modigliani 和 Miller（1961）提出的“股利无关论”建立在税率无差

异的假设之上，而该假设与现实生活存在极大的矛盾。因此，学者们在后续的研究中考察所得税对股利政策的影响，主要从以下两方面考察了现实社会中所得税规定与定理假设理想状态的区别。一是股利所得税与资本利得税存在差异；二是各个投资者具有不同的边际税率。由此派生出了两大理论流派：税差理论和追随者效应理论。

1. 税差理论

王志强（2004）认为税差理论比信号理论和代理成本理论更能解释我国上市公司普遍采取的低股利政策，研究发现股票的月税前期望收益率与股利收益率之间存在正相关关系，同时股利所得税对股票除权日价格、股票月期望收益率的影响在统计上是显著的。曾亚敏等（2005）发现投资者对高股利支付率的公司要求更高的回报率。李增福等（2010）发现个人所得税减免的政策确实在短期内提升了上市公司的现金股利支付水平，但从长期来看该项政策的作用并未得到体现。同时，上市公司的积极回应更大程度上是为了满足国有大股东通过股利政策来获得现金的偏好。

2. 追随者效应理论

不同的投资者有不同的边际税率，倾向于不同的股利支付水平，边际税率高的投资者倾向于股利支付水平低和不支付股利的公司，边际税率低的投资者倾向于股利支付水平高的公司。Elton 和 Gruber（1970）指出，如果让投资者选择在除权日之前或之后卖出某只股票，投资者必然会权衡他们在这两个时点的得失：在除权日前卖出股票获得较高的资本利得而丧失股利所得，并缴纳较低税率的资本利得税；在除权日后卖出股票则获得股利，但股票价格会因为除权而下跌，并且缴纳较高税率的股利所得税。孙刚等（2012）研究了上市公司控股股东的税收成本差异对上市公司股利政策的影响。研究发现，自然人控股公司最不偏好采用现金股利的分配方式以规避税收成本，而国有控股公司更倾向于发放较高的现金股利。

（三）股利政策的影响因素

在股利理论发展的同时，学术界从相当广泛的角度对股利政策的影响因素进行了实证研究。现有的关于股利政策的影响因素的实证文献大致可以分为三类。第一类文献集中于讨论影响股利政策的公司特征因素，如盈利能力、偿债能力、公司规模、投资机会以及当前的收益和现金流状况等。第二类文献从公司治理角度研究对公司股利政策的影响。第三类文献研究制度因素对股利政策的影响。

1. 公司特征因素

企业自身特征对股利政策选择的影响主要包括盈利能力、偿债能力、公司规模、投资机会以及当前的收益和现金流状况等。盈利能力方面的研究有，吕长江等（1999）提出持续盈利能力不佳的公司，往往有持有股票股利偏好，通过长期负债来支付股利、迎合股东，同时也指出公司成长性、自我发展与股票股利支付额存在正向关系。杨淑娥等（2000）研究表明，公司的股东意愿、盈利能力以及内部经营状况影响股利政策的选择，现金流量与现金股利分配率正相关。吕长江等（2002）进一步对盈利能力、大股东控股比例、代理成本、公司规模、资产负债率和股东权益等诸多要素对上市公司股利政策的影响力度进行分析比对，研究结果表明，公司的盈利能力仍是其中影响最大的一个。刘淑莲等（2003）研究证实，公司的现金股利分配率同每股经营净现金流存在正相关关系。齐寅峰等（2005）通过问卷调查的方式发现对于上市和非上市公司而言在决定现金股利政策时，盈利能力和现金流状况都是最重要的因素，对未来投资机会、融资和偿债能力都应予以适度考虑，股票价格对现金股利政策的影响程度较低。研究人员实证分析了中国上市公司现金股利支付意愿，结果表明投资者偏好和企业特征均未对现金分红产生实质影响。宋福铁等（2010）也得到了一致的研究结论。也有学者应用其他指标度量盈余进行了实证检验。娄芳等（2010）考察了会计准则变动对现金股利和盈余关系的影响，在2007年新会计准则执行后，上市公司制定现金股利政策时会区别对待新准则下利润各组成部分的持续性和现金流效应。

但也有学者持有不一样的观点，如李礼等（2006）研究发现“未来投资机会”、“再融资能力”、“公司股票价格”和“未来偿债能力”四个因素是我国非国有上市公司制定股利政策时所考虑的重要因素，其中“再融资能力”表现得尤为突出；而我国非国有上市公司制定股利政策时不太考虑公司盈利水平。

公司规模、偿债能力、融资能力对股利政策的影响的研究包括：吕长江和王克敏（1999）认为，公司规模、流动能力以及股东权益比例与股利支付水平显著正相关，公司负债率越高、流动性越强，股票股利支付额越大，现金股利支付水平就越低。原红旗（2001）研究指出，股利政策的选择与公司规模存在显著相关性，规模越小的公司越倾向于股票股利；规模越大的公司越倾向于现金股利。赵春光等（2001）的研究表明：其一，是否分配股票股利与股权集中度、净资产收益率有关，是否分配现金股利和资产负债率、企业规模有关；其二，是否分配现金股利与是否分配股票股利、上年度是否分配现金股利和企业规模有关；其三，每股现金股利与股票价格、市盈率、主营业务利润增长率和是否分配股票股利有关。杨汉明（2008）的研究表明处于不同寿命时期的上市公司，其获利能力不同、投资机会不同、成长能力不同，其采取的股利政策不同；从寿命周期角度看，处于初创期、成长期的企业属于低盈利、高成长的企业，应该少发股利，支付股利会减少企业价值；而处于成熟期、衰退期（再生期）的企业属于高盈利、低成长的企业，应适当多发股利，不支付股利会减少企业价值，这支持了生命周期理论。

丁志国等（2014）探究了在公司上市之后其所处的发展阶段和外部条件相对稳定的情况下股利政策随时间变化是否具有一般性的内生时变规律。研究发现：中国沪深股市场公司股利政策随上市时间变化呈现正U形曲线特征；曲线拐点大约出现在第6年；即使剔除盈利能力、股权结构和代理成本等显著的影响因素，上市公司的股利政策仍然服从上述时变规律。

2. 公司治理因素

公司治理因素包括许多方面，学者们从股东、管理层、独立审计等角度切入考察了其对股利政策的影响。吕长江和周县华（2005）以我国上市公司为对象，从公司治理结构安排特征的角度，将公司治理结构视为一个系统，研究其对公司股利分配动机的影响。研究者指出我国上市公司损害小股东利益的问题十分严重，如果公司发放现金股利，则小股东会不自觉地被侵占利益。如果公司不发放现金股利，则会增加代理成本。

基于股权结构对股利政策进行选择的研究（原红旗，2001；肖珉，2005；曹裕，2014）表明，我国上市公司的股利政策在很大程度上与大股东套取现金和转移资金的企图有关。原红旗（2001）认为，上市公司的控股股东存在通过现金股利从上市公司转移现金的行为。陈信元等（2003）的研究结论表明现金股利可能是大股东转移资金的工具，并没有反映流通股股东的利益和愿望。肖珉（2005）针对现金股利的自由现金流假说和利益输送假说两种理论观点进行实证检验，研究结果显示，我国上市公司支付现金股利不是出于减少冗余现金的需要，而是与大股东套取现金的企图有关。黄娟娟等（2007）基于迎合理论进一步指出在股权高度集中的上市公司里，管理者制定股利政策主要是为了迎合大股东的需求，广大中小投资者的股利偏好往往被忽视。周县华等（2008）研究股利分配行为与投资者利益保护的关系发现控股股东在公司中拥有控制权，有能力制定“使自己满意”的现金股利政策，而忽视小股东的利益，甚至直接侵占小股东的利益。以上学者的观点均支持“掏空”理论。谢军（2006）的研究更支持自由现金流理论：第一大股东能够迫使公司“吐”出多余的自由现金流，并能根据企业的成长性机会调整股利政策（在成长性高的公司增加投资，在成长性低的公司增加股利）。

按照股东性质，周县华等（2012）研究了外资持股比例和上市公司股利政策之间的关系以及这种关系下的内在机理与影响。研究结果表明，外资偏好选择股利分配率高的上市公司，而且这种偏好受到公司治理水平的影响，同时外资也促进了上市公司支付更多的现金股利。魏志华等（2012）考察了家族控制、双重代理委托冲突对股利政策的影响，结果表明家族上市公司相比于其他上市公司具有更消极的股利政策；两类代理冲突都会对股利政策产生负面影响。吴超鹏等（2017）研究发现，有风险投资背景的上市公司现金股利的支付概率和支付水平都较高；高持股比例的风投机构，更可能提高公司的现金股利支付概率和支付水平。

廖珂等（2018）研究发现，当控股股东进行了股权质押时，上市公司更可能推出“高送转”的利润分配方案，回避或减少现金股利的倾向更强烈，这与我国资本市场投资者对“高送转”与现金股利之间的偏好差异一致。这一关系在控股股东质押股份比例越高、质押股权面临的平仓风险越高时更为显著。

关于机构投资者对股利政策选择的研究有，靳庆鲁等（2016）发现相比于其他机构投资者，社保基金无需缴纳所得税，控制其他因素之后，社保基金持股比例与公司股利之间存在正相关关系。进一步的检验发现，国有企业与民营企业迎合社保基金发放股利的动机存在差异：民营企业更多受到经济因素的驱动，而国有企业更多体现政治动机。王会娟等（2014）的研究表明，私募股权投资同时影响公司的现金股利支付意愿和支付水平，并进一步指出，有外资背景、联合投资、投资期限长以及投资规模大的公司现金股利支付意愿更强，且其现金股利分配率更高。

管理层行为也是公司治理因素中的重点。吕长江等（2012）发现相比非股权激励公司，推出股权激励方案的公司更倾向于减少现金股利支付；股权激励公司在股权激励方案推出后的股利支付率小于方案推出前的股利支付率；进一步研究发现，具有福利性质的股权激励公司对公司现金股利政策的影响更显著。董艳等（2011）认为虽然管理层持股能够增加现金股利支付力度，股权激励只有在持股水平较高时才能发挥作用。

独立审计具有公司治理功能，会对上市公司现金股利政策产生重要影响。徐寿福（2012）认为我国上市公司现金股利政策是公司治理机制改善的结果，上市公司现金股利支付倾向和支付水平均与独立审计质量显著正相关，而且这种关系在非国有控股上市公司中表现得更加显著。魏锋（2012）则支持股利支付的替代理论。研究发现注册会计师的外部审计与现金股利之间呈显著负相关关系，外部审计在减少管理层与股东之间的代理冲突方面是现金股利的一种可替代治理机制。

张路等（2015）探讨了首次公开发行超募资金的不同投向对上市公司现金股利政策的影响。研究发现，上市公司现金股利支付水平随着超募资金补充流动资金的增加而提高，超募资金为现金股利的发放提供了资金源。而且，在大股东持股比例较高的公司中，超募资金补充流动性的程度和现金股利支付水平之间的正相关关系更显著，说明大股东攫取上市公司利益、侵占中小股东利益的情况更严重。

3. 制度因素

祝继高等（2013）的研究表明，金融危机发生时，公司为应对未来不确定风险，将采取较低的股利支付率，低非流通股比例公司相比于高非流通股比例公司更倾向于发放较少的现金股利，且基于股利信号传递理论，市场对金融危机期间的现金股利分配反应更为敏感，此时，低非流通股比例公司的市场反应显著强于高非流通股比例公司。程子健等（2015）研究发现，相比非交叉上市的公司，中国在不同市场交叉上市的公司现金股利发放更少，A＋H 股及 A＋B 股交叉上市的公司股利分配水平较低，A＋H＋N 股交叉上市的公司同样趋于低水平的现金股利分配，但国有股性质能够弱化现金股利发放与交叉上市的负相关关系。全怡等（2016）研究发现：紧缩的货币政策抑制了公司现金股利的发放，公司面临的融资约束进一步强化了紧缩货币政策对现金股利的抑制作用，银企关联有助于缓解紧缩货币政策对现金股利的抑制作用。支晓强等（2014）基于迎合理论，考察股权分置改革前后我国上市公司的股利分配行为。研究发现，股权分置改革前，上市公司现金股利政策与反映投资者偏好的现金股利溢价并不相关；股权分置改革后，现金股利溢价对上市公司现金股利政策的解释力显著增强。

雷光勇等（2015）考察市委书记变更导致的政治不确定性对企业现金股利决策的影响。研究发现，政治不确定性显著导致企业股利政策的稳健性调整。一方面，使原先未发放现金股利的企业更不愿发放；另一方面，使企业显著调减股利支付强度。较之民营企业，国有企业更会因政治不确定性采取稳健的现金股利政策。

雷光勇等（2007）实证研究了中国市场化进程差异对上市公司现金股利政策的影响，以及市场化进程在不同产权类型最终控制人的公司中对其现金股利政策影响的差异。结果表明，在其他条件相同的情况下，市场化程度越高，公司越倾向于发放更多的现金股利，非国有企业中这种效应更为明显。陈运森等（2019）研究发现，股票市场开放有利于提升上市公司的现金股利支付水平，结果在经过安慰剂测试、更换度量指标等检验后依然稳健；进一步地，对于非国有企业、规模较小的企业、股权制衡度较低以及董事长和总经理两职合一的企业，股票市场开放对现金股利的促进作用更强。李茂良（2017）系统地检验了股票市场流动性对上市公司现金股利政策的影响。研究发现，上市公司现金股利支付意愿随股票市场流动性的降低而显著增强，现金股利支付率亦随股票市场流动性的降低而显著提高。

张玮婷等（2015）指出在受到外部融资约束的情况下，边远地区公司更倾向于通过减少现金股利发放的方式保留公司的财务灵活性。

拉波塔、洛佩兹·西拉内斯、安德烈和维什尼（2000）提出了法律机制影响上市公司股利政策的两个截然相反的模型——结果模型和替代模型。结果模型是指稳定的股利政策是法律对中小股东保护的结果，股利支付可以减少内部人员可掌控的自由现金流，减少过度投资行为，降低代理成本；替代模型是指现金股利是法律对中小股东进行权益保护的替代机制，在法律不完善的情况下，通过稳定的股利政策，上市公司可以向市场传递其保护中小股东权益的信号，降低公司再融资成本。国内也有学者的研究结论支持了替代模型，程敏（2009）的研究发现中国法律保护体系较西方而言不健全，公司内部制约与外部监管有效性不足，控股股东的高派现行为不是为了缓解控股股东与中小股东的代理冲突，而意在掏空、挖掘上市公司利益。

此外，国内学者也考察了其他环境因素对股利政策的影响。雷光勇等（2007）的研究表明，宏观环境的差异会对上市公司的股利行为产生影响，在市场化程度高的地区，公司支付更高水平的现金股利，在非国有企业中，市场化程度的影响更显著。张纯等（2009）考察信息环境对上市公司股利政策的影响，发现较好的信息环境会降低股东与公司管理者之间的信息不对称程度，从而解决公司面临的融资约束问题，提高公司的股利支付水平。蔡庆丰等（2013）研究了地理因素这个综合性变量对我国上市公司股利政策的影响，发现地处中心城市的企业倾向于多发现金红利，主要因为一方面投资者更偏好地缘较近的上市公司，这也使位于人口和机构密集的中心城市的上市公司更有压力去迎合投资者的收益需求，从而更多地发放现金股利；另一方面，地理因素也会因机构投资者密度（融资渠道）和再融资监管政策对公司股利政策起完全相反的作用。

本章小结

股利政策作为一项公司财务决策，错综复杂地将众多理论基础和实际因素交织在一起，这些理论基础和实际因素共同影响着公司分配收益的方法。虽然股利政策和无关假设奠定了一个基本原则，即在理想条件下，股利不应实质性地改变公司的整体价值，但现实世界呈现出的情况非常复杂。

作为投资者收益的体现形式，股利和持有利得之间的比较就成为研究者关注的重要方面。公司必须权衡向股东派发股利的好处和可能阻碍这种派发的潜在税务负担。公司寻求优化股东回报和税收效率，就会引发在股利政策方面的决策差异。

股利政策在代理成本方面的作用强调了股东和管理层利益保持一致的重要性。通过采用明确透明的股利政策，公司可以表明它们对投资者资本负责任管理的承诺。这种一致性反过来可以促进更好的公司治理，减少支出的浪费，并促进形成公司领导层和股东之间的信任环境。

信息不对称理论强调了股利决策的战略价值。公司可以利用派息传达其对未来前景信心的有力信号。一致和可预测的股利政策可以作为向投资界传达稳定性和增长潜力的一种手段，最终影响投资者的看法和股票估值。

在股利政策领域，金融理论和实际现实之间存在着微妙的相互作用。虽然股利政策和不相关假说提供了一个基本框架，但对税收、代理成本和信息不对称的实际考虑增加了提高现代公司决策的复杂性。要在分配收益和为未来增长保留收益之间取得适当的平衡，需要对这些因素有细致入微的理解，并致力于保持连贯和透明的股利政策。

我国的股利政策研究是伴随着资本市场发展而逐步深入的，并且取得了丰硕的成果。与国外的股利政策研究相比，我国的研究更侧重于代理成本理论，将股利政策作为股东得到适当回报的表现形式，重点考察不同的公司治理结构下，股利政策的水平和表现形式。为了控制内生性，很多研究也侧重考察政策制度变化对公司股利政策的影响。但是，我国上市公司的股利政策是否与股东总体价值相关，哪些因素会影响股利政策的价值相关性，在现有的理论和实证研究中，尚未得到深入的挖掘与分析。

第八章参考文献

第九章

证券发行

第一节　引　言

发行股票并上市交易，是公司发展过程中的重要决策。从公司角度来看，股票上市可以向资本市场中所有投资者募集权益资本，降低公司的股权资本成本；从投资者角度来看，股票上市为转让股票提供了重要的交易场所，提高了股票的流动性，降低了股票的转让成本，而且可以使股东能够分散投资，并通过股票交易获得资本利得，降低股东对公司股权投资的期望报酬率。

除了上述的直接收益，股票上市也会有间接收益和成本。例如，股票上市会提高公司的知名度，为公司吸引具有优秀素质的管理者；股票上市会要求公司在透明度以及披露要求方面负有新的义务，同时对众多股东也负有公告的义务。有些研究认为，2001 年美国颁布的《萨班斯-奥克斯利法案》大幅度增加了上市公司信息披露的义务，导致很多在美国股市上市的公司选择退市。

在现代资本市场中，大多数公司是通过向投资者出售股票上市（以下简称 IPO）。以 Logue（1973）和 Ibbotson（1975）为代表的研究发现，公司证券发行定价显著低于首个交易日的收盘价格（即 IPO 抑价）。1960—2018 年，美国公司 IPO 抑价率平均为 19%，对于公司来说，IPO 的发行价格低于首日收盘价格，缩减了公司的股权融资规模，增加了股权融资成本。那么，公司及其创业者为什么会容忍 IPO 抑价现象存在呢？

20 世纪 80 年代以来，众多学者通过理论构建和经验检验等多方面分析和解释了 IPO 抑价现象，现有的理论可以归为以下四类：（1）信息不对称理论；（2）制度理论；（3）控制权理论；（4）行为理论。与前述的资本结构和股利政策的理论发展相比，对于 IPO 抑价的研究更多的是从实践出发，试图解释成因，但是都没有回答对于一个公司和资本市场来说，是否存在最佳的 IPO 抑价水平。

在上述四类理论中，发展最为成熟的信息不对称理论还可以进一步细分为：（1）公司与投资银行之间的信息不对称（Baron，1982）；（2）投资者之间的信息不对称（Rock，1986）；（3）公司与投资者之间的信息不对称（Welch，1989）。IPO 抑价是为了缓解信息不对称而不得不采取的融资策略。

制度理论重点研究了市场的三个特征：（1）诉讼；（2）股票上市后的价格稳定活动；（3）税收。控制权理论认为 IPO 抑价有助于形成股东结构，从而减少了上市后外部投资者对公司的干预。行为理论则假设存在出价高于 IPO 股票真实价值的“非理性”投资者，或者发行人存在行为偏差，这种行为偏差虽然会促使他们给投资银行施加压力来减少抑价，但是这种压力是不充足的。

对 IPO 抑价的实证检验伴随着理论模型的同步发展，使用的计量经济学方法日趋复杂，研究的重点也从单纯的描述 IPO 抑价程度，转向对 IPO 抑价的经济解释。实证研究的发展，增进了学术界对 IPO 抑价及其成因的认识，甚至推翻了一些曾经被广泛认可的研究结论。

在对 IPO 的理论进行实证检验的过程中，学者也逐步关注 IPO 过程中股票定价和分配的制度设计差异及其影响。例如，美国公司 IPO 通常会采取以投资银行为主导的累计投标询价机制，法国公司 IPO 可以选择累计投标询价或拍卖机制，中国公司的 IPO 定价和股票分配机制则经历了多次变迁。不同 IPO 定价和股票分配方式对公司和资本市场发展的影响已经成为 IPO 研究领域的重要问题之一。

第二节　IPO 抑价：信息不对称角度

一、“赢家诅咒”：投资者之间的信息不对称

（一）基础理论

IPO 交易中的当事人主要包括发行公司、负责股票承销和分配的承

销机构（投资银行或证券公司）、购买股票的投资者。Rock（1986）假设在购买股票的投资者中，有一部分投资者比其他投资者更了解发行公司的内在价值，即知情投资者；其他投资者则被定义为非知情投资者。资本市场中有两类公司准备 IPO，“好”公司确定的发行价格等于其内在价值；“坏”公司则会模仿好公司的发行价格，即“坏”公司的发行价格超过了其内在价值。

对于知情投资者来说，他们了解两类公司的内在价值，会用自己所有的资金去申购“好”公司发行的股票，绝不会去申购“坏”公司发行的股票。对于非知情投资者，他们并不了解两类公司的内在价值，如果选择将资金平均地申购“好”公司和“坏”公司发行的股票，就会造成知情投资者和非知情投资者都在申购“好”公司的股票，但是“坏”公司的股票只有非知情投资者在进行申购。当申购结束，股票上市交易后，股票价格显示了“好”公司和“坏”公司的内在价值，知情投资者的投资得到了预期的收益，而非知情投资者则会承受损失，即“赢家诅咒”。

以下用例子说明 Rock（1986）对“赢家诅咒”的分析过程。

“好”公司股票的内在价值为 10 元，发行价格为 10 元，发行股数为 1 000 股，融资总额为 10 000 元。“坏”公司股票的内在价值为 8 元，但是会采取模仿策略，也将发行价格确定为 10 元，发行股数为 1 000 股，融资总额为 10 000 元。

知情投资者的资本为 8 000 元，非知情投资者的资金总额为 20 000 元。当两个公司都在进行 IPO 时，知情投资者会将 8 000 元资金全部用于申购“好”公司的股票，非知情投资者不能区分公司的内在价值，假设在“好”公司和“坏”公司之间平均分配资金，即将 10 000 元用于申购“好”公司股票，将 10 000 元用于申购“坏”公司股票。

这样“好”公司发行的 1 000 股股票筹资总额为 10 000 元，申购的资金为 18 000 元，中签率为 56%，即知情投资者将获得 444 股股票（股票数量取整数），需要支付 4 440 元；非知情投资者获得 556 股股票，需要支付 5 560 元。“坏”公司发行的 1 000 股股票，筹资总额为 10 000 元，申购的资金为 10 000 元，中签率为 100%，全部为非知情投资者获得，支付的资金额为 10 000 元。

股票上市后，价格显示了公司股权的内在价值。“好”公司的股票价格为 10 元，投资者的收益为 0；“坏”公司的股票价格为 8 元，购买“坏”公司股票的投资者每股损失 2 元，共损失 2 000 元。

对于知情投资者，其整体的投资结果是，从 10 000 元现金变成了 444 股“好”公司股票（价值为 4440 元）和 3 560 元现金；对于非知情投资者，其整体的投资结果是，556 股“好”公司股票（价值为 5 560 元）、现金 4 440 元和 1 000 股“坏”公司股票（价值为 8 000 元），净损失为 2 000 元。

当理性的非知情投资者知道市场中同时存在“好”和“坏”两类公司，也知道有可能存在知情投资者时，就会预期到自己的投资会面临亏损。这样**非知情投资者就不会进入 IPO 市场来申购股票，市场中只有知情投资者**，如果知情投资者的资金无法接纳所有的股票，“好”公司和“坏”公司的股票都面临申购不足，整个 IPO 市场就不复存在。

Rock（1986）的“赢家诅咒”是 Akerlof（1970）的逆向选择理论在 IPO 市场中的应用。那么，如何解决“赢家诅咒”所带来的困境呢？由于股票上市对“好”公司也是有利的，如果非知情投资者不愿意参与 IPO 市场，对“好”公司来说，不能上市的机会成本要大于“坏”公司。在前面的例子中，如果 IPO 市场不存在，假设两类公司的市场价值为 0，那么“好”公司的价值损失为 10，而“坏”公司的价值损失为 8，显然**“好”公司更有动机通过折价方式去吸引非知情投资者**。

对于非知情投资者来说，股票发行抑价并没有改善信息不对称的状况。“好”公司主动降低发行价格，并不会保证非知情投资者投资股票的预期收益会等于知情投资者，但是可以保证非知情投资者投资股票时不会蒙受损失。当“好”公司采用抑价方式发行股票时，“坏”公司也不得不抑价发行股票。

在“赢家诅咒”模型的思想上，研究者进一步提出了以下 5 个可供检验的假说：

假说 1：如果能够合理地调整（中签率），使非知情投资者的平均异常报酬率是零，可以确保非知情投资者持续地参与市场；知情投资者的条件报酬仅仅抵消了他们获得充分信息的成本。

许多研究者通过对不同 IPO 市场的制度进行分析，对这一假说进行了检验。例如，在 20 世纪七八十年代，新加坡投资者超额认购股票是随机分配的，申购股票数量相同的两个投资者获得分配的机会是相同的。Koh 和 Walter（1989）对 66 家公司的 IPO 数据的研究表明，投资者中签率与抑价水平负相关，考虑了中签率因素后，IPO 股票的投资者的平均初始报酬率大幅度下降，从 27%下降到了 1%。Levis（1990）对英国

123家公司IPO样本的研究表明，无条件时平均抑价水平是8.6%，但是考虑了中签率后，平均抑价水平下降到了5.14%甚至更低。他们认为，中签率可以降低投资者的初始报酬率，但是并不会使报酬率降至零。Amihud等（2003）对20世纪90年代以色列公司IPO的研究发现，考虑中签率因素后，非知情投资者的初始报酬率平均为−1.2%。

假说2：不同投资者之间的信息不对称程度越低，IPO抑价越少。

Michaely和Shaw（1994）认为，当投资者之间的信息不对称趋向于零（投资者之间没有信息差异）时，就不存在“赢家诅咒”，IPO抑价也会随之消失。Michaely和Shaw（1994）提出，出于税收方面的考虑，机构投资者会尽量避免参与有限责任合伙公司的IPO。如果知情投资者主要是机构投资者，而非知情投资者主要是个人投资者，那么在有限责任合伙公司的IPO过程中，投资者间的信息不对称程度较小，相应的IPO抑价也会比较少。他们发现，1984—1988年，39家有限责任合伙公司的IPO平均抑价为−0.04%；同期非有限责任合伙公司的IPO平均抑价则为8.5%。

假说3：IPO前公司的不确定性越大，IPO抑价越多。

很多实证研究结果支持了事前不确定性程度与IPO抑价的正相关关系，其他的理论模型也会得出相同的预测，因此这种正相关关系的存在未必是“赢家诅咒”理论导致的，即不具备内部有效性。在现有的文献中，事前不确定性的指标大致分为四类：公司特征、发行特征、招股书披露和上市后变量。

公司特征的常用衡量指标包括年龄（Ritter，1984；Megginson and Weiss，1991；Ljungqvist and Wilhelm，2003）、公司规模（用总收入的自然对数来衡量（Ritter，1984）以及行业（Benveniste et al.，2003）。发行特征的常用衡量指标是筹资总额，但Habib和Ljungqvist（1998）发现，即便控制了事前不确定性，IPO抑价仍然会随筹资总额的增加而严格递减。这样筹资总额未必是价值不确定性的替代指标。招股书披露的衡量指标包括IPO的筹资用途（Beatty and Ritter，1986）以及风险因素的数量（Beatty and Welch，1996）。由于对是否披露资金用途和相关风险没有明确的要求，对于这些变量是否反映了公司之间事前不确定性的差异，是存在争议的。一种可能的解决方法是，明确界定资金用途或者风险因素的程度差异。例如，Ljungqvist和Wilhelm（2003）发现，当公司计划将IPO的筹资金额大部分用于经营活动，而不是用于投资或者偿还债务时，这些公司可能具有更高的风险。事后变量会采用一些 IPO 时无法获得的信息，比如交易额（Miller and Reilly，1987）或者波动性（Ritter，1984，1987），其对 IPO 的影响可能是内生的，如严重抑价的 IPO 会引起投资者的关注和更多的市后交易，表现为 IPO 后的交易额增加和股价波动性上升。

假说 4：IPO 抑价水平过高（过低），承销机构更有可能会失去发行人（投资者）的业务。

Beatty 和 Ritter（1986）认为，承销机构会强迫发行人抑价，并以此来阻止非知情投资者离开 IPO 市场。Nanda 和 Yun（1997）的研究支持了这一观点，IPO 破发（发行价高于首日收盘价）会显著降低主承销机构股票的市场价值，而中等水平的抑价会增加主承销机构股票的市场价值，这说明主承销机构向投资者适当分配抑价的股票，是可以增加自身价值的。Dunbar（2000）研究发现，如果承销银行抑价水平过高的话，其 IPO 的市场份额会下降，这进一步支持了 Beatty 和 Ritter（1986）的观点。

假说 5：降低知情投资者和非知情投资者之间的信息不对称水平，可以减少 IPO 抑价。

对于发行公司来说，投资者之间的信息不对称所导致的 IPO 抑价是一种额外的机会成本。所以发行公司有动机来减少投资者之间的信息不对称，解决由此产生的逆向选择问题。Habib 和 Ljungqvist（2001）认为发行人有降低抑价水平并设计最优发行方式的动机，他们以 20 世纪 90 年代前期在纳斯达克市场进行 IPO 的公司作为样本，采用最优化的发行方式，即公司每支付 1 美元来减少抑价，公司财富会减少 98 美分，净收益接近零，实现了边际收益与边际成本的均衡。

公司还可以通过聘请声誉好的承销机构（Booth and Smith，1986；Carter and Manaster，1990；Michaely and Shaw，1994）或审计师（Titman and Trueman，1986）来降低投资者之间的信息不对称水平。如果声誉资本是有价值的，声誉好的承销机构（审计师）将会拒绝承接低质量的股票发行（审计）业务，因而公司选择中介机构的行为，减弱了投资者额外获取信息的动机，解决了“赢家诅咒”问题。

但是关于承销机构声誉的研究结论并不一致。以 1970—1980 年为样本的研究发现，以各种指标度量的承销机构声誉与 IPO 抑价之间存在负相关关系。但是随着时代的演进，这些研究面临越来越多的相反证据。

Beatty 和 Welch（1996）使用20世纪90年代的数据，发现声誉好的承销机构和较低的抑价水平相关，而在20世纪80年代，声誉好的承销机构和较高的抑价水平相关。这种转变引发了一场延续至今的争论。Loughran 和 Ritter（2004）认为一种可能是主承销机构会在初始阶段降低 IPO 发行定价，帮自己及投资客户获取更多利益，提高市场竞争力；另一种可能是在市场竞争越来越激烈的情况下，声誉较高的主承销机构降低选择承销 IPO 的标准，提高了 IPO 的平均风险（因而抑价也较多）。

Habib 和 Ljungqvist（2001）认为，这种转变部分是内生性偏差导致的。发行公司并不是随机选择承销机构的，承销机构也不是随便签订承销合同的，因此研究所观测到的现象，是承销机构经最优选择后的结果，并且发行公司可能是根据它们期望接受的抑价而做出选择的。此外，当研究者按照承销机构的选择对 IPO 抑价进行回归的时候，也会存在内生性偏差。例如，一家信息透明的公司，预期 IPO 抑价水平很低，那么它从声誉高的证券公司所获得的认证并没有太多的附加价值；风险较高的发行公司如果没有选择声誉高的承销机构，就会面临大幅度抑价。

（二）发行制度与信息不对称

20世纪90年代以来，许多资本市场采取了累计订单询价机制来确定 IPO 股票的发行定价和分配。与按认购比例分配 IPO 股票的方式相比，累计订单询价机制给予了承销机构更大的自由裁量权，承销机构可以根据发行公司的需要，邀请潜在的投资者对 IPO 股票进行报价，并将 IPO 股票分配给那些承销机构认为对 IPO 定价最有帮助的投资者。

在 IPO 过程中，发行公司和承销机构都希望了解市场中投资者愿意支付的价格，以确定合理的发行定价。但是从知情投资者的角度来看，如果没有其他的收益，向承销机构透露自身的报价信息不能满足激励相容的要求。如果知情投资者披露了意向支付的价格，有可能会导致更高的 IPO 定价，减少知情投资者购买 IPO 股票的收益。知情投资者更有可能采取的做法是，声称发行公司的未来看起来暗淡，诱使承销机构设定较低的发行价格，这无疑会损害发行公司的利益。因此，承销机构面临的挑战是设计 IPO 的股票发行和报价机制，促使投资者如实披露他们的信息，实现发行公司（承销机构）和投资者的利益之和最大。

Benveniste 和 Spindt（1989），Benveniste 和 Wilhelm（1990），以及 Spatt 和 Srivas-tava（1991）表明，在某些条件下，使用累计订单询价机

制收集了投资者的报价意愿后，承销机构没有（或者少量）将股票分配给出价保守的投资者，减弱了投资者过低报价的动机。这就意味着，如果投资者过于保守，不愿意承担股票的发行风险而采取过低的报价，很可能会被承销商排除出 IPO 股票分配的范围。如果投资者出价的竞争激烈，披露了有利的信息，会得到不成比例的大量股份分配。投资者的报价越激进，报价就越高。然而为了让投资者愿意披露其认购价格信息，IPO 的股票必须存在一定的抑价。如果没有抑价，潜在的投资者无利可图，就不会披露其认购价格信息。因此，**累计订单询价机制并不能消除 IPO 抑价，但是可以有效降低 IPO 的抑价水平**。

与美国资本市场不同，欧洲和部分亚洲国家的资本市场会强制要求承销机构将一定比例的股票配售给散户投资者，这无疑降低了承销机构瞄准最有合作潜力的投资者配售股票的能力，使承销机构更多地依赖价格而非配售来激励投资者。这在一定程度上损害了发行公司的利益：在完全的累计订单询价机制下，承销机构将所有股票的定价低估 1 美元，通过自主配置 IPO 股票的方式，使合作的投资者获得大部分利润；在不完全的累计订单询价机制下，因为合作的投资者得到的股票有所减少，IPO 股票定价必须更低，才能够保证合作的投资者的收益不变。因此不完全的累计订单询价机制会减少发行公司筹集的资金，提高股权融资成本。

如果承销机构和投资者在 IPO 市场上重复博弈，第一个好处是可以降低信息获取的成本。在重复博弈中，投资者必须权衡撒谎带来的一次性收益与被排除在这家承销机构当前和未来所有 IPO 之外的损失。这表明，在 IPO 市场上更为活跃的承销机构可以有效降低吸引投资者参与认购的成本，提高其在 IPO 定价中的优势。

重复博弈的第二个好处是承销机构可以进行跨时间“捆绑”发行。为确保持续获得利润丰厚的 IPO 投资收益，投资者在某次 IPO 中蒙受的损失不超过承销机构未来 IPO 分配所获得的超额收益现值，投资者也会买入收益不佳的 IPO 股票。承销机构应该向长期合作的投资者分配更多的股票，即使偶尔合作的投资者愿意支付更高的价值。这种做法看似有些不合理，但是承销机构的 IPO 市场价值更多地取决于长期投资者未来的合作，而不是仅仅为某次特定 IPO 确定合理的价格。

Benveniste 和 Spindt（1989）范例在许多方面得到了扩展。Benveniste 和 Wilhelm（1990）研究了该范例与 Rock（1986）的“赢家诅

咒”的相互作用。如果累计订单询价机制成功地获取了知情投资者的私人信息，投资者之间的信息不对称将会减少，这会减少“赢家诅咒”，有助于提高为保证不知情投资者盈亏平衡所要求的 IPO 发行价格，降低 IPO 抑价水平。但是不完全的累计订单询价机制削弱了承销机构对知情投资者披露真实意愿给予回报的能力，削弱了承销机构减少“赢家诅咒”的能力，导致较高水平的 IPO 抑价。

给予承销机构在 IPO 股票分配时的自由裁量权，并不是降低信息获取成本的唯一途径。一般而言，**任何允许承销机构向披露私有信息投资者给予相关回报的方法，都可以降低获取信息的总成本，使发行公司受益**。Benveniste 等（1996）认为选择性价格支持承诺可以发挥类似的作用，这是一种选择性地提供给合作投资者的看跌期权。在许多国家，承销机构对 IPO 后的市场进行干预，股票价格会跌破发行价格。经验证据表明，这种担保机制有利于大型投资者，尤其是那些向承销机构寻求参与承销过程的投资者，积极参与 IPO 股票的认购。

Busaba 等（2001）表明，如果发行公司有明确的退出 IPO 的权力，IPO 的抑价水平反而会有所下降，因为投资者有意识地忽视或歪曲正面信息，报出过低的认购价格，这会增加发行人退出 IPO 的可能性。这种退出威胁的存在，减少了投资者通过歪曲正面信息而获得的收益，减少了诱导真实披露所需的回报。与此相一致，James 和 Wier（1990）发现，在 IPO 前已经获得信贷额度的公司（因此有更可信的撤资威胁），IPO 抑价水平更低。

在 Benveniste 和 Spindt（2006）的框架下，投资者不需要付出任何成本。如果信息获取成本很高，承销机构需要决定获取信息的数量和成本。Sherman 和 Titman（2002）分析了提高 IPO 定价准确性（针对发行公司）的好处与获取额外信息的成本之间的权衡。

Benveniste 等（1996）和 Benveniste 等（2003）进一步研究了高额信息获取成本的影响和作用机制，将承销机构“捆绑”IPO 的能力与特定行业内公司集中上市的现象相联系。其中心思想是，行业和公司特征是估值不确定性的来源，获取行业信息可以让投资者以更低的成本评估该行业的其他公司，这种做法会导致公司不愿意上市，因为第一家公司上市必须大幅度地降低发行价格，以补偿投资者的全部估值努力，而后来的公司则可以“搭便车”，通过降低投资者的信息获取成本而提高发行价格。为了控制“搭便车”的倾向，证券公司就会专注于特定行业的公司 IPO 行为，表现为特定行业的公司在特定时期集中上市。

累计订单询价机制对 IPO 定价的影响，最直接的检验是 Cornelli 和 Gol-dreich（2001，2003）以及 Jenkinson 和 Jones（2004）都发现经常参与的投标者会得到更为优惠的股票分配；但是对于投资者报价的信息含量和股票分配之间关系的发现并不一致，可能是因为承销机构的累计订单询价机制不同，所以这些结论的外部有效性有待验证。

一些研究使用了累计订单询价机制下分配给机构投资者和散户投资者的 IPO 股票数量，基本假设是如果机构投资者比散户投资者更有可能了解情况，那么可以粗略地分析，承销机构在做出配置决定时，在多大程度上倾向于了解情况的投资者。例如，Hanley 和 Wilhelm（1995）发现，与散户投资者相比，首次公开募股的分配明显偏向于机构投资者；为机构投资者配置的股票越多，发行价格越高；当机构投资者披露正面信息时，承销机构更有可能上调发行价格。但是无论 IPO 定价过高还是过低，机构投资者都获得了类似的配置，支持了承销机构长期“捆绑” IPO、普通投资者有时会购买冷门 IPO 股票的理论预测。

Aggarwal 等（2002）研究了机构投资者配售股票数量和报价行为，发现参与分配的机构投资者越多，抑价幅度就越大。这可能是因为承销机构同时使用价格（即低估价格）和数量（即配售规模）来确保机构投资者披露特别积极的信息。

Ljungqvist 和 Wilhelm（2002）通过估计 IPO 股票配置、价格修正和初始回报之间的结构性联系认为，这三个变量是相互关联的，即价格修正的程度取决于投资者披露了多少正面信息，而这些信息又取决于投资者的预期经济回报，即可获得的 IPO 股票配置。实证结果表明，价格修正会提高机构配置水平，而提高机构配置水平则会增加价格修正；价格修正的初始回报会增加，但机构配置的初始回报会减少。这说明对机构配置规模的限制，使承销机构更多地依赖降低发行定价而非减少配置数量来鼓励投资者披露真实的信息。这显然增加了公司的发行成本，通过降低发行价格鼓励知情投资者，也奖励了非知情投资者。

Edelen 和 Kadlec（2005）进一步深入研究了发行失败对 IPO 定价的影响，即发行公司必须权衡 IPO 的收益与成功上市的可能性。当可比公司的估值较低时，IPO 缩减了发行公司的融资规模，即使发行失败，发行公司的损失也不大，这会敦促承销机构尽可能地提高发行定价，同时增加发行失败的风险；但是当市场估值偏高时，考虑到股票上市所带来的其他利益，发行公司不愿意承担失败的风险，不会坚持提高 IPO 价格。因此，**当市场整体估值提高时，抑价的程度也随之增加**。

二、利益冲突：公司与承销机构之间的信息不对称

如上所述，累计订单询价机制强调了承销机构在获取对定价有价值的信息方面的重要作用，以及赋予它们分配股票的自由裁量权所带来的好处。累计订单询价机制是否存在缺陷，并影响资本市场的发展，成为学术研究关注的重要方面。

例如，抑价代表财富从发行公司向投资者转移，这有可能引发寻租行为，即投资者通过向承销机构提供分期付款来竞争低价股票的配置。2002 年，波士顿银行因此被罚款 1 亿美元。承销机构通过将定价过低的股票分配给公司高管，希望赢得他们未来的股票承销业务，这种做法被称为“旋转门”。显然，承销机构会从故意压低发行人股票的价格中获利。

承销费用通常与 IPO 收益成正比，与 IPO 抑价成反比，这在一定程度上减弱了承销机构降低发行价格的动机，但是，在某些情况下，降低发行价格带给承销机构的私有收益会显著高于承销费用的损失。

早期的研究关注在发行公司-承销机构之间存在信息不对称的情况下，承销机构在发行股票过程中会做出的（对发行公司的）次优决策。如果销售努力是无法完全观察和核实的，承销机构就会产生**道德风险**。Baron 和 Holmström（1980）以及 Baron（1982）重点关注承销机构从降低定价中获得的利益。在模型中，为了最有效地利用相关信息，发行公司将定价决策委托给承销机构，承销机构则从 IPO 价格和承销价差的组合中选择合约。如果潜在需求偏低，承销机构会选择高发行抑价和低发行价格；如果潜在需求偏高，承销机构会选择低发行抑价和高发行价格。这优化了承销机构难以观测的销售努力，使其依赖于市场需求。与对称信息条件下的最优解相比，次优激励相容合同在均衡条件下包含了低定价，这主要是因为承销机构可以利用其信息优势（是否努力发行股票），以低于最优努力成本的形式获得正租金。

公司价值越不确定，发行公司和承销机构之间的信息不对称就越严重，后者的服务就越有价值，导致更多的抑价，即抑价和事前不确定性信息是正相关的。Biais 等（2002）将 Baron（1982）的代理成本设定与 Benveniste 和 Spindt（1989）的假设结合起来，即一些投资者持有价格相

关的信息，承销机构认为必须在确定报价之前获取这些信息，否则其可能会与知情投资者串通一气，对发行公司造成潜在的损害。Biais 等（2002）认为最优的 IPO 机制是，当机构投资者的私人信号积极时（即 IPO 价格应该更高的时候），将更多的股票分配给机构投资者；相反，当机构投资者的私人信号不那么积极时，向散户投资者分配更多的资金，同时降低 IPO 价格，减少“赢家诅咒”。

理论上，对于发行公司与承销机构之间的代理冲突，可以采取两种做法：（1）直接监督承销机构的行为，努力讨价还价；（2）利用合同设计来调整承销机构的激励机制，使承销机构的利益与发行价格正相关。Ljungqvist 和 Wilhelm（2003）发现，发行公司决策者的监督激励力度越大，IPO 抑价幅度越小。因为提高发行价格会直接增加公司决策者个人的财富，其会更有动机监督承销机构的承销行为。Ljungqvist（2003）发现，提高股票发行的承销费用，可以显著降低 IPO 的抑价水平。这些结果表明，发行公司的合同选择影响承销机构的定价行为，但是对于这些合同是否满足了最优契约的要求，还需要进一步的研究。

在发行公司和承销机构之间信息不对称程度很低的情况下，如何确定 IPO 发行价格呢？Ljungqvist 和 Wilhelm（2003）注意到很多证券公司通过风险投资业务间接获得 IPO 公司的股份。2000 年，44%的美国上市公司在 IPO 之前都有来自证券公司的股权投资。他们发现，证券公司持有的股票越多，IPO 抑价水平就越低；但是证券公司持股与 IPO 抑价之间的负相关关系并不会受到证券公司是否担任主承销机构的影响。Li 和 Masulis（2003）则发现，证券公司对公司 IPO 前的风险投资规模会显著降低 IPO 抑价水平，而且主承销商风险投资规模对 IPO 抑价的影响，显著大于其他承销机构风险投资规模的影响。

为了考察发行公司与承销机构之间潜在的利益交换，研究者关注了股票分配与未来交易佣金之间的联系。Reuter（2004）将美国共同基金支付的经纪佣金收取者的数据与共同基金持有的股票数据结合起来，发现共同基金支付给主要经纪人的佣金与基金公司在 IPO 中的持股规模之间存在正相关关系。1996—1998 年，承销机构每分配给共同基金 1 美元的抑价收益，承销机构就可以得到 85 美分的交易佣金。如果交易佣金被用来“购买”定价偏低的 IPO 配额，那么承销机构获得了最大份额的租金；但是在 1999 年美国 IPO 泡沫鼎盛时期，每 1 美元的抑价收益只能带来 19 美分的交易佣金。对这一现象的解释，目前尚未形成一致的结论。

三、信号理论：公司与投资者之间的信息不对称

信号理论强调了公司与投资者之间的信息不对称。**当发行公司比投资者更了解其未来现金流水平或风险时，抑价就可以传递公司内在价值的信号**。因为抑价一方面反映了公司的内在价值，另一方面使低质量的公司难以模仿，这满足了信号理论的两个基本特征。

如果公司IPO成功，较高的IPO抑价有助于在投资者中建立良好口碑（Ibbotson，1975），公司以后进行股票再融资，更容易被投资者接受，降低未来的股权融资成本。假设投资者无法识别高质量公司和低质量公司。公司决定分两个阶段，即IPO时期和IPO之后的时间进行股票融资。高质量公司为了降低整体的股权融资成本，有动机传递高质量的信号；而低质量公司有模仿高质量公司的动机。

IPO之后到公司再融资之前，投资者有可能会充分了解这两类公司的真实状态，这增加了低质量公司的风险，即在再融资之前，投资者可以识别出低质量公司的真实状态，拒绝购买低质量公司的股票。如果被发现的风险足够大及相关的IPO收益下降足够多，低质量公司就不会模仿高质量公司。对于高质量公司来说，可以故意降低IPO价格，来影响投资者对其公司价值的未来预期，以后进行股权再融资时，就可以降低融资成本。显然，对低质量公司来说，未来股权融资机会的减少，使IPO时降低发行价格是难以模仿的。换句话说，**高质量公司IPO定价会有更长远的考虑，而低质量公司的IPO定价更倾向于“捞一把就走”**。

信号理论虽然非常具有说服力，但是IPO抑价是唯一可用的信号吗？或者说，在众多的信号中，IPO抑价是最有效的信号吗？对发行公司来说，信号可以包括选择特别有声望的承销机构（Booth and Smith，1986）、审计师（Titman and Trueman，1986）或风险资本家（Megginson and Weiss，1991；Lee and Wahal，2004），每个参与者都可以扮演质量认证的角色，向投资者传递公司价值的信号（Hughes，1986）。

信号理论产生了一系列可供验证的预测，包括IPO抑价与未来股权再融资的可能性、规模、速度和公告效应之间存在正相关关系；与公司价值的事前不确定性存在正相关关系。因为噪声越大，信息识别成本越高，IPO抑价幅度也越大。Jegadeesh等（1993）发现，股权再融资的可能性和筹资规模，显著增加了IPO抑价。Michaely和Shaw（1994）则采用联立方程，用承销机构声誉来识别抑价方程，用IPO的业绩来确定股

权再融资规模方程，研究结果不支持信号传导模型：IPO 抑价与再融资决策之间不存在显著的相关性，反之亦然。

Welch（1996）则考虑了 IPO 公司进行股权再融资所经历的时间，理论上公司等待的时间越长，市场识别其内在质量的可能性越大，因此高质量公司可以等待更长的时间，这种做法会增加公司成本，当公司需要资金的时候却无法进行融资，因此 IPO 后的股权再融资等待时间也是一种信号。Welch（1996）发现，股权再融资的可能性与 IPO 抑价增加显著正相关。

通常，股权再融资会引发股价下跌，在信号理论中，高质量公司（IPO 抑价高）发布股权再融资公告后，股价下跌幅度会更小。Jegadeesh 等（1993）和 Slovin 等（1994）的研究结果支持了信号理论。

Spiess 和 Pettway（1997）对信号理论提出了质疑，他们发现公司在 IPO 时，原有股东会出售持有股票数量的 50%，这一现象在 IPO 定价较低的公司（高质量公司）也同样普遍存在。这表明高质量公司的内部人员不会为了获得抑价信号的收益而推迟出售，这与信号理论的预期并不完全一致。

第三节　IPO 抑价：制度因素

一、诉讼规避假说

有学者基于美国资本市场中集体诉讼机制所引发的投资者诉讼偏好，引出了法律保险或诉讼规避假说。Logue（1973）和 Ibbotson（1975）认为，公司故意折价出售股票，可以降低股东对其股票 IPO 后表现低迷而提起诉讼的可能性。

Tinic（1988）、Hughes 和 Thakor（1992），以及 Hensler（1995）认为，IPO 抑价可以起到类似证券诉讼的保险作用。对发行公司和承销机构来说，诉讼的代价非常高，不仅包括直接损害赔偿、法律费用、管理时间的分散等等，而且可能对其声誉资本造成潜在损害，投资者和承销机构会失去信心，不愿意购买公司再融资的股票。Hughes 和 Thakor（1992）认为，承销机构在确定发行价格时，一方面最大限度地降低诉讼的可能性和诉讼成本，另一方面最大限度地提高 IPO 价格（最大限度地提高承销机构的佣金）。假设诉讼的可能性与发行价格正相关，即发行价格越高，未来诉讼的可能性就越大。因此，抑价可以：(1) 降低诉讼的可能性；(2) 降低以提起诉讼为条件的不利裁决的可能性；(3) 在不利裁决的情况下减少损害赔偿金额。

Drake 和 Vetsuypens (1993) 采用配对方法，研究了被起诉公司和控制样本的 IPO 定价，发现被起诉公司和控制样本的 IPO 定价一样被低估，被低估的公司被起诉的次数比被高估的公司多，研究结论并不支持诉讼规避假说。Lowry 和 Shu (2002) 认为，对抑价与诉讼可能性之间关系的实证分析，需要注意以下联立性问题：公司确定抑价以减少诉讼可能性，而抑价程度取决于被起诉的可能性。换句话说，抑价降低了诉讼风险，但诉讼风险上升需要更多的抑价。他们采用了两阶段最小二乘法 (2SLS) 进行检验，结果与最小二乘法 (OLS) 的结果完全不同。OLS 的结果表明，IPO 抑价与实际诉讼风险呈负相关关系；但是在 2SLS 的结果中，IPO 抑价与潜在的诉讼风险之间存在正相关关系，支持了诉讼规避假说。

诉讼规避假说对 IPO 抑价的解释，是以美国资本市场为主要研究对象的。因为抑价是一种全球现象，并且没有严格的法律责任。在澳大利亚 (Lee et al., 1996)、芬兰 (Keloharju, 1993)、德国 (Ljungqvist, 1997)、日本 (Beller et al., 1992)、瑞典 (Rydqvist, 1994)、瑞士 (Kunz and Aggarwal, 1994) 或英国 (Jenkinson, 1990)，被起诉的风险似乎并不重要，而且这些国家都经历过 IPO 抑价。当然，诉讼规避假说仍然有可能成立。

二、价格支持假说（托市假说）

承销机构提供的与 IPO 有关的服务之一是稳定价格，即在股票上市后的几天或几周内减少股价下跌的幅度。这种托市行为在包括美国在内的许多国家都是合法的。统计结果表明，**承销机构的托市行为降低了破发的概率，增加了 IPO 抑价的程度**。

但是，研究者很难获得直接的证据对托市假说进行检验，承销机构通常只向监管者报告托市行为，不会对广大投资者披露。因此，研究者很难确定承销机构对哪些公司的 IPO 进行了托市、托市的强度水平及其变化趋势、何时撤回托市等重要信息。因此大多数检验工作都依赖于间接证据，托市行为对 IPO 抑价的影响程度也有待深入探讨。

三、税收优势假说

Rydqvist（1997）用瑞典公司 IPO 数据检验了税收优势假说，在 1990 年以前，瑞典个人所得税中，**工资薪金的所得税税率显著高于资本利得税率**，这就使公司有通过股票抑价来代替工资薪金的动机，在 IPO 时，公司把抑价的股票优先分配给职工，股票上市后，职工可以选择出售股票，缴纳资本利得税，降低税负。1990 年，瑞典税务部门对抑价相关的资本利得征收个人所得税，减弱了公司通过 IPO 抑价获得资本利得的动机，瑞典公司的 IPO 抑价水平从 20 世纪 80 年代的 41%下降到 20 世纪 90 年代的 8%。Taranto（2003）运用美国公司 IPO 的数据也支持了税收优势假说。

虽然税收优势假说并不能解释为什么会存在 IPO 抑价，但是可以帮助我们理解不同公司 IPO 抑价程度的差异。研究结果表明，公司管理层和员工的股票期权占比越高，IPO 的抑价幅度越大；但是董事会预期承销商会低估股票价格，会授予更多的股票期权，以保护管理层和员工的利益不被稀释。因此，股权激励与 IPO 抑价的因果关系，需要进一步的研究和检验。

第四节　IPO 抑价：代理成本角度

在许多情况下，上市会导致公司所有权和控制权分离。在所有权和控制权分离的情况下，会出现股东和管理层之间的代理问题（Jensen and Meckling，1976），管理层可能会以牺牲外部股东的利益为代价，最大化其控制权私有收益（如在职消费）。在 IPO 定价方面，目前有两种截然不同的观点，Brennan 和 Franks（1997）认为，为了避免外部大股东的监督，IPO 抑价是管理层强化控制权的方式，会增加代理成本；而 Stoughton 和 Zechner（1998）则认为，IPO 抑价可以发挥监督作用，降低代理成本。

Brennan 和 Franks（1997）认为，通过策略性分配股份，IPO 抑价是管理层保护其控制权私有收益的方式。管理者不愿意将大量股份分配给特定投资者，因为担心他们的代理行为会面临大股东的约束；而小股东的“搭便车”倾向会减少公司面临的外部监督。首先，由于监督所导致的公司价值增加是一种公共产品，股东将保持次优的低水平监督

(Shleifer and Vishny，1986)；其次，分散的所有权减少了管理层面临的敌意收购威胁（Grossman and Hart，1980）。因此，IPO 抑价导致了投资者对股票的超额需求，分散了股东的持股，减少了来自股东的监督压力，即 IPO 抑价导致需求过剩，从而导致更大程度的所有权分散。

Brennan 和 Franks（1997）利用 1986—1989 年英国完成的 69 宗 IPO 的个人出价和配置的详细数据，发现 IPO 公司更倾向于接受小额股票申购的出价，而不是大额股票申购的出价，这一现象在 IPO 定价偏低和超额认购的情况下更为明显。但是，Booth 和 Chua（1996）认为，分散的股权可以提高股票的流动性，因此发现 IPO 抑价与所有权分散之间的关系，并不能直接支持 Brennan 和 Franks（1997）的研究。

IPO 抑价所引发的所有权分散，并不是保护控制权私有收益的唯一途径，显而易见的替代方案是建立收购防御机制或者简单地发行无投票权的股票。Field 和 Karpoff（2002）表明，大多数美国公司在上市前至少会采取一种收购防御措施，但是这些公司 IPO 抑价仍然很高，结果并不支持收购防御机制替代假说。Smart 和 Zutter（2003）发现，发行无投票权股票的公司 IPO 抑价较高，且机构投资者持股比例更高，支持了无投票权股票发行替代假说。Arugaslan 等（2004）从经济计量学的角度对 Smart 和 Zutter（2003）的研究提出了异议，因为无表决权股票的 IPO 定价低于有表决权股票的 IPO 定价的主要原因是，无表决权股票的发行规模更大，而发行规模是影响机构投资者选择股票的重要因素，导致无表决权股票 IPO 以后机构持股比例增加。

Brennan 和 Franks（1997）隐含地假设，在所有权和控制权分离之后，管理者试图最大限度地提高预期的控制权私有收益，但是管理者实际上也有可能最小化其控制权私有收益。如果公司所有者承担管理层的代理成本，降低了 IPO 的发行定价和股票市值，那么持有公司股票的管理层也要承担一些代理成本，**如果管理层持股比例足够高，使代理成本超过了控制权私有收益，那么管理层就不会故意降低 IPO 定价和分散股票**。

Stoughton 和 Zechner（1998）认为，将股票配置给能够监督管理者行为的机构投资者，可以提高公司价值。监督的受益者是所有股东，监督是一种公共产品。监督只有在满足大股东利益的情况下才会出现（这取决于大股东所持股份的规模），这会导致监督行为的相对稀缺。为了鼓励监督，管理者可以将更多的股票分配给特定投资者。但是，从投资者角度来看，这种配置是次优的（减少了多元化投资的收益），需要采用定价偏低的形式提供额外的激励。这种抑价甚至不是一种机会成本：**在缺乏监督的情况下，外部股东预计管理层代理成本会上升，该公司不得不以较低的价格来发行股票。**

Brennan 和 Franks（1997）与 Stoughton 和 Zechner（1998）的结论为什么截然相反呢？有两个原因：（1）模型设定的制度环境不同。Brennan 和 Franks（1997）所讨论的 IPO 机制包括发行价格是固定不变的、按照预先设定的规则按比例分配股票；Stoughton 和 Zechner（1998）则假设在按比例分配的制度下，公司难以向大股东分配足够的股票，以确保有效的监督，差异化的累计订单询价机制则可以实现大股东有效监督的目标。（2）Stoughton 和 Zechner（1998）认为，管理者会权衡 IPO 抑价所导致的自身价值损失和控制权私有收益增加，而在 Brennan 和 Franks（1997）的模型中，管理层只考虑最大化控制权私有收益。

在 IPO 抑价研究中，由控制权和所有权引发的代理成本是一个新的研究领域，也是非常具有发展前景的领域，需要更多的经验证据的支持。

第五节 IPO 抑价：行为理论角度

20 世纪 90 年代以来，IPO 抑价水平大幅度上升。许多研究人员探讨信息摩擦、诉讼风险或代理成本是否足以解释这些现象。一些研究者从行为理论角度研究 IPO 抑价现象。行为理论对 IPO 抑价的解释通常有两个角度：（1）存在非理性投资者，将 IPO 股票的价格抬高到超出真实价值的水平；（2）发行公司存在行为偏差，无法向承销机构施加压力以降低 IPO 抑价水平。这方面的研究还处于起步阶段。

IPO 市场是研究非理性投资者对股票价格影响的一个很好的环境。IPO 公司没有股价历史，往往是年轻的、不成熟的、信息相对不透明的，难以估计其内在价值。投资者对 IPO 公司的内在价值估计，依赖于各种各样的先决条件。

一、信息分层

Welch（1992）指出，如果投资者按照特定顺序进行投资决策，就会导致信息分层效应，即后续投资者可以在先行投资者出价的基础上，确定自己的价格，理性地忽视自身的私有信息。如果公司成功地向先行投资者出售了 IPO 股票，后续投资者就会认为先行投资者掌握了有利的私有信息，会忽视自己所了解的信息，盲目地认购其余的IPO股票；相反，如果先行投资者没有积极认购IPO股票，就会让后续投资者更重视自己了解的信息，避免盲目的投资。因此，市场对IPO股票的需求要么迅速增加，要么持续低迷。

Welch（1992）认为，与本地或地方承销机构相比，全国性承销机构更容易分割市场，阻止投资者之间的交流。与本地或地方承销机构分配的IPO股票相比，全国性承销机构承销的IPO股票的抑价水平会更低。由于承销活动中固定成本的影响，发行公司风险厌恶程度越大，融资约束越多，在全国范围内分配股票所获得的融资规模越大。因此，承销机构的选择不是随机的。这意味着，需要审慎地解读简单地采用OLS方法对IPO抑价与承销机构覆盖范围（或承销商声誉）进行回归得到的结果。

二、投资者情绪

Ljungqvist等（2004）首次模拟了公司根据投资者情绪做出IPO定价决策。假设一些感性投资者对IPO公司的未来前景持乐观态度，而发行公司的目标是在感性投资者向下倾斜的需求曲线下，尽可能多地获取公司剩余价值，即最大限度地使股票发行价格超过其基本价值。但是，过度发行股票会导致价格下跌，所以最优策略包括控制一部分库藏股票，以防止价格下跌。最终，市场可以识别股票的内在价值，股价回归基本价值。因此，IPO股票的长期收益率是负的，这与Ritter（1991）的经验是一致的。

由于对IPO发行价格歧视的限制和对库藏股票的严格监管，发行公司很难直接执行上述的做法。但是，发行公司可以采取限制供应而维持价格的方式，将股票先分配给固定投资者，然后固定投资者转售给情绪投资者。由于市场火爆的情况可能会提前结束，固定投资者持有IPO股票会面临价格下跌的风险。因此，**在没有不对称信息的情况下，要想让固定投资者维持盈亏平衡，发行公司和承销商必须降低IPO发行价格**。即便如此，IPO的发行价格考虑了固定投资者与感性投资者交易的预期收益，并将其反映在发行定价中，这有利于降低发行公司的融资成本。

Purnanandam和Swaminathan（2004）发现，与同行业的市盈率相比，1980—1997年IPO公司市盈率的中位数被高估了50%，而且高估程度最高的公司未来的股票市盈率显著下降。Cook等（2003）发现，公司更倾向于在市场火爆时进行IPO，且发行价格明显更高，这支持了

Ljungqvist 等（2004）的观点。Ofek 和 Richardson（2003）指出，当机构在 IPO 首日向散户投资者出售股票时，会产生较高的初始回报率，但是到 2000 年底互联网泡沫破灭时，这一现象逆转了，这也正是 Ljungqvist 等（2004）所预测的模型。

Ljungqvist 等（2004）的模型在一定程度上解释了 IPO 抑价与长期绩效欠佳之间看似矛盾的经验结果。Ritter（1991）发现 IPO 抑价与长期绩效负相关，而 Krigman 等（1999）发现两者正相关。在 Ljungqvist 等（2004）的模型中，这种关系不是一成不变的，而是与 IPO 时的市场环境有关。当市场火爆结束的概率很小时，两者的关系是负相关的。如果市场火爆结束的概率很大，发行公司最理想的做法是缩小发行规模，这意味着固定投资者持有较少的库存和较低的抑价就可以实现收支平衡。同时，考虑到市场情绪需求曲线的斜率为负，发行规模的缩小会加剧市场长期表现不佳的状况。

Ljungqvist 等（2004）预测，低价可以增加承销商的市场份额（声誉）。拥有庞大 IPO 交易流量的承销商能够更容易地惩罚那些试图“搭便车”的投资者，因为这些投资者会在股价下跌之前过早抛售股票获取收益。这也表明更活跃的承销机构可以承销更大公司的 IPO 股票，因为随着时间的推移，它们可以持有更多的库存。如果 IPO 抑价是对市场火爆提前结束而导致持股损失的补偿，那么，承销机构的市场占有率越高，IPO 抑价的幅度会越大。

三、展望理论与心理会计

Loughran 和 Ritter（2002）强调 IPO 公司决策者的行为偏差，而不是投资者的偏差，导致了 IPO 抑价。发行公司并不会只关注 IPO 的抑价程度，而是会综合考虑 IPO 抑价所导致的财富损失与留存股票的市场价值上升所导致的财富增加。如果投资者参与寻租以增加他们被分配到低价股票的机会，这种寻租行为将使投资银行受益。

Ljungqvist 和 Wilhelm（2005）分析了公司在未来的股权再融资业务中是否更换 IPO 承销机构。在控制其他已知因素的情况下，如果公司对 IPO 承销机构的业绩满意，它们就不太可能更换承销机构。承销机构则通过在股权再融资时收取更高的承销费用获益。

虽然这些研究表明行为理论对 IPO 抑价具有一定的解释力，但并不能直接说明偏差期望效用最大化的行为是否能够决定 IPO 抑价的模式。

第六节　中国 IPO 现状与研究

一、中国上市公司 IPO 抑价：时间序列

表 9-1 展示了 1990—2022 年 A 股上市公司等权平均 IPO 抑价率的时间变动趋势。IPO 抑价率的计算方法为：（交易首日收盘价－发行价）/发行价。在 2002 年前，可供交易股票数量较少，IPO 抑价率普遍较高。2002 年后，发行市场呈现一定的周期性，除 2007—2008 年以及 2020—2021 年抑价率平均值与标准差双高外，其余较长时期 IPO 抑价率维持在相对较低的水平。

表 9-1　IPO 抑价率时间序列统计结果

年份	IPO 抑价率平均值	IPO 抑价率标准差	样本数
1990	4 288.52%	10 318.86%	8
1991	576.97%	779.02%	5
1992	485.60%	560.68%	40
1993	336.37%	566.57%	124
1994	157.67%	217.05%	111
1995	481.89%	601.82%	24
1996	289.35%	466.90%	203
1997	227.07%	339.85%	206
1998	287.54%	603.80%	106
1999	116.30%	106.70%	98
2000	150.82%	86.53%	137
2001	149.59%	156.89%	79
2002	148.62%	167.00%	71
2003	72.03%	44.07%	68
2004	70.14%	54.57%	100
2005	45.12%	34.65%	15
2006	84.81%	59.27%	65
2007	193.07%	111.82%	126
2008	114.87%	89.59%	78
2009	74.15%	42.68%	99
2010	41.90%	41.90%	350

续表

年份	IPO 抑价率平均值	IPO 抑价率标准差	样本数
2011	21.08%	30.45%	282
2012	26.55%	58.71%	155
2013	27.69%	46.52%	2
2014	43.52%	3.87%	128
2015	46.55%	24.37%	223
2016	44.00%	0.03%	228
2017	43.99%	0.20%	441
2018	44.00%	0.03%	105
2019	67.31%	60.43%	203
2020	113.03%	136.10%	438
2021	157.06%	184.99%	524
2022	30.53%	44.86%	429

资料来源：CSMAR 数据库.

需要注意的是 2014 年以后，特别是 2016—2018 年，IPO 的抑价率稳定在 44%左右，这是因为按照中国证监会的规定，在主板上市的股票首日收盘价格不能超过发行价格的 144%（即抑价率最高为 44%），但是在科创板上市的股票首日收盘价格则没有相应的限制。2018 年以后的注册制改革推动了科创板市场的发展，提高了 IPO 的抑价率。因此，研究中国上市公司的 IPO 特点，必须结合当时的相关政策进行深入的分析。

二、中国 IPO 制度变迁

30 年来，中国资本市场股票发行制度改革经历了审批制、核准制、试点注册制、全面注册制四个主要阶段，以信息披露为核心的监管理念逐步深化。中国 IPO 市场中的主要参与者不仅包括发行公司、承销机构和投资者，还包括证监会在内的监管部门，在不同的发行制度下，监管部门对 IPO 的影响方式、作用机制不尽相同，也成为中国 IPO 研究的重要内容。

（一）审批制阶段

审批制阶段为 1993—1999 年，具体又可以分为 1993—1995 年的额度管理时期、1996—1999 年的总量控制时期。

1993 年 4 月 22 日，国务院颁布《股票发行与交易管理暂行条例》，标志着全国统一的股票发行制度正式确立。在此时期，国务院证券委员会[①]每年确定总体股票发行额度计划，下达给各省（区、市）和国务院有关部委，各省（区、市）和有关部委负责选择和推荐企业，证监会对推荐的企业进行复审并作出批准上市的决定。这个阶段共批准了 105 亿元面值的发行额度，有 200 多家企业发行股票，筹资 400 多亿元。

在额度管理时期，出现了地方政府获得发行额度后进一步分解给若干企业的现象，导致上市公司规模普遍偏小，各地区和不同行业的分配方式也出现平均化趋势。为解决这些问题，国务院证券委员会发布了《关于 1996 年全国证券期货工作安排意见》，推行“总量控制，限报家数”的指标管理办法。国务院确定股票发行总规模后，给各省（区、市）和有关部委下达指标，各省（区、市）和部委选择和推荐拟上市企业，国务院证券委员会在总规模内为企业核定发行规模，进行复审并作出批准上市的决定。1996—1997 年分别确定了 150 亿股和 300 亿股的发行量，共有 700 多家企业发行，筹资 4 000 多亿元，这一做法持续到 2000 年。

这段时间，新股定价基本由政府指导，发行市盈率一般限定在 15 倍以下。新股的配售则先后出现了多种方式。1993 年之前，新股配售采用限量发售认购证的方式。1993 年，采取无限量发售认购证的方式，中签率由市场供求决定。1994 年，新股配售增加“全额预缴款，比例配售”方式。1995 年，新股配售增加了上网定价抽签方式。1996 年，证监会明确股票发行可采用“上网定价”“全额预缴款”“储蓄存款挂钩”三种发行方式之一。

（二）核准制阶段

1999 年《中华人民共和国证券法》（以下简称《证券法》）实施，股票发行制度全面转向核准制，从政府选择企业改为由市场中介机构培育、选择和推荐企业，同时市场中介机构承担相应的法律责任，这一时期又分为通道制和保荐制两个阶段。

《证券法》实施后，证监会推出《股票发行审核委员会条例》《股票发行核准程序》《股票发行上市辅导工作暂行办法》等一系列规定，构建起核准制的基本框架。2001 年 3 月 17 日，股票发行核准制正式启动。证券业协会发布《关于证券公司推荐发行申请有关工作方案的通知》，提出

---

① 国务院证券委员会是我国管理全国证券市场的政府机构。1992 年 10 月成立于北京。1998 年 3 月撤销，其工作由中国证券监督管理委员会承担。

证券公司推荐企业上市实行“证券公司自行排队，限报家数”的方案，即通道制。具体程序是，由证券监管部门根据各家证券公司的实力和业绩事先确定发行股票通道数量，证券公司按照“发行一家、再报一家”的原则推荐企业。截至2004年底，全国83家证券公司一共拥有318条通道。

2003年12月，证监会发布《证券发行上市保荐制度暂行办法》，正式启动保荐制。保荐制下，公开发行股票必须由保荐机构推荐，保荐机构、保荐代表人及其他中介机构应当尽职调查，对发行人的申请文件和信息披露资料进行审慎核查，并对相关文件的真实性、准确性、完整性负连带责任，形成了包含发行上市保荐制度、发行审核委员会制度、询价配售制度等在内的核准制规则体系。

2001年以来，证监会多次进行新股定价的市场化改革。2004年8月，《证券法》取消了新股发行价格须经国务院证券监督管理机构批准的规定。2004年12月，证监会发布《关于首次公开发行股票试行询价制度若干问题的通知》，在IPO股票定价中实行询价制度，发行人及其保荐机构首先向参与累计投标询价的询价对象配售股票，之后再将其余股票以相同价格向社会公众投资者公开发行。证监会在2009年6月、2010年10月、2012年4月、2013年11月发布了一系列关于新股发行体制改革的指导意见，对发行承销各关键环节的制度进行优化。

（三）试点注册制阶段

2013年11月，党的十八届三中全会审议通过的《中共中央关于全面深化改革若干重大问题的决定》中明确提出“推进股票发行注册制改革”。2018年11月5日，习近平主席在首届中国国际进口博览会开幕式上宣布“在上海证券交易所设立科创板并试点注册制”，标志着注册制改革进入实施阶段。2019年7月22日，适用试点注册制的首批企业在科创板上市交易。修订后的《证券法》于2020年3月1日起施行，为注册制改革提供了法律保障。2020年8月24日，创业板实行试点注册制的首批企业上市交易，存量市场注册制改革取得实质性突破。

（四）全面注册制阶段

2023年2月，中国证监会就全面实行股票发行注册制涉及的《首次公开发行股票注册管理办法》等主要制度规则草案公开征求意见。这标志着经过 4 年的试点后，股票发行注册制将正式在全市场推开。

表 9-2 是对中国 IPO 发行相关的制度及变迁的总结。对 IPO 定价制度的经济后果分析，是我国 IPO 研究的重要组成部分。

表 9-2　中国 IPO 发行的主要制度及其变迁

定价制度发展阶段	时间	制度	定价方式	定价上限
管制定价阶段	1993 年以前	行政决定	竞价发行	
	1993 年—1999 年	审批制	固定价格和固定市盈率	15 倍市盈率
	1999 年—2001 年	核准制	法人配售与网上定价相结合	市场化改革，新股发行出现破发现象，随着股市大跌，舆论开始谴责新股破发现象，市场化定价很快中止
市场化尝试	2001 年	核准制	网上定价发行	20 倍市盈率
	2002 年	核准制	在询价群件内投标询价	20 倍市盈率
	2002 年—2004 年	核准制	固定市盈率发行	20 倍市盈率
询价机制确立阶段	2005 年—2008 年	核准制	累计投标询价发行	30 倍市盈率
	2009 年—2014 年	核准制	在累计投标询价机制上进行了 4 轮新股发行制度改革。这 4 轮改革开始阶段朝着市场化的方向发展，但是在 2014 年 2 月暂停以后，新股发行完全为了抑制老股过量转让、超募和高价、高市盈率发行问题	
	2014 年—注册制改革	核准制	累计投标询价发行	23 倍市盈率
	2019 年 7 月至今（科创板）；2020 年 8 月至今（创业板）；2021 年 11 月至今（北交所）；2023 年 2 月至今（主板）	注册制	累计投标询价发行	取消静态市盈率的定价上限

三、中国 IPO 的实证发现总结

（一）信息不对称角度

信号理论认为，高声誉的风险资本参与，可以使得新股的发行价格更接近其内在价值，降低 IPO 抑价水平，但是与以我国样本进行的实证检验得出的结论并不完全一致。张凌宇（2006）发现有风险资本支持的中小板股票 IPO 抑价程度更高；沈维涛等（2013）发现风险投资机构在整体上并未帮助中小板和创业板公司提高通过发行审核和选择市场较好时期成功进行 IPO 的概率，但是经验丰富及有外资背景的风险投资机构具备这样的择时能力。张丰（2009）发现有创业投资参与的 IPO 抑价水平显著高于没有创业投资参与的新股，认为国内创业投资可能存在逐名动机，即为了获得高声誉宁愿承担较高新股折价的成本。陈工孟等（2011）、杨大楷等（2012）和汪炜等（2013）得出了相似的结论。胡志颖等（2015）发现有无风险资本支持的公司的 IPO 抑价并不存在显著差异。钟昀珈（2018）发现，当有创业投资机构支持的 IPO 公司宣布进行财务报告重述时，这些创业投资机构所投资的其他 IPO 公司的超额股票回报为负。

自 2004 年新股发行引入保荐制以来，保荐代表人在 IPO 过程中的作用更为重要（戴亦一等，2014），保荐代表人的个人特征会对保荐业务质量产生直接影响（罗党论和汪弘，2013；李挺等，2019）。李增泉等（2020）的研究表明具有关系网络的保荐代表人保荐的 IPO 公司收到监管机构的问询问题更少，媒体负面报道数量更少，投资者购买意愿更强。张学勇等（2018）发现，相较声誉受损的券商，声誉未受损的券商确实具有更好的认证效果。

IPO 之后的业绩变脸是我国资本市场的痼疾，拟上市公司为了成功实现 IPO 进行过度包装和粉饰业绩的事件时有发生。我国强制要求注册会计师审计公司 IPO 以前的年度报告，并要求取得无保留审计意见才可以申请发行股票。但是注册会计师具有维持客户的动机，审计意见购买等违规行为也时有发生（吴联生，2005）。在 IPO 审计中，审计师基本上出具了“清一色”的清洁意见，但 IPO 后业绩变脸现象仍然频发。刘迪等（2019）发现，在 IPO 审计中，虽然“清一色”的清洁审计意见不能提供有用信息，但审计收费，尤其是异常审计收费可能在一定程度上反映审计师与IPO公司的合谋，进而可预测出IPO后的业绩表现。异常审计收费与IPO后的业绩增长显著负相关。原红旗等（2020）发现，会计师事务所审计失败会导致其声誉受损，其客户的IPO审核拒绝率将显著提高，表明监管处罚对会计师事务所的声誉产生了更严重的影响。鲁桂华（2020）研究发现，会计师事务所被非处罚性监管的次数多，IPO客户会收到更多轮数的审核问询函和更多的问题，IPO客户的回函时间更长，审核时间更长，发行市盈率更低，上市后股票收益波动率更高。

基于独特的市场环境和政策背景，国内学者研究认为，严格的定价行政化管制（方匡南等，2015）和发行制度的变迁（胡志强和赵美娟，2016）是导致中国IPO抑价的制度性根源。此外，以IPO抑价为开端的“赢者”现象存在着惯性延续趋势，新股上市后，短期内相较于发行价格仍然存在着显著为正的平均超额收益（彭志胜和宋福，2017）。尤其是在2014年中国实行首日涨幅限制政策后，绝大多数股票在上市后出现“一”字涨停的局面。首日高抑价演化为持续时间更长、上涨幅度更大的新股炒新收益（周仕盈和杨朝军，2019），“赢者”现象更甚。

（二）信息披露角度

沈艺峰等（2017）和王夫乐（2018）对网上路演中公司高管推介致辞视频进行过研究，发现高管的长相和语音以及在推介致辞时的面部表情会对IPO抑价产生影响，这一结果与Blankespoor等（2017）在美国市场上的发现是一致的。卞世博等（2020）研究发现管理层的“答非所问”与IPO抑价率之间呈现显著的负相关关系；管理层的“答非所问”程度越高，IPO首日流动性会越差，长期股票收益率会更低。

姚颐和赵梅（2016）研究了我国发行新股时《招股说明书》中风险因素的披露状况以及市场反应，发现从披露意愿来看，未来业绩差的公司较业绩好的公司有更强的披露意愿，这并不是因为业绩差的公司更为诚实或是更为聪明，而是为了规避未来业绩下降所带来的行政处罚；从市场反应来看，坦诚披露有助于提高IPO的效率。黄顺武和俞凯（2019）认为，中国资本市场频频发生的IPO虚假信息披露现象的最主要诱因是暴富诱惑，而不是监督无效。孙彤和薛爽（2019）认为，在缺少激励机制的情况下，以信息披露质量为信号的博弈仅存在一个低效率的混合均衡，即无论高管是否存在自利行为，都会选择较低的信息披露质量，而在对高管选择高质量的信息披露策略给予一定的奖励时，可以实现分离均衡。

（三）代理成本角度

资本市场发展的关键之一是保护中小投资者权益。中国上市公司中存在着大股东掏空行为，大股东对中小投资者的权益侵占严重（肖钢，2013）。刘志远等（2012）基于控股股东的视角，发现控股股东代理成本越高，越倾向于选择有利时间进行 IPO，以减少中小股东的利益。吕长江等（2014）发现，家族参与管理的企业的 IPO 抑价率显著低于其他民营企业，并且家族成员担任 CEO 的企业的 IPO 抑价率比非家族成员担任 CEO 企业的抑价率更低。当家族参与管理的企业不存在现金流权和投票权分离时，IPO 抑价率更低。田利辉等（2016）发现控制权和现金流权的分离引致利益侵占，显著降低了 IPO 的长期回报率。然而，在政府控股公司中，两权分离并未显著降低公司 IPO 的长期回报率。

徐浩萍等（2009）从政策信号理论角度出发，认为国有企业较高的 IPO 抑价是政府主动向市场投资者传递的政策信号，表明维护长期股权价值的政策主张。朱茶芬（2006）发现，一股独大的公司不愿聘请独立董事以降低代理成本，首次发行上市的公司会更主动地聘请独立董事来迎合政府。魏志华等（2018）从信息不对称理论视角探索了 IPO 补税对 IPO 抑价的影响及理论解释，发现补税对 IPO 抑价具有显著正面影响，委托代理理论有助于解释 IPO 补税与 IPO 抑价的正相关关系——IPO 补税公司抑价更高可能源于公司管理层对承销商具有更弱的监督动机，而非 IPO 补税公司对承销商缺乏有效的报酬激励。

本章小结

IPO 的相关研究已经非常成熟。在几乎所有国家和地区的资本市场中，IPO 的发行价格都存在低估的现象，当然低估的程度会因为制度环境、公司特征和资本市场的发展阶段不同而有所变化。目前已经有大量的理论分析试图解释 IPO 抑价现象，并得到了经验证据的支持。在众多的理论模型中，信息摩擦（包括发行公司与其承销机构之间的代理冲突）构成了主要的研究假说，这一假说认为，与 IPO 抑价相关的大部分收益归于知情投资者（或机构投资者），不知情投资者（或是散户投资者）很难通过投资 IPO 股票获得超额收益。

在 IPO 过程中，承销机构扮演多重角色。要让承销机构发挥信息获取作用，就必须赋予承销机构在 IPO 定价和配置股票方面的自由裁量权。但是，这种自由裁量权很可能会加剧投资者与承销机构之间的代理问题，这种代理问题无疑会降低 IPO 市场的效率。

我国股票市场是在政府推动下逐步发展起来，除了传统发行公司、承销机构和投资者，证券监管部门也在 IPO 过程中发挥着重要作用。我国的 IPO 相关研究，在研究 IPO 普遍存在的特征时，也对证券监管政策及其变化对 IPO 定价的作用及后果展开了研究。对政策变化的关注，一方面可以有效识别潜在的因果关系，另一方面也扩展了制度变迁对股票市场影响机制的研究。但是，对于制度的关注，在一定程度上抑制了对 IPO 基础理论的探究。随着我国股票上市注册制的全面实施，IPO 会出现新的现象和特征，这些新的现象和特征会如何影响资本市场的效率，有待深入探索与研究。

第九章参考文献

第十章

投资与融资约束

公司投资决策也称资本预算决策，是公司价值创造的来源，也是决定公司融资规模的重要因素。在相当长的时间内，公司财务的研究假设公司的资本预算决策都是以未来现金流最大化为目标的，将研究的重心放在融资方面，包括资本结构、股利政策和证券发行等。20 世纪 80 年代以来，随着信息不对称理论和代理成本理论在公司财务研究中的广泛应用，越来越多的学者将公司的投资决策与融资行为相联系，形成了相应的研究主题。

在财务理论中，有两类主体的投资决策，即以公司为主体的资本预算决策和以投资者为主体的证券组合决策。这两类主体的投资决策都是以获得未来的现金流为目标的；但是从社会经济价值的角度来看，以公司为主体的资本预算决策是创造（改变）价值的决策，而以投资者为主体的证券投资组合决策是转移价值的决策，是公司创造的价值向投资者分配的结果。本章主要讨论以公司为主体的资本预算决策及其影响因素。

经典的公司投资理论认为，内部收益率（IRR）与加权平均资本成本（WACC）相等的平衡点即企业的最佳投资规模。但是在现实的资本市场中，信息不对称的存在使外部资本市场的参与者无法了解公司未来的资本预算所能够创造的价值，难以在各企业间实现有效的资金配置，导致融资约束，使公司的实际投资规模小于理论上的最佳投资规模，即投资不足。当公司的外部融资受到限制或不能很好地满足公司投资需求时，公司投资只能更多地依赖内部融资，抑制了公司的投资规模。

管理层与股东的代理冲突也会影响公司的投资决策，特别是自由现金流，进而导致公司的过度投资；其他形式的代理冲突也会从不同角度影响公司的投资效率。但是无论是融资约束导致的投资不足，还是代理成本导致的投资过度（不足），都是对理论上最佳投资规模（效率）的偏离，都会降低公司价值，不能先验地认为投资过度所导致的公司价值损失一定会高于投资不足所导致的公司价值损失。投资过度和投资不足所导致的公司价值损失，何者更为重要，本身也是需要检验的实证问题。

本章主要从公司融资约束和投资效率两方面对现有文献进行了回顾，并重点关注了国内文献对上述两个基本问题的探讨。

第一节　投资决策概述

一、投资决策过程

在折现率一定的情况下，公司价值由其资本预算的投资规模及其相关的未来现金流决定。按照公司价值最大化的目标，**内部收益率与加权平均资本成本相等的平衡点即公司价值最大化所要求的投资规模**。按照定义，内部收益率是项目净现值为 0 时的贴现率，在项目投资判定过程中，内部收益率大于贴现率时，公司可以接受该项目；若内部收益率小于贴现率，公司应当拒绝该项目。加权平均资本成本即项目同时采用债务和权益融资时的折现率。如果公司同时采用债务和权益融资，公司按 R_B 借入债务资本，按 R_S 取得权益资本，资本成本是二者的加权平均，权数分别为权益占总价值的比重和债务占总价值的比重。由于利息可以抵税，税后债务资本成本为 $R_B(1-t_C)$，t_C 是公司的所得税税率。综上，我们可以得到公司的加权平均资本成本：

$$\text{WACC}=\frac{S}{S+B}R_S+\frac{B}{S+B}R_B(1-t_C)$$

图 10 - 1 展示了公司的投资规模与内部收益率（加权平均资本成本）的关系。在内部收益率的决策规则下，公司首先会选择内部收益率最高的项目进行投资，然后选择内部收益率第二高的项目进行投资。而且随着公司投资规模的扩大，内部收益率是不断下降的（边际收益递减规律）。投资规模的扩大，意味着经营规模的扩大，会增加融资需求，从而提高公司的加权平均资本成本（边际成本递增）。当内部收益率等于加权

平均资本成本时，就决定了公司的最佳投资规模，即公司价值最大化所要求的投资水平。显然，对最佳投资规模的偏离，无论是投资不足还是投资过度，都会减少公司价值。

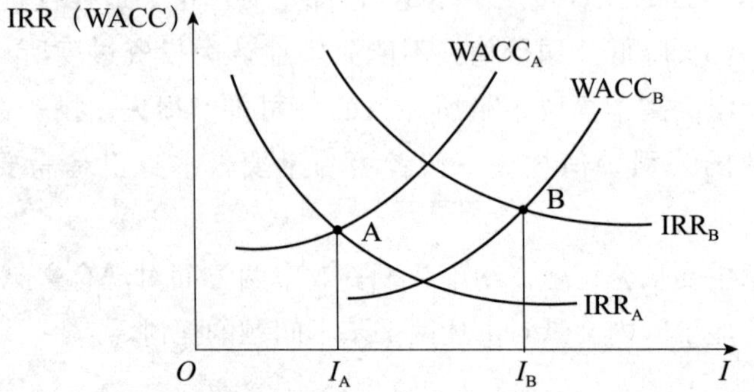

图 10-1 最佳投资水平点

图 10-1 展示了两个公司（A 公司和 B 公司）的内部收益率和加权平均资本成本曲线。如果 A 公司和 B 公司有相同的内部收益率和加权平均资本成本曲线，那么两家公司存在相同的最佳投资规模，此时可以最佳投资规模为基础，分析 A 公司和 B 公司的实际投资规模与最佳投资规模的偏离，作为公司投资效率的度量。

如果由于各种影响因素，A 公司的内部收益率曲线和加权平均资本成本曲线都位于 B 公司的左方，即 A 公司的加权平均资本成本更高，项目的内部收益率更低，那么对 A 公司来说，其价值最大化的投资规模（I_A）小于 B 公司相应的投资规模（I_B），但是不能简单地认为，与 B 公司相比 A 公司是投资不足的（或者与 A 公司相比，B 公司是投资过度的）。

二、外部投资与内部投资

Stein（2003）将公司投资分为外部投资与内部投资。外部投资的核心问题在于，外部资本市场是否向每家公司提供所需要的资金；内部投资的核心问题在于，内部资本市场是否向公司内的单独项目提供所需要的资金。尽管两类投资问题在逻辑上截然不同，即外部资本市场的运作方式与内部资本市场不同，但公司内外部资本配置存在共同点。例如，外部资本市场的投资者需要考虑 CEO 更了解企业前景，其利益与投资者并不一致；同理，负责资本配置的 CEO 需要考虑到下属更了解部门前景，其利益与公司总体利益并不一致。尽管外部资本市场会采取与内部资本市场完全不同的方式解决这一问题，并对投资行为产生不同的影响，但重要的是，外部市场抑或是内部市场都具有相同的问题：代理冲突和信息不对称。本章更多地围绕外部投资展开讨论，第十一章则重点讨论内部资本市场相关的研究问题。

三、投资决策的有效性

Modigliani 和 Miller（1958）认为，企业投资决策与内部现金流无关。但许多研究发现，企业投资支出与现金流正相关。这一现象主要有两种解释：（1）市场中固有的信息不对称问题会提高公司的外部融资成本（债务融资成本和股权融资成本），公司会转而通过内部现金流融资满足投资需要。（2）公司存在代理冲突，管理层将现金流浪费在效率较低的投资上。本章主要从这两点进行分析，基础理论可以分为三方面：其一，代价高的外部融资模型。参考 Stein（2003）的研究，本部分从股权融资成本和债务融资成本两方面，讨论了企业资源受限对投资的影响。其二，管理层与股东的外部冲突。本部分详细探讨了管理层与股东外部冲突的表现形式，并对相关的经验证据进行了回顾。其三，非有效股票市场的投资决策。

第二节 融资约束

一、基础理论：外部融资模型

（一）股权融资成本

理论上，无论是股权融资成本还是债务融资成本，都包括发行成本和使用成本。股权融资的发行成本，不仅包括发行过程中的各类费用，还包括发行过程中的抑价（见第九章）。但是与债务融资不同，股权融资在使用过程中并没有像债务利息那样明确约定的支出，因此，股权资本成本的衡量也是公司财务研究中的重要问题（见第十三章）。本章主要讨论股权融资成本的影响因素及其对公司投资的影响。

Myers 和 Majluf（1984）、Myers（1984）和 Greenwald 等（1984）将信息不对称理论引入了公司财务研究，假设公司管理层为当前的股权利益最大化服务，而且要决策公司未来的投资及融资计划。但是公司管理层不能或无法向股票市场传递公司投资决策的信息，形成了管理层与资本市场潜在投资者之间的信息不对称。

对管理层来说，既然以最大化当前股东利益为目标，那么在当前股东利益和潜在股东利益存在可能的冲突时，例如在公司项目投资预期收益不高、当前股票价格被高估的时候，管理层更倾向于以发行新股、吸引潜在股东认购新股的方式筹集资金。但是理性的潜在股东也会意识到公司的这种行为，从而拒绝认购新股，或者要求更低的发行价格，即市场认为新股发行是坏消息，导致公司股票价格下降。

在这种情况下，有好的投资项目，公司管理层也不愿意通过发行新股的方式融资。即使是急需新股本的企业，比如拥有良好投资机会而缺乏资源的企业，也可能无法或不愿意筹集新股本。因此，**信息不对称所导致的逆向选择增加了公司的股权融资成本**。

（二）债务融资成本

理论上，如果公司能无限制地进行债务融资，那么信息不对称所导致的股权融资难问题并不会影响投资的资金需求和相应的财务风险，但是考虑了信息不对称和破产风险因素以后，**除了债务利息，债务融资也会有很多隐含的成本，这些显性成本和隐形成本的存在会影响到公司的债务融资能力**。

1. 信息不对称与债务融资

Myers 和 Majluf（1984）的基本论点同样可以应用于债务市场。如果债权人根据众多借款公司的平均违约率来确定贷款利率，那么实际违约率低于平均违约率的公司就会放弃贷款，而实际违约率高于平均违约率的公司会继续申请贷款，这样银行就必须提高贷款利率以弥补预期平均违约率的上升，从而形成逆向选择，即**银行希望通过提高贷款利率（价格）来弥补违约风险，但是实际的贷款违约水平反而会随着贷款利率的上升而上升**。

既然提高贷款利率（价格）不能有效弥补违约风险所造成的损失，那么替代的方法是什么呢？Jaffee 和 Russell（1976）、Stiglitz 和 Weiss（1981）以及 Stiglitz 和 Weiss（1983）的结论表明，采用信贷配给（即实际贷款的数量少于贷款人申请的数量）可以有效解决信贷市场中的逆向选择问题，保证公司得到一定数量的债务融资，但是这同时也增加了公司债务融资的隐形成本，即公司无法在当前显性市场利率下，通过债务融资满足投资的需要。[①]

2. 债务积压

Myers（1977）探讨了债务融资的局限性，其关注的重点并非债务市场，而是获得借款后的企业行为。债务负担抑制企业新增投资，特别是新增投资需要依赖新增融资时。这是因为如果现行债权交易价低于面值，其作用类似于对投资所得征税：**新增投资产生的价值部分流向了现有的债权人，而不能用来偿还新债权人**。

债务积压模型存在两层含义：债务负担形成后，高杠杆企业，例如刚刚经历杠杆收购的企业，更可能投资不足。对于低杠杆企业而言，即使拥有未来的投资机会，这些企业可能也不愿意进行债务融资。

3. 债务最优合约模型：初创企业投资不足

上述两类融资模型均为给定债权，探讨融资决策对投资、资本结构等的影响。有一类文献试图将融资决策内部化，将融资决策作为代理冲突的解决机制，即存在管理层侵占企业利益的代理问题时，用融资决策缓解这类代理冲突。

在大量的文献中，最优合约即标准的债务合约不存在外部股权融资。因此，不存在外部股权融资的标准的债务合约下的企业被认为是“初创企业”，即管理层为唯一的股东。早期文献（Townsend，1979；Gale and Hellwig，1985）假定外部投资者只能依赖审计核实企业的现金流。只要管理层清偿了债务，就不需要审计，管理层得以保留企业剩余的现金流。但是，如果管理层难以清偿债务，债权人会要求审计。在上述情境中，投资所受的影响来源于审计/破产成本。特别是，管理层个人财富越少，借款越多，存在审计成本的可能性越大。因此，管理层财富越少，外部融资的成本越高，投资越少。

自 Grossman 和 Hart（1986）、Hart 和 Moore（1990）以及 Hart（1995）提出“不完全合约”（incomplete contract）后，学者们转为从控制权分配的角度思考金融合约。Aghion 和 Bolton（1992）较早地提出了上述观点，债务被视为激励机制，如果管理层及时清偿债务，其控制权得以持续。在多期框架中，上述激励机制使得外部债权人在企业现金流

---

① 信贷配给的存在为资本结构的实证研究提出了新的命题：公司有息负债率低，究竟是公司不希望到银行贷款，还是公司希望获得贷款，而银行拒绝提供新增贷款所致呢？也就是说，研究者通过数据所发现的部分公司有息负债率低，究竟意味着公司的融资意愿弱，还是公司的融资能力不足呢？

无法被验证的极端情况下依然能获得管理层还款。这一领域的文献包括 Bolton 和 Scharfstein（1990）以及 Hart 和 Moore（1994，1998）。

与成本高昂的审计验证模型（costly-state-verification model）一致，上述模型假定企业借款前投资不足，投资不足程度随管理层财富增加而下降。此外，给定模型的多期特征，我们也可以认为企业借款后依然存在投资不足，如果管理层无法清偿债务，贷款人会对资产进行没收和清算。

4. 小结：外部融资简化模型

外部融资过程可以用简化模型进行归纳。企业在时刻 1 投资 I，在时刻 2 的总收益为 $f(I)$，其中 $f(I)$ 是一个递增的凹函数。在投资 I 中，资金 w 来自内部资源（管理层的财富或企业的留存收益），资金 e 为外部融资，通过债务、股权或其他方式得到。因此，预算约束为 $I=e+w$。在最优世界中，管理者会寻求最大化：

$$\max \frac{f(I)}{(1+r)}-I \tag{10-1}$$

r 为经风险调整后的折现率。资本 $f(I)$ 的边际产量为 $1+r$。

我们可以通过外部融资引发的成本考虑融资约束，这部分成本为 $\theta C(e)$，$C(\quad)$ 是递增凸函数，θ 是对融资摩擦的度量。因此企业的问题转变为：

$$\max \frac{f(I)}{(1+r)}-I-\theta C(e) \tag{10-2}$$

Kaplan 和 Zingales（1997）指出，上述模型具有以下特征：

（1）在考虑了融资约束的条件后，I 小于等于没有融资约束条件下的规模，即融资约束缩小了投资规模，并降低了产出效率。

（2）$\frac{\mathrm{d}I}{\mathrm{d}w}\geqslant 0$ 且 $\frac{\mathrm{d}I}{\mathrm{d}\theta}\leqslant 0$，表明 I 随着公司内部资源 w 增加，随着公司融资约束 θ 减少。

（3）$\frac{\mathrm{d}^2 I}{\mathrm{d}w^2}$ 和 $\frac{\mathrm{d}^2 I}{\mathrm{d}w\mathrm{d}\theta}$ 的符号方向不明，即投资对内部资金的局部敏感性 $\frac{\mathrm{d}I}{\mathrm{d}w}$ 在 w 足够高时收敛为 0，但这种收敛未必是单调的。

因此，Kaplan 和 Zingales（1997）强调，上述简单模型推理对实证研究的重要启示是，**学者们在使用投资-内部现金流敏感性 $\left(\frac{\mathrm{d}I}{\mathrm{d}w}\right)$ 度量融资约束（θ）时需要谨慎地解读相关的结果**，特别是在比较两家公司的财务状况时，投资-内部现金流敏感性更高的公司，其面临的融资约束问题未必更严重。

二、融资约束度量

（一）基于模型的度量

1. 投资-现金流敏感性

在不完美的资本市场中，企业内外部融资成本存在差异，内部融资比外部融资更有成本优势。此时，企业的投资决策很大程度上受制于融资状况，被自身现金流影响。在 Myers 和 Majluf（1984）的优序融资理论（pecking order theory）的基础上，Fazzari 等（1988）提出的投资-现金流敏感性模型可以度量公司所面临的融资约束。

$$\begin{aligned}\text{Inv}_{i,t} = {} & \beta_0 + \beta_1 \times \text{CF}_{i,t-1} + \beta_2 \times \text{Controls}_{i,t-1} \\ & + \sum \text{Industry} + \sum \text{Year} + \varepsilon \end{aligned} \qquad (10-3)$$

该模型的基本思路是：如果内部融资成本（债务融资及股权融资）与外部融资成本之间不存在显著差异，那么公司在进行投资决策时，就不会偏好内部融资或外部融资。但是由于信息不对称的存在，公司进行外部融资会面临较高的融资成本，超过了内部融资成本，公司就会更倾向于使用内部资金进行投资。因此，投资对内部现金的依赖程度越高，公司面临的融资约束越多。

在具体的实证模型设定中（见式 10-3），Inv 是企业新增投资，CF 是现金流，通常用经营活动现金净流量（简称“现金流”）作为替代，Controls 为研究者选取的模型控制变量，Industry 为行业虚拟变量，Year 为年度虚拟变量。回归系数 β_1 反映了公司投资对现金流的敏感程度，公司面临的融资约束越多，公司投资会更多地依赖内部融资（现金流），则 β_1 应当显著为正。

为了进一步研究外部因素或公司特征对融资约束的影响，研究者通常会采用式（10-4），通过事先定义的外部因素或公司特征（Factor）与现金流进行交乘，交乘项系数 β_2 反映了外部因素或公司特征对投资-现金流相关性的影响，可进一步解读为外部因素或公司特征对融资约束的影响。

$$\begin{aligned}\text{Inv}_{i,t} = {} & \beta_0 + \beta_1 \times \text{Factor}_{i,t-1} + \beta_2 \times \text{Factor}_{i,t-1} \times \text{CF}_{i,t-1} \\ & + \beta_3 \times \text{CF}_{i,t-1} + \beta_4 \times \text{Controls}_{i,t-1} + \sum \text{Industry} \\ & + \sum \text{Year} + \varepsilon \end{aligned} \qquad (10-4)$$

投资-现金流敏感性模型在国内外的研究中得到了较为广泛的应用，但也有许多文献指出，投资-现金流敏感性不是合适的融资约束的衡量指标。Kaplan 和 Zingales（1997）认为，在理论层面，使用投资对现金流的敏感性衡量融资约束缺乏坚实的理论基础；从经验证据来看，投资对现金流的敏感性并不能有效识别企业是否具有融资约束。

Moyen（2004）认为，如果把融资约束定义为在内部资金耗尽且外部融资困难的情况下企业在投资机会出现时的融资难度，那么投资-现金流敏感性就是很好的指标。但在其他情形下，现金流在很大程度上是企业未来收益的代理变量，大的现金流往往意味着企业拥有更好的投资机会。当企业外部融资环境宽松时，外部资金对于企业投资机会也有着很高的敏感性。此时大的现金流带来的投资机会增加，必然使得外部资金更多地注入企业，从而使得投资-现金流敏感性对融资约束的度量作用被放大。

Chen 和 Chen（2012）发现，随着时间的推移，美国上市公司的投资-现金流敏感性在逐年下降，即使在金融危机时期，即公司面临融资约束最为严重的时期，投资-现金流敏感性也接近于 0。即使考虑了公司研发支出、现金储备等替代性的投资行为，公司治理、产品市场影响力以及行业特征、样本组合等各种因素，仍然不能有效解释美国公司的投资-现金流敏感性下降的现象。因此，投资-现金流敏感性不能有效衡量公司的融资约束。

2. 现金-现金流敏感性

Almeida 等（2004）以公司持有现金的预防性动机理论为基础，提出了现金-现金流敏感性模型来度量融资约束。如果公司可以在任何时点进行筹资以满足投资需要，那么公司就不需要储备现金，公司可以把当期所有的现金流用于其他方面（包括股利分配），公司的现金持有量水平就不会发生变化。

如果公司预期未来会面临较多的融资约束，那么公司会在当前的现金流中，预留出一部分现金作为储备，以满足未来的投资需要，这样就表现为公司持有现金水平的上升，以及现金持有水平变化与现金流敏感性的上升。

这一留存现金的行为并不是无成本的，可能以放弃当前 NPV 为正的项目为代价。公司必须对其现金资源进行分配，在当前的项目和未来的融资约束之间进行权衡，通过最优的现金持有决策最大化企业价值。

因此，与融资约束程度低的公司相比，预期融资约束程度高的公司会留存更多的现金，为未来投资做积累，表现为现金-现金流敏感性更高。具体的实证模型设定见式（10-5）和式（10-6）。

$$\Delta Cash_{i,t} = \beta_0 + \beta_1 \times CF_{i,t-1} + \beta_2 \times Controls_{i,t-1} + \sum Industry + \sum Year + \varepsilon \quad (10-5)$$

式中，$\Delta Cash_{i,t}$是公司持有现金水平的变化；CF 是现金流；回归系数 β_1 反映了公司现金持有水平变化对现金流的敏感性。公司面临的融资约束越多，公司会从当期的内部融资（现金流）中保留越多的现金，则 β_1 应当显著为正，而且 β_1 越大，表示公司面临的融资约束越多。

$$\Delta Cash_{i,t} = \beta_0 + \beta_1 \times Factor_{i,t-1} + \beta_2 \times Factor_{i,t-1} \times CF_{i,t-1} + \beta_3 \times CF_{i,t-1} + \beta_4 \times Controls_{i,t-1} + \sum Industry + \sum Year + \varepsilon \quad (10-6)$$

与式（10-4）相似，式（10-6）中的交乘项系数 β_2 反映了外部因素或公司特征对现金-现金流敏感性（融资约束）的影响。

如果将现金视为一种特殊的投资项目，那么现金-现金流模型也是投资-现金流模型的特殊模型，这两个敏感性模型在本质上是相同的。但是，投资-现金流模型以当前投资支出对内部现金流的依赖程度为基础，侧重于衡量当前面临的融资约束；而现金-现金流模型则更为关注未来的融资约束对当前内部资金分配的影响。

但是，无论是投资-现金流模型，还是现金-现金流模型，都是以回归系数作为判别融资约束的指标，这会产生两方面的问题：(1) 模型的设定误差，特别是遗漏变量问题有可能会影响回归系数的大小和显著性程度；(2) 回归系数是一组样本的结果，虽然研究者可以比较两组样本之间的回归系数大小来反映两组样本之间的融资约束，但是要度量特定公司在给定年份的融资约束，并将其作为进一步研究的基础，那么这两个模型都“力有不逮”。[①]

（二）基于指数的度量

1. KZ 指数（Kaplan and Zingales，1997）

Kaplan 和 Zingales（1997）认为，以投资-现金流敏感性作为融资约

① 会计研究领域中的稳健性模型（Basu，1997）和成本黏性模型（ABJ，2003），都具有这个特点。

束的度量，理论基础并不充分，实证结果也存在多种可能的解释，内部有效性（排除其他假说）存在不足。因此，他们认为，应当以公司实际面临的融资约束情况检验投资-现金流敏感性模型的有效程度。如果投资-现金流敏感性模型不能很好地反映公司融资约束情况，则需要寻找其他可能的解决方案。

Kaplan 和 Zingales（1997）以美国上市公司的 S-K 报告作为判定融资约束的标准。按照 S-K 报告的要求，公司必须对外披露自身的融资约束情况，从没有融资约束到很多的融资约束，一共有五个层级。他们收集了在 S-K 报告中披露融资约束情况的公司-年度作为样本，分析了公司面临的融资约束情况与投资-现金流敏感性的关系：如果投资-现金流敏感性可以很好地衡量融资约束，那么公司面临的融资约束越多，投资-现金流敏感性也会越高。回归结果显示，投资-现金流敏感性程度差异与公司披露的融资约束程度之间表现出相关性。

如何度量融资约束呢？Kaplan 和 Zingales（1997）采用探索性数据分析方法，将公司特征与所披露的融资约束情况相联系，发现五个方面的财务指标可以有效解释公司的融资约束情况，据此，他们提出了基于样本的融资约束指数（KZ 指数）。

KZ 指数表示如下：

$$\text{KZ 指数} = -1.00\times \text{OCF/Asset} + 3.14\times \text{Lev} - 39.37\times \text{Dividends/Asset} - 1.31\times \text{Cash/Asset} + 0.28\times \text{Tobin's } Q \qquad (10-7)$$

式中，OCF、Dividends 和 Cash 分别为经营性净现金流、股利和现金持有水平，且均用期初总资产标准化；Lev 为资产负债率；Tobin's Q 为托宾 Q 值，该值越大，表示企业面临的融资约束程度越高。

KZ 指数的提出，虽然为度量融资约束提供了重要的视角，但是 KZ 指数是基于特定样本的发现，是否可以适用于所有的公司呢（即外部有效性程度）？Lamont（2002）计算了所有上市公司的 KZ 指数，并检验了基于 KZ 指数的股票定价效率。研究者认为，如果融资约束是公司的重要成本，在有效市场中，股票价格就会反映出融资约束的影响。如果 KZ 指数可以反映公司的融资约束，那么基于 KZ 指数构造的投资组合就可以获得超额收益。研究结论支持了研究者的观点，即基于 KZ 指数构造的投资组合之间存在显著的超额收益。

Kaplan 和 Zingales（1997）的研究是早期的文本研究方法和探索性数据方法的结合，并不依赖特定的模型，而是以公司披露的融资约束情况为因变量，探索哪些公司特征能够有效解释因变量。这固然可以保证研究设计的内部有效性，但是扩展到其他公司，该指数是否有效，研究并没有给出结论。而 Lamont（2002）则从股票定价的角度，检验了 KZ 指数的外部有效性。同时 Lamont（2002）的研究也为检验其他融资约束指数提供了一个重要的标准：如果该指数能够反映公司的融资约束状况，那么以该指数构造的投资组合应当可以获得超额收益。这一做法被后续的方法普遍采用。①

2. WW 指数（Whited and Wu，2006）

Whited 和 Wu（2006）在欧拉方程思想的基础上，构造了公司投资-融资的结构方程，以 GMM 方法来估计公司融资约束相关指标的系数，在此基础上构造反映融资约束的 WW 指数。Whited 和 Wu（2006）的基本思想与 Lamont（2002）是一致的，即融资约束作为公司的成本，会反映到股票价格中，因此衡量融资约束的指数有效性需要用投资组合的超额收益进行检验。与 Lamont（2002）不同的是，Whited 和 Wu（2006）采用了结构方程，同时考虑了公司价值、投资决策和融资决策，在此基础上对特定指标的系数进行估计，再构造融资约束指数并进行检验。

WW 指数的具体指标和参数如下：

$$\lambda_{i,t} = b_1 \mathrm{TLTD}_{i,t} + b_2 \mathrm{DIVPOS}_{i,t} + b_3 \mathrm{LNTA}_{i,t} + b_4 \mathrm{SG}_{i,t} + b_5 \mathrm{ISG}_{i,t} + b_6 \mathrm{CF}_{i,t} \tag{10-8}$$

式中，$\mathrm{TLTD}_{i,t}$是长期负债与总资产之比；$\mathrm{DIVPOS}_{i,t}$是分红时取值为 1 的虚拟变量；$\mathrm{LNTA}_{i,t}$是总资产的自然对数；$\mathrm{SG}_{i,t}$是企业的销售增长率；$\mathrm{ISG}_{i,t}$是企业所处行业的销售增长率；$\mathrm{CF}_{i,t}$是现金流与总资产的比值。系数向量 b 由 White 和 Wu（2006）给出，该数值越大，表示企业融资约束程度越高。

3. SA 指数（Hadlock and Pierce，2010）

Hadlock 和 Pierce（2010）认为，虽然 KZ 指数和 WW 指数都在一定程度上反映了公司融资约束情况，但是在指标构造方面仍存在明显的不足，特别是 KZ 指数和 WW 指数中都包含了公司的盈利能力指标，而盈

① 如本章后续部分所介绍的，国内的研究者也广泛采用了 KZ 指数方案，但是很少检验各类融资约束指数所构造的股票投资组合是否存在显著的超额收益。

利能力是公司投资的结果，又是公司未来投资的重要资金来源，因此存在明显的逻辑问题，这会削弱 KZ 指数和 WW 指数对融资约束的解释能力。他们认为，融资约束指数应当尽可能地采用不容易受公司财务决策影响的指标。

Hadlock 和 Pierce（2010）采用 Kaplan 和 Zingales（1997）的做法，以公司规模、公司规模的平方、上市年限三个指标构造了 SA 指数，具体如下：

$$SA_{i,t} = -0.737 \times SIZE_{i,t} + 0.043 \times SIZE_{i,t}^2 - 0.04 \times AGE_{i,t} \tag{10-9}$$

式中，$SIZE_{i,t}$是公司总资产；$AGE_{i,t}$是公司成立（或上市）的时间。SA 通常取负数，绝对值越大，表示企业融资约束程度越高。

（三）简评

融资约束作为公司财务研究的重要领域，基于优序融资理论，从信息不对称理论角度分析了外部融资（债权融资和股权融资）成本和内部融资成本的差异，及其对公司投资决策的影响，强调了投资-融资决策的相关性。这在某种程度上也说明优序融资理论的重要性。

与公司财务研究的其他领域不同，融资约束的理论研究并不存在明显的争议，但是对有效度量融资约束的指标存在很大的争议，并形成了基于模型的度量方法和基于指数的度量方法，每种方法都包含着不同的模型设定和思想，共同推动了融资约束相关研究的深入。在这个过程中也逐步形成了不同方法所需要遵循的共同评价标准。

第三节　投资效率

公司财务研究领域的一个基本问题是：资金在多大程度上流向了最佳投资项目？在 Modigliani 和 Miller（1958）设想的无摩擦的资本市场中，资本的边际收益相同。但由于税和交易成本等阻力的存在，现实并非如此。**影响企业投资效率的最重要的因素之一是代理问题**，本章对此进行了简单回顾。

一、基础理论

在外部融资简化模型中，我们假定管理层和股东不存在冲突。一种情形是假定管理层与股东利益一致，如 Myers 和 Majluf（1984）及 Myers（1977）的研究；另一种情形是假定管理层侵蚀外部股东利益，以致均衡下不存在股权融资，企业控制权与管理权一致。但自 Berle 和 Means（1932）及 Jensen 和 Meckling（1976）的研究以来，企业财务研究的重要关注点是上市公司的管理层可能以外部股东利益为代价追逐个人利益。

管理层与股东的代理冲突有多种表现形式，如管理层可能并不会付出足够的努力。本章着重讨论对投资有影响的代理问题。

（一）建造帝国

1. 建造帝国动机与过度投资

管理层利益与股东不一致的表现之一为管理层有动机扩大企业规模，而非仅仅使企业盈利。Baumol（1960）、Marris（1964）、Williamson（1964）、Donaldson（1984）和 Jensen（1993，1986）等均强调了管理层的建造帝国动机。

Jensen（1993，1986）认为建造帝国动机促使管理层将所有现金流用于投资项目。因此内部资源越多，投资越多。此外，这意味着投资随杠杆率上升而减少，因为清偿当期债务要求企业支付大量的现金，这会导致管理层可支配的预算减少。上述预测与第二章所述成本高昂的外部融资模型所产生的预测是相同的，尽管对福利的影响大相径庭。

Jensen（1993，1986）的观点在 Stulz（1990）、Harris 和 Raviv（1990）、Hart 和 Moore（1995）以及 Zwiebel（1996）的模型中得到了进一步发展和完善。这些模型通常从管理层控制权私利的角度考虑其建造帝国动机（Grossman and Hart，1988），并假定管理层私利与投资规模成正比（Hart and Moore，1995），或与投资产出成正比（Stulz，1990）。这些模型的启示之一是，无论潜在的代理问题有多严重，建造帝国动机未必能推出过度投资。相反，这些模型通过推导出内生的债务水平，从而平衡投资不足与过度投资。因此，这些模型在某些情形下会推出过度投资（相较投资机会，自由现金流高出预期），在另一些情形下会推出投资不足。

联系外部融资模型，我们可以添加一项 $\gamma f(I)$，表明管理层可以从投资产出中获得私利（Stulz，1990），γ 度量了代理冲突程度。可将式（10－2）转换成：

$$\max \frac{(1+\gamma)f(I)}{(1+r)}-I-\theta C(e) \tag{10-10}$$

内部资源 w 趋近于无穷时，资本的边际产出为 $\frac{1+r}{1+\gamma}$，而非 $1+r$，即存在过度投资。在更普遍的情况下，过度投资与投资不足均有可能存在，这取决于 w 相较于其他参数值的实现情况。

2. 帝国的保存、巩固与多元化

如果管理层真的从建造帝国中获得私利，那我们能观察到的不仅仅是对过度投资的趋向，一些特别的投资也会吸引管理层。例如，Amihud 和 Lev（1981）指出管理层会偏好多元化，这会降低帝国破产的风险。Shleifer 和 Vishny（1989）认为管理层会偏好需要专用性人力资本的投资，从而降低被辞退的风险。

（二）声誉与职业关注

管理层与股东冲突的另一种表现形式是管理层关注其行为如何影响声誉，最终影响他们在劳动力市场中被认定的价值。Holmstrom（1999）对这一现象进行了讨论。

1. 短视

Narayanan（1985）发现关注声誉的管理层有动机以长期股东价值为代价美化企业的短期业绩。Stein（1989）也有类似的观点，认为关注声誉的管理层会关注企业短期的股价。上述两种情形的核心是管理层的部分行为难以被外部股东观察到。例如，为提高报表利润，管理层可以对难以度量的资产减少投资，例如维护客户忠诚度、员工培训等。从外部投资视角，这种短视行为难以与其他好消息（例如客户需求上升也会导致报表利润上升）区分。因此，投资不足带来的回报是股价的上升与管理层的良好声誉。

Bebchuk 和 Stole（1993）同样提出对短期股价或声誉的关注会导致投资效率下降。但他们指出，投资的扭曲程度与信息结构有关。特别地，管理层如果短期内想在股市或劳动力市场有良好表现，某些情况下会出现过度投资，而非投资不足。比如投资行为本身可观察或信息不对称与管理层获得良好投资机会的能力有关。当前，试图提高声誉的管理层一般会过度投资，而非投资不足。

短视模型最基本的启示是，管理层越关注市场声誉，投资扭曲越明显。Stein（1988，1989）认为，企业面临收购压力或即将发行新股时投资不足问题更为严重。无论哪种情况，企业都即将以市价卖出股票，这使得管理层有动机最大化当前股价。Gompers（1996）和 Baker（2000）认为，成立年限较短的风险投资公司（还没有完善的交易记录，迫切需要提高声誉从而吸引更多资本）更有可能通过操纵优化短期表现。

2. 从众

管理层关注职业生涯的另一种表现是，他们可能在投资决策中表现出从众倾向。管理层忽视了自身的私有信息，盲目复制先行者的决策。Scharfstein 和 Stein（1990）研究了声誉模型中从众动机的产生。他们认为“聪明”的代理人获得了未来收益的信号，但这些信息存在一项普遍的错误。相对应地，“愚蠢”的代理人获得的信息是无关噪声。这里信息结构的特征是，给定代理人投资决策的绝对收益不变，劳动力市场可以理性地推测出应当采取和其他代理人一样的决策。这种内生的相对业绩评价鼓励所有代理人相互模仿，而忽视实际收到的信号。

与短视模型相同，从众模型需要考虑管理层提升声誉动机的不同。例如，部分学者认为年轻的管理层由于经历较少，更有动机影响市场对其能力的评价。如果是这样，年轻管理层中应该有更多的从众行为。

3. 职业关注引发的其他问题

以上分析显示，职业关注会引发一系列的后果，这取决于对信息结构的假设。Holmstrom 和 Costa（1986）认为职业关注会导致管理层不愿意开展新的投资项目，因为项目表现会体现管理层的能力；相反，如果没有新投资项目，就没有新的信息。如果管理层厌恶风险，他们更不愿意接受薪酬变动，这会体现劳动力市场对其评价的变化。Hirshleifer 和 Thakor（1992）通过模型说明管理层的过度稳健性，出于对声誉的考虑，管理层会更倾向于风险低的项目。

职业关注不仅会影响是否开展新项目，也会影响是否停止当前项目。Boot（1992）和 Baker（2000）认为管理层不愿意停止业绩较差的业务线，因为这类行为可能被理解为他们承认失败。

（三）不作为

尽管学者们对建造帝国和职业关注理论展开了丰富的讨论，但仍有一些管理层与股东的代理冲突会对投资产生影响。Bertrand 和 Mullainathan（2003）探讨了管理层面临艰难决策时的不作为动机。如果这一决策为关闭业绩差的业务线，可能导致过度投资，和建造帝国动机相似；

如果这一决策为建设新的业务线，可能导致投资不足。

（四）过度自信

还有一类代理行为也会对企业投资产生影响，管理层可能对项目前景过于乐观。个人层面的过度自信问题在心理学文献中已有较多的讨论。此外，区别于资产定价文献，我们不能基于套利考虑，认为个人层面的过度自信不体现在企业整体投资中。

Roll（1986）首次公开将过度投资引入公司财务领域，认为管理层“傲慢”可以解释特定的过度投资，即收购时的过度支付。该理论同样适用别的投资形式。Malmendier 和 Tate（2008）提供的证据与 Roll（1986）的理论一致。

Heaton（2002）指出过度自信模型不仅可以预测过度投资，也可以为外部融资模型提供启示。Heaton（2002）认为当管理层对企业前景过于自信时，他们不愿意发行新股，因为他们认为当前股价低于实际。这与 Myers 和 Majluf（1984）的结论一致，此时管理层较少地使用股权融资，投资随内部资源增加而增加。

公司财务理论较多讨论过度自信的原因之一是，相较于其他代理问题，这很难有补救措施。这是因为过度自信的管理层会认为他们在最大化股东利益，然而从客观角度看他们的决策不利于最大化股东价值。因此，管理层过度自信引发的负面影响很难通过激励机制等方式解决。

二、实证发现

（一）代理问题与过度投资

许多学者发现，企业收购过程中时常出现过度支付。收购者的股价会在交易宣布后下跌（Roll，1986）。这种特别的过度投资与代理冲突有关。Lewellen 等（1985）发现，对于管理层持有少量股权的企业而言，负面公告效应更为显著。Lang 等（1991）发现，收购者拥有较低的托宾 Q 值和较高的现金流时，负面公告效应更强。Jensen（1986）认为这种相对投资机会的过剩的现金流配置会加剧建造帝国动机下的过度投资。Morck 等（1990a）发现，当收购行为引发了不相关多元化（unrelated diversification）时，负面公告效应更强。如前所述，不相关多元化隐含着代理动机，即管理层建造稳定帝国的动机。

Blanchard 等（1994）研究了少数企业如何处理法律和解带来的巨额现金。样本企业的投资机会大多较差（托宾 Q 值低）。结果发现企业通常不会将这笔意外之财交给股东，而是用于收购。在许多情况下，这些收购意味着不相关多元化，这证明外生的现金冲击对投资存在重要影响。值得注意的是，尽管上述文献花费许多精力证明 $\gamma=0$，但并不意味着过度投资是最重要的问题。许多企业拥有投资机会但内部资源较少，这类企业会将资源用于创造价值的投资。

尽管已有文献通常采用建造帝国动机解释过度投资，但仍存在其他代理问题导致过度投资。Bertrand 和 Mullainathan（2003）提出管理层存在不作为动机，这可能导致当前净现值为负的项目没有及时终止。他们发现管理层受到的收购压力减小时，企业停止旧业务、开启新业务的可能性更小。Baker（2000）通过模型证明对声誉的关注使得管理层不愿意停止净现值为负的项目。与此同时，其发现成立年限较短的风险投资公司（尤其关注声誉）同样不愿意终止不良投资。

（二）职业关注与投资行为

1. 短视

短期主义模型很难直接检验（Stein，1989）。因为这类文献的核心预测是市场难以观察到的企业活动中将出现投资不足。例如，企业可能在维护、广告、员工培训等方面节约成本，这些成本的节约并不会被投资者解释成投资减少，而会被误认为是盈利能力的提高。经济学家拥有的信息集并不比投资者更好，这使得观察投资不足行为尤为困难。

尽管如此，仍有许多证据证明管理层关注股价或劳动力市场声誉时，投资不足最为明显。最好的例证是企业股票发行期间经营表现的相关研究。Hansen 和 Crutchley（1990）、DeGeorge 和 Zeckhauser（1993）以及 Loughran 和 Ritter（1997）等文献发现，股票发行（IPO 或 SEO）前一两年，企业相较同行有更好的表现；在股票发行后几年企业业绩会下滑。这有可能是因为管理层想在短期内提升股价，因此以长期价值为代价追求短期利润。

值得关注的文献还有 Gompers（1996）。该研究发现对于风险投资公司而言，投资组合中的初创公司上市充分证明了其投资能力。因此，相较于成熟的风险投资公司，成立年限较短的风险投资公司会促使初创公司更早地上市。对于初创公司而言，如果存在上市的最佳时间，过早上市会带来诸多成本，这也是一种对短期表现的操纵。

2. 从众

许多文献验证了声誉关注导致的从众现象。这类文献关注的一般不是企业层面的投资问题，而是机构投资者的投资选择和分析师推荐。部分文献（如 Wermers（1999）和 Welch（2000））的研究目标为是否存在从众现象，如是否所有基金经理同时购买了相同的股票。这类文献并没有将从众行为和职业关注联系起来。也有一些文献将从众行为与代理人的声誉联系起来，如 Hong 等（2000）和 Lamont（2002）。

Chevalier 和 Ellison（1999）以及 Hong 等（2000）认为以下两点很重要：（1）识别代理人面对的隐性劳动力市场激励；（2）研究隐性劳动力市场激励如何影响行为。例如在对共同基金经理的研究中，Chevalier 和 Ellison（1999）发现在控制投资组合绝对表现时，年轻的基金经理（尚未建立声誉）更有可能因为投资组合与同行不同被解雇。Scharfstein 和 Stein（1990）通过模型同样发现在控制投资组合绝对表现的情况下，代理人更容易因为不从众的决策受到惩罚。Chevalier 和 Ellison（1999）的后续研究发现年轻的基金经理持有与基准不同的投资组合的可能性更低。Hong 等（2000）发现在控制准确性的基础上，经验少的证券分析师更容易因为偏离行业共识的收益预测被解雇。受此影响，分析师往往会发布接近行业共识的盈利预测。

三、投资效率度量

（一）Richardson 模型

Richardson（2006）提出了基于自由现金流的度量过度投资的模型，为度量过度投资提供了新的方法。Richardson（2006）对式（10－6）所示的模型进行回归，得到估计残差，即过度投资指标（Overinv）。被解释变量为当期投资规模（Inv），解释变量包括滞后一期的成长机会（V/P）、财务杠杆（Leverage）、现金持有量（Cash）、上市年数（Age）、资产规模（Size）、年市场回报（Ret）和上一期的投资规模（Invest）。

$$
\begin{aligned}
\mathrm{Inv}_{i,t} = {} & \beta_0 + \beta_1 \times \mathrm{V/P}_{i,t-1} + \beta_2 \times \mathrm{Leverage}_{i,t-1} + \beta_3 \times \mathrm{Cash}_{i,t-1} \\
& + \beta_4 \times \mathrm{Age}_{i,t-1} + \beta_5 \times \mathrm{Size}_{i,t-1} + \beta_6 \times \mathrm{Ret}_{i,t-1} + \beta_7 \times \mathrm{Invest}_{i,t-1} \\
& + \sum \mathrm{Industry} + \sum \mathrm{Year} + \varepsilon \qquad (10-11)
\end{aligned}
$$

（二）投资-投资机会敏感性模型

许多文献从企业投资-投资机会敏感性角度考察其投资效率（陈信元等，2014；黎文靖和李耀淘，2014）。如式（10－12）所示，系数 β_1 反映了企业对投资机会的把握程度；式（10－13）中，交乘项系数 β_2 反映了外部因素或公司特征（Factor）对企业投资-投资机会敏感性的影响。

$$\text{Inv}_{i,t}=\beta_0+\beta_1\times \text{Tobin's } Q_{i,t-1}+\beta_2\times \text{Controls}_{i,t-1}+\sum \text{Industry}+\sum \text{Year}+\varepsilon \quad (10-12)$$

$$\text{Inv}_{i,t}=\beta_0+\beta_1\times \text{Factor}_{i,t-1}+\beta_2\times \text{Factor}_{i,t-1}\times \text{Tobin's } Q_{i,t-1}+\beta_3\times \text{Tobin's } Q_{i,t-1}+\beta_4\times \text{Controls}_{i,t-1}+\sum \text{Industry}+\sum \text{Year}+\varepsilon \quad (10-13)$$

四、非有效市场下的投资决策

上述理论的共同假设是金融市场信息有效，即债权与股权价格可以准确反映企业的基本价值，即使管理层可能做出错误决策（Roll，1986；Heaton，2002）。但是，近年来行为金融学文献（Shleifer，2000）认为我们应当对市场有效性存疑。如果是这样，我们需要探讨的重要问题是资产价格中的非基本面噪声如何影响企业投资行为，从而改变上述结论。尽管许多学者对此展开研究，但相关文献仍比较少。本部分按主题进行了简单分类。

首先，**市场无效可能解释了股价与投资的关系**。许多文献对这一关系进行了实证检验，包括 Fischer 和 Merton（1984）、Barro（1990）、Morck 等（1990b）和 Blanchard 等（1993）。根据传统的有效市场理论，我们应当发现托宾 Q 值（Tobin，1969）和企业投资间存在较强关系，因为其代表了市场对企业投资机会所拥有的信息。尽管实际结果表明二者存在显著正向关系，但这一关系在经济显著性层面很有限。Morck 等（1990b）认为股票市场对投资的影响是次要的。在市场效率低下的情况下，这种次要结果很容易被合理化。只要管理层相对理性和有远见，其投资不会对市场波动做出反应。

其次，**市场效率低下可以与其他融资摩擦互相影响，从而对投资产生影响**。例如 Stein（1996）认为相较于自由现金较多的企业，依赖外部股权的企业（企业成长速度快，且负债能力较弱）投资对股价中的非基本面因素更敏感。当股价低于企业基本价值时，依赖股权融资的企业中理性的管理层不愿意投资，因为投资需要以较低的价格增发股票。这与Myers和Majluf（1984）所讨论的机制是一样的。当股价高于企业基本价值，Myers和Majluf（1984）提出的问题就不存在了，依赖股权融资的企业更愿意发行新股并进行投资。在上述情形中，股市可能是一些企业（拥有充足现金或较强负债能力的企业）的次要因素；但对于依赖股权融资的企业而言，股市是投资的重要影响因素。Baker等（2003）支持了这一观点。

最后，Shleifer和Vishny（2003）认为**股市的低效可能解释了兼并收购的一些现象**。例如市场价格相对于可观测的基本面较高时，并购活动有聚集的趋势。在这种情况下，估值过高的企业有动机大量发行新股，但需要事由，简单地发行股票并将收益投资于国库券是行不通的。考虑到实物投资相关的调整成本，以股票换股票的方式收购另一家估值较低的企业可能是最好的选择。

第四节　中国的融资约束与投资效率研究

一、融资约束文献回顾

本部分对融资约束相关的国内文献进行了回顾，主要从影响因素、经济后果和融资约束度量三方面展开。

（一）影响因素

目前国内文献较多地关注了融资约束的影响因素，包括企业特征、金融环境、银行特征、政策和政府监管等。就企业特征而言，已有文献发现存在内部控制缺陷的企业有较多的融资约束（顾奋玲和解角羊，2018），而高质量内部控制有助于减少企业的融资约束（程小可等，2013）。成长期企业（黄宏斌等，2016）、劳动力成本高的企业（刘晓光和刘嘉桐，2020）面临较强的融资约束。就金融环境而言，已有文献多次验证了金融发展对企业融资约束的缓解作用（朱红军等，2006；朱凯和陈信元，2009）。随着金融发展水平的提高，民营企业的融资约束相较于国有企业得到了更加明显的缓解。

作为企业融资的重要渠道之一，银行特征也会对企业融资约束产生重要影响。银行竞争会降低企业债务融资成本，减少融资约束（姜付秀等，2019；唐清泉和巫岑，2015）；尽管对国有企业融资没有显著影响，但外资银行进入显著影响了民营企业的融资约束（姚耀军等，2015）。此外，政策会对企业融资约束产生影响，例如“一带一路”（徐思等，2019）、精准扶贫（邓博夫等，2020）以及定向支持政策（徐光等，2019）。政府监管，例如税收征管，也会增加企业融资约束（于文超等，2018）。

关于如何缓解融资约束，国内文献也提供了较为丰富的结论。其一，**供应链协作有助于减少企业融资约束**。石晓军和张顺明（2010）发现商业信用通过减少企业融资约束提高了企业效率；窦超等（2020）发现有政府背景的大客户可以降低供应链违约风险，从而减少民营企业的融资约束。

其二，**从股东角度，机构投资者的参与可以缓解企业与外部市场的信息不对称，减少融资约束**（甄红线和王谨乐，2016；张纯和吕伟，2007）；多个大股东通过抑制控股股东的掏空行为减少了企业融资约束（姜付秀等，2017）；有关系股东的企业面临更少的融资约束（李文文和黄世忠，2020）。

其三，**加强信息披露有助于减少企业融资约束**。较高的信息披露水平与以分析师为代表的外部信息中介可以改善企业的外部信息环境（张纯和吕伟，2009，2007b），减少企业外部融资约束。特别地，稳健的会计披露（张金鑫和王逸，2013）与社会责任信息披露（钱明等，2016；何贤杰等，2012）有助于减少融资约束。

其四，构建政治关联与金融关联也是企业减少融资约束的方式之一。关于金融关联，许多学者发现参股银行可帮助企业获得更多的债务融资，可以有效减少融资约束（黎文靖和李茫茫，2017；曾海舰和林灵，2016）；关于政治关联，于蔚等（2012）发现政治关联具有信号作用，可以缓解资金供求双方的信息不对称，强化民营企业的融资获取能力。

此外，集团关联担保（王琨等，2014）、产业集聚（茅锐，2015）、企业出口（罗长远和李姝醒，2014）和企业双重上市（潘越和戴亦一，2008）也被证明是企业减少融资约束的有效渠道。

（二）经济后果

已有许多文献讨论了融资约束对投资的影响，融资约束限制了企业的投资能力（李磊和包群，2015；刘莉亚等，2015），也有助于约束企业的过度投资（王彦超，2009）。创新投资对企业竞争优势形成具有重要作用。由于创新投资风险较高，需要较多的前期投入，其受融资约束的影响更为明显。许多文献验证了融资约束对创新投资的抑制作用（韩剑和严兵，2013；卢馨等，2013；周开国等，2017），政府支持一定程度上可以缓解融资约束的负面影响（康志勇，2013）。

除投资外，学者们从企业进出口、劳动力雇佣以及企业表现等多角度考察了融资约束的经济后果。就企业进出口而言，融资约束会抑制企业的进出口行为（于洪霞等，2011；魏浩等，2019），与企业出口产品质量呈现显著的倒U形关系（张杰，2015）。关于劳动力雇佣，面临融资约束的企业倾向于减少劳动力雇佣（张三峰和张伟，2016；罗长远和陈琳，2012），这一定程度上解释了制造业企业资本劳动比上升的现象（张杰等，2016）。与此同时，融资约束会显著降低企业的员工收入水平（邵敏等，2013）。关于企业表现，融资约束的减少会促进企业技术效率提升（陈海强等，2015），这对于民营企业更加明显。

（三）融资约束度量

国内文献中，李科和徐龙炳（2009）首次采用KZ指数研究了融资约束对企业行业竞争的影响。李君平和徐龙炳（2015）根据Kaplan和Zingales（1997）构建KZ指数的方法，使用有序Logit模型对企业持有的现金、经营现金流、股利、资产负债率进行回归，最后用回归的参数计算KZ指数，用KZ指数度量企业融资约束水平，KZ指数越高说明企业面临的融资约束水平越高。在考虑不同行业影响的基础上，李君平和徐龙炳（2015）构建了四因子的KZ指数，具体计算公式如下：

$$\begin{aligned}\text{KZ 指数} = & -3.014\times \text{现金/总资产} - 4.444\times \text{经营现金流/总资产} \\ & -62.626\times \text{股利} + 0.153\times \text{资产负债率}\end{aligned} \tag{10-14}$$

除了KZ指数，WW指数（Whited and Wu，2006）和SA指数（Hadlock and Pierce，2010）也是现有文献较为常用的融资约束指标。在国内文献中，WW指数应用较少（江轩宇等，2020；邓可斌和曾海舰，2014），SA指数得到了较为广泛的应用。Hadlock和Pierce（2010）按照KZ方法，依据企业财务报告划分企业融资约束类型，仅使用企业规模和企业年龄两个随时间变化不大且外生性强的变量构建了SA指数：$-0.737\times Size+0.043\times Size^2-0.04\times Age$。目前国内基于SA指数的融资约束相关文献发现，财务公司的资金结算职能、贷款业务职能以及担保业务职能可以减少企业融资约束（吴秋生和黄贤环，2017），高纳税信用评级同样可以降低企业信贷资本成本，减少融资约束（孙雪娇等，2019）。

除上述融资约束度量，许多国内文献直接采用财务指标度量企业融资约束，包括企业资产规模（潘红波和杨海霞，2021）、产权性质（刘贯春等，2019；张成思和刘贯春，2018）、债务融资成本（申广军等，2020）、股利分配率（王华等，2020；刘行和叶康涛，2014）与企业成立年限（顾雷雷等，2020）等。

二、投资效率文献回顾

Richardson（2006）指出，过度投资主要出现在自由现金流较多的企业，而良好的公司治理结构能够缓解过度投资问题。国内公司治理与投资效率相关文献可以按高管、董事和股东角色分为三类。

在高管对投资效率产生影响的文献中，首先，高管特征会影响投资效率。管理层过度自信会导致非效率投资（侯巧铭等，2017），融资融券（刘艳霞和祁怀锦，2019）和产品市场竞争（李云鹤，2014）可以通过抑制管理层过度自信提升投资效率。管理层能力可通过资金配置效率和信息透明度两条路径提升企业投资效率（姚立杰等，2020）。其次，高管激励也会对投资效率产生影响。对管理层的股权激励可以抑制过度投资（徐倩，2014；程新生等，2020），晋升激励会抑制高管过度投资（张兆国等，2013）。薪酬管制导致的薪酬-职务倒挂短期内抑制了企业过度投资水平（于李胜等，2019），但也有文献发现薪酬管制增加了代理成本，导致企业投资不足（刘星和台文志，2020）。最后，从高管权力角度，高管权力会加重过度投资，降低投资效率（谢佩洪和汪春霞，2017）。

从董事角度，已有文献发现独立董事有助于提升企业投资效率（陈运森和谢德仁，2011），异地独立董事由于难以履职会导致企业更严重的过度投资（曹春方和林雁，2017），非执行董事（胡诗阳和陆正飞，2015）和家族董事席位的存在（刘星等，2020）会有效地抑制企业过度投资。

从股东角度，大股东监督可以抑制过度投资（窦欢等，2014）；大股东减持股票时，企业投资效率下降（吴战篪和吴伟立，2018）。机构投资者持股比例越大，企业非效率投资现象越严重（郭晓冬等，2020）。

本章小结

公司价值由投资及其相关的现金流决定。在内部收益率与加权平均资本成本相等的平衡点，企业投资水平达到最优。在设想的无摩擦的资本市场中，资本的边际收益相同。无论是外部资本市场对各公司的资金配置，还是内部资本市场对各项目的资金配置，都可以达到最优。但由于税和交易成本等阻力的存在，现实并非如此。我们重点关注了信息不对称和代理冲突对企业投资决策的影响。

企业的投资行为会受到企业内部融资和外部融资的影响。当企业的外部融资受到限制或不能很好地满足企业投资需求时，企业投资只能更多地依赖内部融资。融资约束即企业内外部融资成本存在显著差异。参考 Stein（2003），本章采用外部融资简化模型归纳了管理层资源受到限制对其投资决策的影响。在此基础上，本章回顾了国内融资约束相关文献，从影响因素与经济后果两方面进行了总结。关于融资约束度量，国内外文献已提出较为丰富的方法，本章也对此进行了总结与比较。

在上述围绕融资约束的探讨中，隐含的假设是管理层和股东不存在冲突；但在实际企业中，管理层可能以外部股东利益为代价最大化个人收益。管理层与股东的代理冲突有多种表现形式：其一，管理层有建造帝国动机，扩大企业规模而非仅仅使企业盈利；其二，对声誉与职业前景的关注促使管理层过于关注短期业绩，或在投资决策中表现出从众倾向；其三，管理层存在不作为动机，负面影响投资效率；其四，管理层的过度自信也可能使其决策不利于企业整体价值。本章对上述代理冲突的表现形式和相关文献进行了回顾，并结合国内文献探讨了公司治理是否能有效解决上述问题。

第十章参考文献

第十一章

内部资本市场

本章主要介绍关于内部资本市场的经典理论研究与经验研究，并对我国的内部资本市场研究进行述评。内部资本市场指位于企业内部并在部门间配置资源的市场。Coase（1937）认为企业的边界应由企业内部交易成本与市场交易成本权衡决定。所以，有必要研究企业的内部资本市场。

第一节　内部资本市场理论研究

一、内部资本市场与外部资本市场的差异

要理解内部资本市场，首先需要明确内部资本市场与外部资本市场的差异。外部资本市场指位于企业外部并在企业间配置资源的市场。假设企业有业务部门 B_i，由部门经理 M_i 管理，B_i 拥有资产和未来投资机会，M_i 能从控制的资产中获得私人收益（即 M_i 拥有建造个人帝国的倾向），而且拥有关于 B_i 的资产或未来投资机会的私人信息。B_i 既可以作为独立实体在外部资本市场上通过银行、风险资本、债券或股票市场实现融资，也可以在内部资本市场上向母公司高管寻求融资。在这种情况下，内部资本市场与外部资本市场有何差异？

（一）无自利倾向的高管监督一个部门

首先考虑无自利倾向的高管监督一个部门的情况。如果股东和高管

的利益是协调一致的，而 B_1 是高管监督的唯一部门，内部资本市场与外部资本市场有何差异？

M_1 在内部资本市场上向高管寻求融资只需要接触单一的资金提供者，通过债券和股票融资则需要接触大量投资者。这种集中融资能够减少投资者之间"搭便车"的现象，好处在于促使高管努力挖掘关于 B_1 当前业绩和未来前景的信息，坏处在于会对 M_1 的动机产生负面影响。由于高管无法承诺不与 M_1 再谈判，企业内部存在预算软约束（soft budget constraint）问题，项目即使业绩不佳也不会被清算，这削弱了 M_1 的事前激励。

就集中融资特征而言，M_1 向高管融资与向银行或风险资本融资没有区别。Gertner 等（1994）认为，高管与其他集中的资金提供者的重要差异在于，高管拥有完全的无条件的控制权。高管可以单方面地决定如何处置 B_1 的资产，而只要企业没有违约，银行等债权人就不能任意处置企业的资产。这种控制权有两方面后果：一方面，与其他集中的资金提供者相比，高管有更强的监督动机。作为拥有控制权的监督者，高管可以确保他在监督过程中想到的任何提升价值的想法都得到实施，而没有控制权的资金提供者无法做到这一点，所以后者了解企业业务的事前动机比较弱。因此，与外部资本市场相比，内部资本市场提供的决策相关信息的质量较高。另一方面，高管的控制权会削弱 M_1 的创业动机，使其没有动机采取各种能够提升部门价值但是所需成本无法在契约中规定的行为（Aghion and Tirole，1997）。

（二）无自利倾向的高管监督多个部门

如果高管的目标仍是最大化股东价值，但他同时监督多个部门（B_1 和 B_2），每个部门各有部门经理（M_1 和 M_2），那么内部资本市场与外部资本市场有何差异？

Stein（1997）指出，在这种情况下，高管融资与银行融资的关键差异在于，高管有权在部门间重新分配资源。假设两个部门 B_1 和 B_2 各有抵押品或抵押收入，可以分别筹集一个单位的资金。同时控制两个部门的高管可以合并抵押品，筹集两个单位的资金，然后把两个单位的资金都给 B_1。如果这两个部门在外部资本市场上向同一银行融资，银行就不能强制把资金都给 B_1，否则 M_2 可以选择其他银行。

企业内部的资源再分配过程会影响部门经理的行为。Milgrom

(1988)、Milgrom 和 Roberts (1988)、Meyer 等 (1992) 强调，部门经理可能会在寻租活动中浪费资源，试图说服高管增加分配给他们的资本预算份额。但是，Stein (2002) 认为，为了说服高管，部门经理也有可能诚实地提供关于项目前景的可验证信息，在某些情况下提高效率。此外，从 B_2 转移资源的威胁会削弱对 M_2 的激励。在 B_2 的利润可能被转移到 B_1 的情况下，M_2 不确定能否将 B_2 产生的所有利润再投资，在事前就不会努力创造这样的利润。

(三) 内部资本市场与高管代理问题

对企业内部资本配置的分析应当注意，高管本质上是股东的代理人，与股东之间存在利益冲突。因此，一个关于企业内部资本配置的完整模型应当至少包含形同“股东-高管-部门经理”的两层代理关系。

考虑高管代理角色的内部资本市场理论研究比较有限。显然，由于高管拥有完全的无条件的控制权，企业内部资本配置的效率在很大程度上取决于高管的动机。Scharfstein 和 Stein (2000) 指出，为了谋取私人收益，高管可能降低企业内部资本配置的效率。

二、内部资本市场与资本配置效率

内部资本市场既有“光明面”(bright side) 也有“阴暗面”(dark side)，即既有可能提高资本配置效率，也有可能降低资本配置效率。

(一) 内部资本市场的“光明面”

除经营协同效应，高管通过监督多个部门维持内部资本市场创造价值的途径有两种，即多钱效应 (more-money effect) 和聪明钱效应 (smarter-money effect)。

多钱效应指不完全相关的部门之间的共同保险对企业集团的融资能力的提升作用 (Lewellen，1971)。然而，Berger 和 Ofek (1995)、Comment 和 Jarrell (1995) 等通过实证研究发现企业集团只比独立企业多借入少量资金。Inderst 和 Müller (2003) 认为，在集中融资中，总部可以汇集多个项目的现金流，自行筹措后续资金，而无需返还资本市场。如果缺乏资本市场约束，将很难迫使总部偿还债务，所以以内部资本市场为基础的集中融资会导致事前的融资约束。目前仍缺乏支持多钱效应的直接证据。

聪明钱效应指与部门独立融资的情况相比，高管集中融资并分配资金提高投资效率的作用。Stein（1997）假设高管了解各部门的前景，可以在部门间转移资金，并且可以挤占项目经理的一些私人收益。由于高管可以从多个项目中获取私人收益，他有动机将资金分配到更好的项目上，即“挑选优胜者”（winner picking）。企业在相关的业务领域运营时，以上效应更强，这是因为要有效地配置资源，高管需要了解各项目的相对优势而非绝对价值，而在相关业务领域中比较项目时评估相对优势比较容易。

需要注意的是，**高管的自利倾向不一定会妨碍内部资本市场的聪明钱效应**。Stein（1997）指出，如果高管的私人收益与企业总产出成正比，那么高管有很强的动机提高企业内部资源配置效率，尽管高管想得到的总投资比股东想要的更多。

（二）内部资本市场的“阴暗面”

与多钱效应和聪明钱效应对应，内部资本市场损害价值的途径有两种：一方面，多钱效应可能加剧过度投资问题；另一方面，未必存在聪明钱效应，在一定投资规模之下，内部资本市场配置资源可能对投资效率有负面影响。由于没有直接证据支持多钱效应，关于内部资本市场“阴暗面”的研究通常关注后一途径。

Milgrom（1988）、Milgrom 和 Roberts（1988）、Meyer 等（1992）研究关注了部门经理寻租，即部门经理向高管争取薪酬、权力或资源的行为。部门经理寻租有可能扭曲资源配置，但这不是资源配置扭曲的充分条件。例如，在 Meyer 等（1992）的模型中，部门经理试图通过夸大部门的前景获取资源，但高管理性地看穿了他们的夸大。在这一模型中，内部资本市场唯一的负面影响在于部门经理在游说中浪费了时间精力。

现有研究认为，内部资本市场的“阴暗面”主要在于其“大锅饭”倾向，即与理想情况相比，向弱势部门过度配置资源而向强势部门配置资源不足的倾向。Rajan 等（2000）指出，当各部门的投资前景差异较大时，部门经理倾向于选择利润不容易被分配给其他部门的“防御性”项目而不是能最大化企业价值的“高效”项目。由于无法对事后的利润分配做出明确规定，高管只能通过事前的资源转移缩小部门间的差异。

Scharfstein 和 Stein（2000）同样诠释了内部资本市场的平均主义倾向，不同的是他们假设高管与股东存在利益冲突。在 Scharfstein 和 Stein

（2000）的模型中，弱势部门缺乏投资机会，其经理的时间机会成本低，因此投入精力增加自身的外部选择，从而迫使高管为了挽留他们而给予他们更高的报酬。如果高管自身是委托人或与股东的利益一致，他将以现金支付这一报酬，资源仍能得到有效配置；但作为代理人，高管可能将资源配置向弱势部门倾斜，他无法征用企业的资源，却能从结余的现金中获得私人收益。

Rajan 等（2000）与 Scharfstein 和 Stein（2000）的共性在于两个模型都预期内部资本市场有平均主义倾向，弱势部门能得到强势部门的交叉补贴，而且各部门投资机会差异越大，问题越严重。两个模型最大的区别在于 Scharfstein 和 Stein（2000）预期高管与股东的代理冲突越大，平均主义倾向越明显，而 Rajan 等（2000）假设高管与股东利益一致，没有上述预期。

（三）内部资本市场的价值

相对于外部资本市场，内部资本市场的价值在什么情况下更大？根据现有理论研究，可以得到如下几个推论：

第一，在**外部资本市场不发达的情况下，比如法治环境有缺陷、信息披露不充分等情况下，内部资本市场应该更有价值**。考虑一个极端的例子：如果外部投资者受到的保护太少，以至于他们不愿意提供任何资金，企业就只能用留存收益投资，这时内部资本市场是部门为投资机会融资的唯一途径。

第二，关于内部资本市场“光明面”的理论说明，**与不相关多元化相比，企业进行相关多元化时，内部资本市场的价值更大**。这是因为在相关多元化的企业中，高管能更好地对各部门的项目进行排序，挑选优胜者。

第三，关于内部资本市场“阴暗面”的理论说明，**当各部门的投资前景有明显差异时，内部资本市场容易出现平均主义倾向，最有可能降低资源配置效率**。

第四，在部门经理存在以下情况时内部资本市场的价值更低：（1）部门经理有强烈的动机最大化所在部门的资产规模而不是利润；（2）相对于高管，部门经理拥有很强的议价能力，可以威胁扰乱企业的活动。

第五，高管与股东的利益冲突也会影响内部资本市场的价值。利益冲突越严重，高管的自利倾向越强，内部资本市场的价值越低。

第二节　内部资本市场实证研究

一、关于多元化的证据

多元化指企业同时在多个业务领域中经营的行为。大量实证研究关注了多元化对股东价值的影响，虽然这类文献没有直接研究内部资本市场的价值，但是多元化可能通过与内部资本市场无关的途径影响内部资本市场价值，比如经营和组织协同效应等，这些研究有助于加深对内部资本市场的理解。

（一）早期研究

当代公司财务研究中，关于企业集团的开创性研究是 Lang 和 Stulz（1994）、Berger 和 Ofek（1995）关于多元化折价（diversification discount）的研究。他们的核心方法是将多元化的企业集团分解为不同行业的部门，以同行业单部门企业的股价与账面价值比和股价与销售等乘数为基础，估计企业集团各部门的价值。企业集团实际价值与估计价值之间的差异即为多元化的价值。Lang 和 Stulz（1994）发现，相比于各部门专业化经营的情况，多元化的企业集团存在明显的多元化折价现象。Berger 和 Ofek（1995）发现在 1986—1991 年存在占企业集团价值 13%～15%的多元化折价，过度投资和交叉补贴是多元化折价的原因。Servaes（1996）、Lins 和 Servaes（1999）等研究将这种方法应用于其他样本期间和国家，结果表明多元化折价是一个普遍的现象。

（二）数据和自选择质疑

后续的研究批评了早期研究的数据来源以及研究设计中的自选择问题，质疑了多元化破坏价值的结论。

企业集团早期研究的主要数据来源是 Compustat Industry Segment（CIS）数据库。根据美国财务会计准则公告（Statement of Financial Standards，SFAS）第 14 号和美国证券交易委员会（SEC）法规 S-K 的要求，1977 年以后，企业需要报告重要部门的审计后信息，重要部门指资产、销售收入或利润超过企业合并金额 10%的部门。CIS 数据库包含了这些部门的销售收入、息税前盈利、折旧、资本支出和资产，以及企业报告的部门总数等信息。

CIS 数据存在几个明显问题。首先，企业披露的部门数据的变化可能源于披露政策的变化。其次，CIS 数据库赋予的行业代码无法真实反映部门所处行业。SFAS 第 14 号规定，部门指“向独立的客户提供一种产品/服务或一组产品/服务”的企业分支机构，因而部门本身可能跨越多个行业。只有满足 10%重要性条件的部门才会得到披露，所以企业规模越大，CIS 数据库赋予的行业代码偏离真实情况的可能性越大。Villalonga（2004a，2004b）使用普查数据证明，在超过 80%的情况下，CIS 数据库行业代码不是该部门最大行业的代码。

部分研究使用了来自美国人口普查局（United States Census Bureau）的数据，这些数据不依赖企业披露的部门数据。Maksimovic 和 Phillips（1998，2001，2002，2007）、Schoar（2002）使用了美国人口普查局经济研究中心提供的 Longitudinal Research Database（LRD）数据库。该数据库包含详细的工厂级数据，包括每个工厂的产出、按设备和建筑物分列的投资以及雇员人数。在 1974—2003 年的制造业年度调查中，LRD 数据库覆盖了所有雇员人数在 250 人以上的工厂，每五年挑选一次规模较小的工厂。采用 LRD 数据库的数据，Schoar（2002）没有发现属于企业集团的工厂生产效率较低的证据。

相对于 CIS 数据库，LRD 数据库有几个优点：首先，LRD 数据库提供工厂级数据，而且工厂按行业代码划分产出，在多个行业从事生产的企业不会被划分至一个行业。其次，工厂级数据意味着即使工厂所有权变更也能被追踪。LRD 数据库的主要劣势在于仅覆盖制造业企业。

Villalonga（2004a，2004b）使用了美国人口普查局提供的 Business Information Tracking Series（BITS）数据库。该数据库提供 1989—1996 年美国所有私有和上市商业机构的数据，包含机构员工人数和薪酬数据，以及企业信息。每个机构被赋予一个行业代码。BITS 数据库的优势在于覆盖所有部门，而不局限于制造业；然而，每个机构可用的数据有限，BITS 数据库不能用于确定每个机构的生产率。

Villalonga（2004a，2004b）合并了 BITS 数据库与 CIS 数据库，从而在不依赖企业披露信息的情况下确定企业的构成，然后将 BITS 数据库识别的单部门企业作为可比企业，重新计算了多元化的价值。不同于早期文献，该研究发现了多元化溢价现象。

早期的多元化研究依赖企业集团部门与单部门企业的比较，这种方法假设企业随机地选择成为企业集团。然而，多元化决策并非随机决策而是由企业自行选择的，这一决策可能以研究者遗漏的某种特征为基础，所以有关研究必须考虑多元化决策的内生性。

Graham 等（2002）为自选择对多元化折价的重要作用提供了直接的证据。他们发现公告市场反应为正的并购事件的两年窗口期内，企业经历了 Berger 和 Ofek（1995）所说的多元化折价。这一折价大部分可以用收购前被收购企业存在折价解释，而并非因为多元化破坏价值。Campa 和 Kedia（2002）采用企业固定效应、联立方程以及 Heckman 两步法控制多元化决策的内生性。他们发现多元化企业价值较低，一旦考虑到多元化决策与企业价值之间的内生性，多元化折价总是下降，有时甚至变为溢价。Villalonga（2004a，2004b）同样采用两步法控制内生性，没有发现支持多元化折价的证据。

虽然关于多元化折价的争论很有趣，但应当注意，多元化可能通过与内部资本市场无关的途径影响价值，检验多元化的平均价值无法验证关于内部资本市场的理论预期。与其争论多元化是带来折价还是溢价，不如考虑多元化价值的影响因素。比如，Rajan 等（2000）发现多元化折价随企业投资机会多样性增加而增加，支持了内部资本市场“阴暗面”理论的主要推论。

二、来自企业内部的证据

（一）是否存在内部资本市场

是否如内部资本市场理论文献预期的那样，存在在各个部门间积极配置资源的内部资本市场？如果存在内部资本市场，那么给定 B_1 的投资前景和现金流，B_2 的投资将受到 B_1 现金流的影响。

早期文献通过研究特定行业回答了这个问题。Lamont（1997）研究了 1986 年油价的下跌对石油企业的影响，发现石油企业会全面削减各部门的投资，包括与石油完全无关的业务部门，说明负面冲击通过内部资本市场传递至了与石油完全无关的业务部门。Houston 等（1997）研究银行业发现，分行的贷款增长对控股公司的现金流和资本状况比对分行自身的现金流和资本状况更敏感，而且分行的贷款增长与控股公司其他分行的贷款增长负相关，说明银行控股公司通过内部资本市场在分行之间配置资源。

Shin 和 Stulz（1998）使用 CIS 数据库研究了 1980—1992 年间约 1.4 万家企业集团内部资本市场的运作情况。他们发现部门投资与企业其他部门的现金流有关，但是相关性弱于与其自身现金流的相关性，而企业集团部门的投资对其现金流的敏感性弱于单部门企业投资对现金流的敏感性。Shin 和 Stulz（1998）证明内部资本市场广泛地存在于各行业企业集团中。

（二）内部资本市场平均而言是否有价值

进一步的问题是，内部资本市场平均而言是否有价值，与外部资本市场相比，内部资本市场能否在边际上将资金从不应得到资金的部门转移到更应得到资金的部门。

为了回答这个问题，部分文献关注了特定行业，研究行业内多元化是否有助于控制投资机会的差异。Khanna 和 Tice（2001）观察了 1975—1996 年间各地的折扣零售商对沃尔玛进入当地市场的反应，发现与专业化的折扣零售商相比，企业集团做出去留决策的速度更快，资本支出对折扣业务生产率的敏感性更高，可见企业集团的投资决策更有效，内部资本市场运转良好。Campello（2002）通过比较小型附属银行和独立银行对货币政策的反应，考察了金融企业集团（银行控股公司）的内部资本市场。他发现金融企业集团的内部资本市场缓解了较小的银行附属机构面临的信贷限制，而且内部资本市场可以减轻美联储政策对银行放贷活动的影响。总之，Khanna 和 Tice（2001）以及 Campello（2002）的研究支持了内部资本市场具有价值。

然而，Shin 和 Stulz（1998）发现，部门投资对其他部门现金流的敏感性与该部门是否拥有最佳投资机会无关，说明企业集团对各部门“一视同仁”；Rajan 等（2000）发现，企业集团内低托宾 Q 值部门的行业调整后投资高于高托宾 Q 值部门的行业调整后投资。这些研究支持了内部资本市场的平均主义交叉补贴。

就像多元化折价一样，以上结论在方法论上受到了质疑。**由于多元化决策的内生性，企业集团的部门与单部门企业有系统性差异**。Whited（2001）认为，相对于企业集团的部门，行业托宾 Q 值也许能更好地度量单部门企业的投资机会。修正度量误差后，Whited（2001）没有发现支持内部资本市场破坏价值的证据。

为了解决 Whited（2001）提出的问题，另一类文献比较了企业集团分拆前后的投资行为，假设分拆前后度量误差不变，Gertner 等（2002）发现，一个部门一旦从其母公司分拆，其投资对行业托宾 Q 值的敏感性就会显著提高。这种影响主要由低托宾 Q 值行业的部门驱动，这些部门在分拆后会大幅削减投资。此外，投资行为变化最明显的是那些股票市场反应良好的分拆。Dittmar 和 Shivasani（2003）研究了剥离部门的多元化企业，发现剥离后企业的多元化折价下降，部门投资效率明显提升，而且这一提升与多元化折价的下降有关。这种研究设计存在的问题是，分拆企业并不是随机样本，在多部门经营损害价值的情况下更容易发生拆分。控制自选择和度量误差后，Çolak 和 Whited（2005）并没有发现分拆和剥离与投资效率有关。所以，这些研究并不能完美地回答内部资本市场平均而言是否有价值这个问题。

总体而言，多数研究认为企业集团内部资本市场存在某种程度的平均主义交叉补贴。但是，要检验关于内部资本市场的理论预期，更重要的是检验影响内部资本市场价值的因素。即使内部资本市场投资效率的平均估计存在偏误，这一偏误也不太可能与影响内部资本市场价值的变量相关。

（三）内部资本市场价值的影响因素

由关于内部资本市场的理论研究可知，以下因素对内部资本市场的价值存在影响：外部资本市场发展情况、多元化相关性、各部门投资前景差异、部门经理动机和议价能力以及高管与股东的利益冲突。

一些研究关注了新兴市场中的企业集团。Khanna 和 Yafeh（2007）指出，在这些经济体中，由于资本市场不够完备而且可能受到信息及其他问题的困扰，通过多元化和内部资本市场降低风险比依靠缺乏监管的外部资本市场更为有效。Shin 和 Park（1999）研究韩国财团发现，财团内企业的投资对自身现金流的敏感性很低，与财团内其他企业的现金流显著相关，这证明了内部资本市场存在。他们发现内部资本市场为缺少投资机会的集团提供了过多支持，实际上是效率低下的。Khanna 和 Palepu（2000）发现印度企业集团的业绩与多元化程度之间存在非线性关系，多元化程度高的企业子公司的业绩优于单体企业。Almeida 等（2015）发现，1997 年，韩国财团通过跨企业的权益投资把现金由低成长企业转移到高成长企业，这种转移使得财团在危机后获得了更多投资机会，实现了更多盈利。总而言之，**关于外部资本市场发展情况与内部资**

本市场价值之间的关系，文献结论并不一致。

Stein（1997）预期，相关多元化的企业中高管能更好地挑选优胜者。由于在 CIS 数据库中，可能存在有多种产出的部门仅被赋予一个行业代码的情况，以该数据库为基础的研究实际上检验的是非相关多元化的价值。这些研究多数得到了关于内部资本市场效率的负面结论。在对折扣零售商的研究中，Khanna 和 Tice（2001）观察的多元化企业多为主体是折扣零售部门的相关多元化企业。他们的结论是这些企业的内部资本市场很有效率。

Rajan 等（2000）的理论模型预测，高管会将资源从具有良好投资机会和丰富资源的部门转移至投资机会差并且资源水平低于平均水平的部门，以抑制后者对前者利润的侵占；各部门的差异越大，这种平均主义补贴越严重。他们的实证发现验证了这一预期：首先，企业各部门的投资机会异质性越强，即各部门的行业托宾 Q 值差异越大，企业内部的平均主义交叉补贴即低托宾 Q 值部门的行业调整投资与高托宾 Q 值部门的行业调整投资之差越明显。其次，交叉补贴越明显，多元化折价越高。

部门经理有动机和能力促进交叉补贴时，内部资本市场的价值更低。 Glaser 等（2013）发现，企业意外获得现金后，与权力小的部门经理相比，权力大的部门经理获得了更多资源配置，显著增加了投资，随后他们所在的部门得到了更差的业绩。

最后，Scharfstein 和 Stein（2000）的双层代理模型预期高管的代理问题会损害内部资本市场的价值。Ozbas 和 Scharfstein（2010）发现，高管持股少的企业集团中，对高托宾 Q 值行业投资不足的现象更明显，为以上观点提供了直接证据。部分研究关注了高管与部门经理之间的关系：Xuan（2009）发现相对于高管在晋升之路上的部门，此类高管未任职过的部门得到了更多资源，说明高管将资本预算作为“笼络人心”的工具。Graspar 和 Massa（2011）发现，与高管有关系的部门经理得到的投资更多，投资对本部门现金流的敏感性低，对其他部门现金流的敏感性高。高托宾 Q 值部门中与高管有社会关系的部门经理越多，企业价值越高。Duchin 和 Sosyura（2013）发现与高管有社会关系的部门经理得到了更多的资金。社会关系对投资效率的影响取决于对代理行为和信息不对称的权衡，在治理机制较弱的情况下社会关系会降低投资效率和公司价值，在信息不对称程度较高的情况下，社会关系会提高投资效率、增加公司价值。

第三节　中国的内部资本市场研究

一、关于多元化的证据

（一）多元化平均而言是否有价值

关于企业的多元化行为，最基础的问题是，多元化平均而言是否有价值。早期的实证研究简单地以资产收益率、净资产收益率或托宾 Q 值等经营业绩代理变量对多元化水平进行回归。其中，朱江（1999）发现多元化与毛利率和净资产收益率无关；姚俊等（2004）发现多元化虽然与净资产收益率无关，但与资产收益率显著负相关；张翼等（2005）发现多元化与资产收益率和股票收益率负相关，而与托宾 Q 值正相关；金天和余鹏翼（2005）发现多元化与托宾 Q 值负相关；魏成龙和刘建莉（2007）发现，商业银行多元化与资产收益率正相关。这些研究的样本比较有限，如朱江（1999）的样本仅包含 1997 年的 150 余家企业，魏成龙和刘建莉（2007）的样本仅包含对 12 家银行 1998—2006 年的观测。虽然结论的外部有效性不足，但是这些文献为关于我国企业多元化的研究奠定了基础。

参考 Lang 和 Stulz（1994）以及 Berger 和 Ofek（1995），后续研究开始通过比较企业与同行业企业的部门计算多元化的超额价值。在我国应用该方法的困难在于，我国上市公司仅披露按产品或行业划分的销售收入，不披露各部门的其他信息，也没有数据库为各部门标记行业代码，所以研究者只能自行根据产品或行业名称标记行业代码。采用这种方法，金晓斌等（2002）发现多元化经营本身是价值中性的，但是多元化方式和边界影响超额价值和经营业绩；苏冬蔚等（2005）发现存在多元化溢价现象，原因是高价值企业倾向于多元化，而且内部资本市场可能有效；然而，洪道麟和熊德华（2006）发现多元化会损害业绩，控制内生性后这种损害更加严重。

为了缓解多元化决策的内生性问题，部分研究考察了多元化并购对企业价值的影响，结论不一：李善民和朱滔（2006）发现股东在多元化并购后 1～3 年内财富损失达到 6.5%～9.6%；而杨威等（2019）发现多元化并购存在 8.42%的溢价，这种溢价主要是转型到新业务导致的。

部分研究者通过检验多元化与企业财务行为之间的关系验证内部资

本市场理论研究的预期，主要关注融资与现金持有两个主题。在融资方面有多钱效应预期，不完全相关的部门之间的共同保险能提升企业集团的融资能力。研究发现，由企业转为多部门企业集团提高了获得银行贷款担保的概率，可以帮助企业获得更多的银行贷款和更长的贷款期限（潘红波和余明桂，2007），而多元化显著提高了国有企业的资产负债率（洪道麟等，2007），为多钱效应提供了一定证据。在现金持有方面，内部资本市场有助于内部融资，能降低现金持有量，提高现金持有价值。王福胜和宋海旭（2012）与黎文靖和严嘉怡（2021）验证了多元化（集团化）与现金持有量的负相关关系。

综上所述，虽然存在相反证据，但是**大多数多元化研究认为，我国企业内存在活跃的内部资本市场，且内部资本市场平均而言能提高企业价值**。

（二）多元化价值的影响因素

国内的多元化研究大多数是关于多元化及其价值的影响因素的研究。虽然多元化对企业价值的影响一直未有定论，但是研究者很早就开始找寻影响多元化水平的因素。在这些研究所关注的主题中，有三个主题具有中国特色因而值得关注，分别是政府、大股东以及高管。

政府在实体经济和资本市场中的角色一直是国内研究的焦点。关于多元化的研究主要探讨了国有产权性质、民营企业政治关联和政府干预对多元化及其价值的影响。与民营企业相比，国有企业融资成本更低，因而建立和维持内部资本市场的动机更弱，同时需要为政府承担更多社会负担。陈信元和黄俊（2007）发现政府直接控股的上市公司更易实行多元化经营，尤其是在政府严重干预经济的地区。后续研究区分了央企与地方政府控制的企业，认为地方政府控制企业的多元化业绩较差（柳建华，2009），多元化优化现金持有的作用较弱（王福胜和宋海旭，2012）。关于民营企业政治关联的研究大多认为政治关联能帮助民营企业进入政府管制行业，利用政治关联实现的多元化风险较低且价值较高（胡旭阳和史晋川，2008；张敏和黄继承，2009；邓新明，2011；郑建明等，2014）。另外，政府干预对企业多元化存在影响（杨兴全等，2018；杨兴全等，2020）。

在我国企业股权相对集中的背景下，作为重要的监督者，大股东能缓解股东与高管之间的“第一类代理问题”，从而影响多元化及其价值。

王化成和胡国柳（2005）发现股权集中度与多元化水平负相关，而韩忠雪等（2007）发现大股东的超额控制和董监事委派与多元化水平正相关。袁淳等（2010）认为大股东能约束高管行为，从而使多元化提高现金持有价值；周杰和薛有志（2011）发现大股东能抑制高管过度自信导致的多元化经营。**现有文献并未发现多元化中存在“第二类代理问题”，即并未发现大股东对中小股东利益的侵占降低多元化价值的证据**。

以高阶理论为基础，部分文献研究了高管特征对多元化的影响。这些研究发现高管的学历、年龄、个人经历和专业背景等特征会影响多元化水平（张建君和李宏伟，2007；陈传明和孙俊华，2008）；高管对于提高多元化水平过度自信（周杰和薛有志，2011）；高管社会资本对多元化及企业价值有积极作用（巫景飞等，2008；游家兴和邹雨菲，2014）。这些研究在一定程度上支持了高管的能力与动机影响内部资本市场价值的观点。

二、来自企业内部的证据

（一）内部资本市场

由于我国上市公司仅披露按产品或行业划分的销售收入，不披露各部门的其他信息，研究者无法采用 Shin 和 Stulz（1998）的方法进行研究，即检验上市公司各部门投资与现金流之间的关系。然而，我国企业通常采用复杂的金字塔结构，企业集团可能控制多个上市公司，这些系族企业为内部资本市场的研究创造了机会。现有文献或是比较独立上市公司与附属于企业集团的上市公司，或是利用包括关联交易信息在内的上市公司财务信息构造内部资本市场指标，从而研究内部资本市场对“部门”（即系族企业中的上市公司）价值的影响。这种研究设计的优势在于能够利用上市公司丰富的数据，全面研究部门层面的经济后果；劣势在于无法观察系族企业中的非上市部分，也就无法就内部资本市场对企业集团价值的影响得到完整的结论。

以系族企业为基础的研究未就内部资本市场的平均价值得到一致结论。肖星和王琨（2006）最早采用了系族企业研究设计，发现成员企业专业化而企业集团多元化的经营方式能显著提高成员企业的价值。辛清泉等（2007）发现相对于独立上市公司而言，附属于企业集团的上市公司投资效率较高。他们认为这体现了内部资本市场的价值。邵毅平和虞凤凤（2012）发现系族内各企业之间的关联交易能提升企业价值。然而，郑国坚等（2016）比较系族企业、非系族集团企业和独立企业发现，系族企业的业绩表现最差。邵军和刘志远（2008）以关联负债度量内部资本市场，发现内部资本市场损害系族成员企业的价值。杨棉之等（2010）以投资对关联方现金流的敏感性度量内部资本市场，也认为内部资本市场效率普遍不高。

文献也研究了内部资本市场对成员企业产生的其他经济后果。黄俊和陈信元（2011）与蔡卫星等（2019）发现，系族成员企业研发投资和专利产出更多，说明内部资本市场减少了融资约束。

也有研究者以其他数据为基础研究我国企业内部资本市场的价值。A股上市公司披露的部门信息有限，而H股上市公司披露的部门信息比较完整。以H股多部门上市公司为样本，王峰娟和粟立钟（2013）认为大部分上市公司能通过内部资本市场有效配置资源，部分上市公司能够挑选优胜者。利用银行分部数据，王峰娟等（2016）认为上市银行的内部资本市场总体上是有效的，银行总部倾向于向盈利能力相对较强的分部转移资本。

（二）以双重披露制为基础的研究

少数企业集团研究以我国上市公司的双重披露制为基础（陆正飞和张会丽，2010；张会丽和吴有红，2011；张会丽和陆正飞，2012；王斌和张伟华，2014；何捷等，2017；潘怡麟等，2018）。双重披露制指要求披露合并财务报表的上市公司同时披露母公司单体财务报表的制度。母公司单体财务报表在美国为自愿披露内容，在中国、日本和韩国为强制披露内容。利用母公司财务信息，研究者能够在一定程度上判断资源在企业内部尤其是母子公司之间的分布，但是无法分离各子公司的业绩。

结合母公司财务信息和合并报表财务信息研究内部资本市场的文献比较有限。其中，陆正飞和张会丽（2010）发现子公司持现比例与子公司少数股权占比正相关，与上市公司第一大股东持股比例和高管持股比例负相关。他们认为这一现象表明子公司中的少数股东力量为子公司管理层创造了寻租空间，而大股东和持股高管是监控子公司管理层寻租行为的有效力量。陆正飞和张会丽（2010）的发现契合了部门经理寻租降低内部资本市场效率的观点。

本章小结

要理解组织成本，就有必要深入研究企业的内部资本市场。本章介绍了关于内部资本市场的经典理论研究与经验研究，对我国的内部资本市场研究进行了述评。

第一节介绍了关于内部资本市场的经典理论研究。要理解内部资本市场的价值即其对资源配置效率的影响，首先需要明确内部资本市场与外部资本市场的差异。与外部资本市场融资不同，内部资本市场融资中，高管拥有完全的控制权，能在多个部门间配置资源；内部资本市场配置资源的效率很大程度上取决于高管的动机。由此，内部资本市场既有"光明面"，即有多钱效应与聪明钱效应，也有"阴暗面"，即可能导致寻租和平均主义资源配置。影响内部资本市场价值的因素包括外部资本市场发展情况、多元化相关性、各部门投资前景差异、部门经理动机和议价能力以及高管与股东的利益冲突等。

第二节介绍了关于内部资本市场的经典实证研究。早期多元化研究得到的多元化折价结论受到了数据和自选择方面的质疑。修正方法论问题后，多元化折价消失甚至扭转为溢价。来自企业内部的证据证明内部资本市场广泛存在，在一定程度上支持了关于平均主义交叉补贴的观点，为关于内部资本市场价值影响因素的研究提供了丰富的证据。

第三节介绍了对我国企业内部资本市场的研究。与美国情况不同，大部分多元化研究显示我国企业内部资本市场平均而言能提高企业价值。多元化价值的影响因素包括产权性质、政治关联、大股东持股和高管特征等。直接检验内部资本市场价值的研究多以系族企业为基础，也支持了内部资本市场具有积极作用的结论。目前结合母公司财务信息和合并报表财务信息研究内部资本市场的文献仍比较有限。

第十一章参考文献

第十二章

股权资本成本

第一节　股权资本成本的含义

股权资本成本是投资者考虑了投资风险之后要求的对资本投资的最低预期回报率，是企业投融资决策、业绩评价、价值评估方面的重要依据。财务理论认为，公司（或资产）价值等于其未来现金流量的现值之和，即

$$V_0 = \sum_{t=1}^{T} \frac{\mathrm{CF}_t}{(1+r)^t} \tag{12-1}$$

式中，CF_t 表示现金流量；r 表示折现率。

在公司定价中，折现率 r 可以表示为加权平均资本成本（WACC），即

$$r = \mathrm{WACC} = \frac{B}{B+S} r_B + \frac{S}{B+S} r_S \tag{12-2}$$

式中，B 表示负债水平；S 表示股权水平；r_B 表示债务融资成本；r_S 表示股权融资成本；$\frac{B}{B+S}$则表示负债在资产中的比重，即负债率（也称杠杆率、资本结构，以下统称为资本结构）。资本结构的相关理论和实证证据在第七章已经做过详细介绍。本章主要讨论股权资本成本的估计方法和经验证据。

自 Modigliani 和 Miller（1958）提出 MM 理论以来，现代财务学对股权资本成本的研究已有 60 多年的历史。**与债务融资成本不同，股权资本成本是站在投资者的角度来衡量成本的，是投资者根据资本市场传递**

信息确定的对所承担资本投资风险的最低补偿。对于投资者而言，这种补偿是因为企业使用了资本而支付给投资者的必要报酬。对于获取资本的企业而言，其使用资本之所以要付出代价，是由于投资者将资本提供给了企业就相当于放弃了其他的投资机会，所以企业至少要补偿投资者放弃其他投资所能获得的收益。Solomon（1963）认为，股权资本成本就是投资者根据预期要承担的企业风险水平所要求的投资回报率，其本质就是投资者对企业预期的未来现金流量进行贴现以确定当前股价的折现率，反映了投资者对企业未来经营风险的预期和估计。股权资本成本的内涵主要包括以下三点：

第一，股权资本成本实质上是企业为投资者提供的一种机会成本的补偿。因为投资者将资金投资于某一项目就决定了他丧失了选择其他投资途径的权利，从而导致了机会成本的产生（韩录，2011）。一般而言，投资者对当前投资的期望回报率会高于机会成本，否则理性的投资者会将其资本投入报酬率更高的项目，而支付给投资者的投资回报率就是企业的股权资本成本。

第二，股权资本成本反映了投资者对资本投资风险的预期。对于投资风险较高的投资项目而言，投资者的期望回报率也会随之增大，当投资者认为通过该项目能得到的投资回报不符合其所承受的风险时，就会做出更改投资决策的决定，为了挽留投资者，企业就必须要提高其投资收益率。

第三，股权资本成本的衡量基于市场价值，而非账面价值。任何资产的价值都是资本市场预期该资产未来可以产生的现金流的现值，而贴现率反映的则是资产未来预期现金收益的风险。因此，股权资本成本的大小主要由投资者根据投资风险所要求的期望回报率决定，是由市场来“发现”的，与企业使用资本付出的代价没有直接的关系，无法由获取资本的企业自己决定（雷冬辉，2007）。

第二节　股权资本成本估计方法

债务融资中公司要按照事前约定的契约向债权人支付本金和利息，在债券没有违约的情况下，债权人可以预期在未来确定的时间，获得确定数量的现金流。以定期付息、到期还本的债券为例，其定价公式为：

$$P_0^B=\sum_{t=1}^{T}\frac{B\times i}{(1+r_B)^t}+\frac{B}{(1+r_B)^T} \tag{12-3}$$

式中，B 表示债券的面值；i 表示票面利率；T 表示债券的到期日；r_B 表示债务融资成本；P_0^B 表示债券的市场价格。如果面值、票面利率、到期日和市场价格等信息已知，则可以求解 r_B，也是持有债务至到期的收益率（yield to maturity）。

与债券融资成本相比，股权融资成本的计算更为复杂：

$$P_0^S=\sum_{t=1}^{T}\frac{E(Div_t)}{(1+r_S)^t}+\frac{E(P_T^S)}{(1+r_S)^T} \tag{12-4}$$

原因是：（1）公司未来支付股利的时间是不确定的；（2）公司未来支付股利的金额是不确定的；（3）投资者持有股票的时间和转让价格是不确定的。所以**股票定价是在所有信息都不确定的情况下的定价**。在式（12-4）中，Div 表示未来各期股利支付金额，P 表示股权的终期价值，r_S 表示股权融资成本，P_0^S 表示股权的市场价值。

一、股利折现模型

在一系列假设的基础上，财务管理教科书采用股利增长模型作为股票定价的基本模型：

$$P_0^S=\frac{Div_1}{r_S-g} \tag{12-5}$$

式中，g 表示股利的增长率。显然，在式（12-5）中，要保证 P_0^S 为正数，必须保证 $r_S>g$，即股权资本成本高于股利的增长率。可以得到：

$$r_S=\frac{Div_1}{P_0^S}+g \tag{12-6}$$

式（12-6）表明，股权资本成本由两个部分组成：（1）预期的股利收益率，即下一期股利与本期价格的比值；（2）股利增长率。

对式（12-6）进行简单的分析，可以认为预期的股利收益率和股利增长率越高，股权资本成本就越高，这似乎是违背常识的。本书认为，应该从相反的角度来看，股权资本成本越高，表示股东对预期股利收益率和股利增长率提出的要求就越高。

式（12-6）看似为测度股权资本成本提供了直接的方法：只要能够度量出预期的股利收益率和股利增长率，就可以很容易地计算出股权资本成本。但是这种算法下，那些不支付股利的公司，其股权资本成本究竟该如何计算呢？式（12-6）并没有给出直接的解决方案。

二、自由现金流模型

为了弥补股利折现模型的不足，财务学者提出以自由现金流作为股

票估值的基础。自由现金流为公司经营活动现金流量与必要支出所需要的资金之间的差额，即

$$P_0^S = \sum_{t=1}^{\infty} \frac{\text{FreeCF}_t}{(1+r_S)^t} = \sum_{t=1}^{\infty} \frac{\text{OCF}_t - \text{CAPX}_t}{(1+r_S)^t} \tag{12-7}$$

式中，OCF 表示经营活动现金流量；CAPX 表示必要支出（主要指资本预算）所需要的资金。对式（12-7）进行一系列假设，可以简化为下式：

$$P_0^S = \frac{\text{FreeCF}_1}{r_S - g} = \frac{\text{OCF}_1 - \text{CAPX}_1}{r_S - g} \tag{12-8}$$

式中，g 表示自由现金流的增长率。

与股利折现模型相比，自由现金流模型不仅考虑了股东可以通过股利获得的收益，还包含了公司投资支出的影响，可以在此基础上估计股权资本成本。

但是，自由现金流模型也有其难以克服的缺点：（1）每一期的自由现金流并不能保证为正数，这样如果简单应用式（12-8），在第一期自由现金流为负数的情况下，计算出来的当期股权价值为负数，显然是不合理的；（2）Penman（2013）指出，当期的经营活动现金流量（OCF）是以往投资的结果，当前的资本预算（CAPX）是为了获得未来的经营活动现金流量，自由现金流量的计算方法不符合投资和收益的配比原则；（3）从公司生命周期角度来看，自由现金流模型适用于成熟型公司和衰退期早期的公司（经营活动现金流量高而资本预算支出少的公司），不适用于成长型公司（经营活动现金流量低而资本预算支出多的公司）。

三、剩余收益模型

Penman（2013）提出将剩余收益作为股票估值的基础，其基本公式如下：

$$P_0^S = BV_0 + \sum_{t=1}^{T} \frac{RI_t}{(1+r_S)^t} + \frac{RI_{T+1}}{(1+r_S)^T (r_S - g)} \tag{12-9}$$

式中，BV_0 表示当前的股东权益账面价值；RI_t 表示剩余收益；g 表示剩余收益率的增长率。

$$RI_t = NI_t - BV_{t-1} \times (1+r_S) \tag{12-10}$$

假设公司的股东权益满足“清洁净增加额”（clean surplus）的假设，即

$$BV_t = B_{t-1} + NI_t - ND_t \tag{12-11}$$

式中，NI 代表公司的净收益（net income）；ND 代表公司的净债务（net debt）。通过这一系列的公式迭代，可以计算出公司未来每一期的剩

余收益，在此基础上计算出当前股价下隐含的股权资本成本。

四、资本结构模型

Modigliani 和 Miller（1958，1963）不仅检验了资本结构与公司价值的关系，而且推导了资本结构与股权资本成本的关系。在考虑公司所得税的情况下，股权资本成本可以表示为：

$$r_S = r_A + \frac{B}{S}(r_A - r_B)(1 - \tau_C) \tag{12-12}$$

式中，r_A 表示股权融资成本；r_B 表示债务融资成本；B 表示债务融资规模；S 表示股权融资规模；τ_C 表示公司所得税税率。式（12-12）表明，在股权融资成本大于债务融资成本的情况下，增加资本结构$\frac{B}{S}$，股权资本成本就会随之上升。如果不考虑破产成本或财务困境成本，即假设债务融资没有违约风险，这一结论无疑是正确的。但如果存在破产成本或财务困境成本，债务融资成本有可能会高于股权融资成本，这样资本结构越高，股权资本成本越高的推论，未必就是成立的。

五、资本资产定价模型和多因素模型

Sharpe（1964）提出的资本资产定价模型（CAPM）系统分析了个别证券的预期收益率和股票市场收益率之间的关系：

$$r_i = r_f + \beta_i(r_m - r_f) \tag{12-13}$$

式中，r_i 表示股票 i 的期望收益率；r_f 表示无风险报酬率；r_m 表示市场组合的期望报酬率；β_i 表示个股期望收益率相对市场组合收益率变化的程度。在资本资产定价模型中，投资者可以通过多元化投资，降低非系统性风险，只承担不可分散的系统性风险而提高期望回报率。所以 β_i 也被称为市场风险的度量指标。

运用资本资产定价模型估计股权资本成本，还需要对市场组合的期望回报率进行估计。Roll（1977）指出，对市场组合的度量面临非常大的困难，原因在于采用特定样本构造出的市场组合，虽然满足特定样本均值-方差最小的条件，但是未必在总体上是有效的。①

---

① Roll（1977）举例，在 1 000 个资产中选择 500 个资产进行充分的分散化投资，可以构造出代表这 500 个资产的最优投资组合。如果这个指标被证明是无效的，并不意味着真实的市场投资组合是无效的，即构造的指标未必能够反映真实的市场投资组合。

由于难以对市场组合预期收益和风险进行有效测度，研究者更多地采用套利定价模型（Ross，1976），将其作为股票定价的基础。套利定价模型规避了资本资产定价模型对市场组合这个可能在现实中不存在的概念的依赖，也不再局限于资本资产定价的单一时间跨度与无限借贷的假设，强调**证券的收益不是只受到其对市场组合变动的敏感性（也就是贝塔系数）的影响，而是受到经济系统中许多因素的敏感性的共同影响**，这意味着我们可以使用多因素模型来分析股票对于不同的因素变动的敏感性。

在套利定价理论的世界里，由于市场可以很快发现套利的空间，那么同样风险性质的资产就应该是价格一致的，这样收益就应该和一组风险因子线性相关，如果市场中只有市场风险这一个因子，那么套利定价模型和资本资产定价模型就是等价的。

$$r_i = \alpha_i + \beta_1 F_1 + \beta_2 F_2 + \cdots + \beta_N F_N + \varepsilon_i \tag{12-14}$$

式中，F_N 表示对股票收益率有影响的第 N 个因子。

Fama 和 French（1992）提出的三因素定价模型，是套利定价模型在股票市场中应用的重要发展。在此基础上，陆续有新的因子被纳入定价模型中。Fama 和 French（2015）提出的五因素定价模型认为，市场收益率水平、股票市值规模、成长性、盈利能力和投资规模这五个因子对股票定价有显著的影响，并在国际资本市场中检验了五因素模型的适用性。

虽然套利定价模型的理论假设更少，可操作性似乎更强（Fama and French，2018；Harvey et al.，2016），从方法论角度探讨和分析了因子选择的标准，但是并没有指出究竟存在哪些风险因子，这些风险因子为什么可以用于套利。换而言之，套利定价模型无法为这些可能存在的风险因子及其内在的经济逻辑提供解释。

六、股权资本成本的实践

Graham 和 Harvey（2001）对 392 位财务总监（CFO）的问卷调查结果显示，资本资产定价模型是最常用的股权资本成本估计方法，占比超过 70%；其次是平均的历史收益率和多因子定价模型。很少有 CFO 将股利折现模型、投资者期望或管制要求作为股权资本成本的估算方法。详细调查结果见图 12-1。

早期的问卷调查（Gitman and Mercurio，1982）显示，美国公司中采用资本资产定价模型作为确定股权资本成本方法的比例大约为 30%。

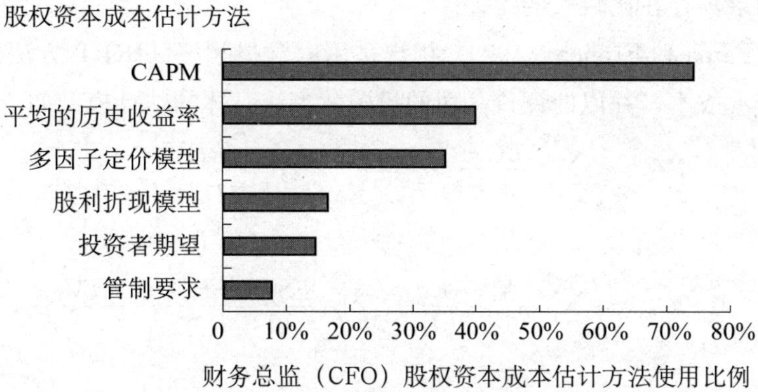

图 12-1　股权资本成本估计方法使用比例

近期的结果虽然比例高达 85%，但是调查问卷的样本只有 27 个公司 (Bruner et al.，1998)。Graham 和 Harvey（2001）进一步的分析显示，除了个人背景（有 MBA 背景的 CFO)，公司规模越大、负债率越低的上市公司，越倾向于使用资本资产定价模型。小公司则更倾向于使用“投资者期望”作为计算股权资本成本的基础。

Graham 和 Harvey（2010）指出与美国相比，其他国家公司采用资本资产定价模型确定股权资本成本的比例要低很多：英国和法国的比例大概为 45%；德国和巴西的比例大概为 1/3。他们认为，随着资本市场的发展，越来越多的公司会将股票价格或收益率作为确定股权资本成本的基础。

虽然问卷调查的结果显示，资本资产定价模型是公司确定股权资本成本的重要（或主要）方法，但是 Graham 和 Harvey（2001）也指出，问卷调查的结果并不能说明公司是否正确地使用了资本资产定价模型，即使公司正确地使用了资本资产定价模型，也并不能证明资本资产定价模型是一个好的模型。

第三节　股权资本成本的估计：实证结果

一、财务角度的研究

资本资产定价模型和套利定价模型虽然是公司估计股权资本成本的常用方法，但是在学术研究方面，这两个模型并没有得到广泛的使用。Fama 和 French（1997）认为，对风险因子和风险溢价的估计差异，是影响因子定价模型准确性的重要原因，两种方法估计出的行业股权资本成本结果，存在比较大的误差。

Fama 和 French（1999）提出采用内含报酬率（IRR）方法估计公司的资本成本，并以此评价公司的投资效率，具体的估计模型如下所示：

$$IV_0=\sum_{t=1}^{T(1996)}\frac{X_t-I_t}{(1+r_v)^t}+\sum_{t=1}^{T(1996)}\frac{FS_t-FBV_t}{(1+r_v)^t}+\frac{TV_{1996}}{(1+r_v)^T} \tag{12-15}$$

$$IC_0=\sum_{t=1}^{T(1996)}\frac{X_t-I_t}{(1+r_c)^t}+\sum_{t=1}^{T(1996)}\frac{FS_t-FBC_t}{(1+r_c)^t}+\frac{TV_{1996}}{(1+r_c)^T} \tag{12-16}$$

式中，IV_0 是内含报酬率估计期期初（1961—1973 年）样本公司的市场价值之和；IC_0 是估计期期初样本公司的账面价值之和；X_t 是第 $t-1$ 年样本公司在第 t 年现金流量之和；I_t 是第 $t-1$ 年样本公司在第 t 年资本支出之和；FS_t 是第 t 年被收购的样本公司的市场价值；FBV_t 是第 t 年进入样本的公司的初始市场价值；FBC_t 是第 t 年进入样本的公司的账面价值；TV_{1996} 是估计期期末（1996 年）所有样本公司的市场价值之和。

如图 12－2 所示，美国上市公司整体的内含报酬率（无论是以价值为基础还是以成本为基础）呈现出逐年下降的趋势，在 1973 年达到最低点；1973 年以后有所回升。经过通货膨胀率调整以后的实际内含报酬率也表现出了相同的特征。

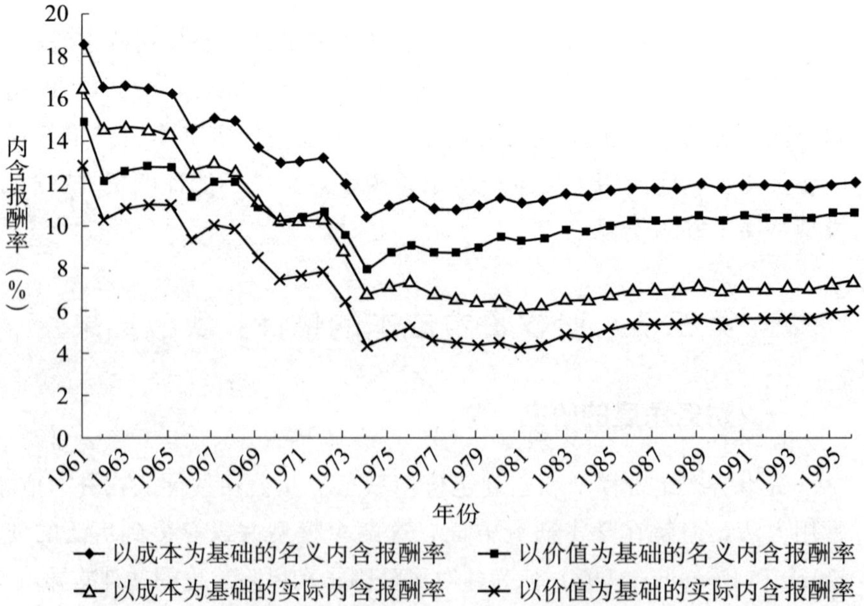

图 12－2　美国上市公司内含报酬率

Fama 和 French（1999）的研究是将资本市场中所有公司加总后得到的结果用于资本市场整体的分析，也可以扩展到行业层面的分析（张峥等，2004），但是这种方法能否运用到公司个体层面的分析，仍然需要进一步的探讨。这一方法目前主要用于公司加权平均资本成本的分析，难以直接推导到股权资本成本的估计。

二、盈余价值相关性研究：间接估计

Ball 和 Brown（1968）开创的盈余价值相关性研究，被会计学界认为是 20 世纪最重要的研究之一（Ball and Brown，2014）。他们研究的核心问题是"会计数字有用吗"，与此相关的问题是"对谁有用"和"有什么用处"。这成为研究会计信息价值相关性的圭臬。同时，盈余价值相关性研究也为研究股权资本成本提供了重要的角度。

根据有效市场假说，股票价格反映了与公司价值相关的信息。如果会计盈余的变化提供了与公司价值相关的新信息，那么股票价格就会发生变化，即

$$R=\frac{P_t-P_{t-1}}{P_{t-1}}=\gamma\left(\frac{\Delta E_t}{P_{t-1}}\right) \tag{12-17}$$

式中，γ 为盈余反应系数（ERC），表示公司盈余变化对股价影响的程度，即如果公司净利润发生了 1 元的永久性变化，反映到股票价格变化的程度应当是 γ（Kothari，2001）。

$$\gamma=1+1/r_S \tag{12-18}$$

式中，r_S 是经过风险调整的股权资本成本。后续的研究发现，**盈余的持续性、风险、成长性和利率是影响盈余反应系数的重要因素**。

Kormendi 和 Lipe（1987）以及 Easton 和 Zmijewski（1989）的研究结果显示，盈余的持续性越高，对股价变化的影响越大，即盈余反应系数越大。Easton 和 Zmijewski（1989）解释了风险对盈余反应系数的负向影响，这里的风险是指净利润波动性中的系统性风险，根据 CAPM，净利润的系统性风险越大，股权资本成本越高，从而降低了盈余反应系数。Collins 和 Kothari（1989）提出，盈余成长性越高，盈余反应系数越大；而无风险利率的增加，则会降低盈余反应系数。

实证研究结果显示，盈余反应系数的估计值取值区间为［1，3］。假设年度盈余服从随机游走（Ball and Watts，1972），折现率为 10%，那么盈余反应系数的预期取值应当为 11（1+1/0.1）；如果采用市盈率作为

度量，则盈余反应系数的取值范围应当为［8，20］。那么，实证研究的估计值远远低于预期结果，究竟是为什么呢？

Kothari（2010）总结了四个方面的原因：（1）股票价格领先盈余，即股票价格包含的未来盈余信息超过了当前盈余所包含的信息；（2）股票市场并非有效，即股价无法及时和充分地反映盈余变化隐含的公司价值信息；（3）会计准则的固有缺陷导致盈余信息存在噪声，即报告的盈余是公司实际盈余和价值无关的噪声，噪声的存在降低了盈余反应系数；（4）盈余的临时性部分，由于临时性的盈余并不持续，对股票价格的影响也会显著弱于持续性的部分，从而降低了盈余反应系数。

虽然盈余反应系数间接地响应了股权资本成本的研究，提供了重要的思路和经验证据，但是盈余反应系数的研究也存在固有的不足，特别是盈余反应系数必须依赖模型的回归系数，但是估计回归系数必须依赖一个截面的样本（如行业、年度）或者一个公司的时间序列，意味着截面样本或一个公司的盈余反应系数是相同的，很难用于公司年度层面的股权资本成本分析。

三、隐含股权资本成本

在 Penman（2013）的剩余收益模型基础上，Gebhardt 等（2001）将其具体化得到 GLS 模型（Gebhardt et al.，2001），计算公式如式（12-19）所示，具体的计算过程为：（1）以分析师对公司未来 1～3 年的盈利预测作为估计的基础；（2）从第 $t+3$ 年开始，假设净资产收益率（ROE）服从均值回归，回归的目标值是移动的行业 ROE 中位数，ROE 的年变化幅度为 $t+3$ 年 ROE 与目标 ROE 之间的差异除以年数；（3）移动的行业 ROE 中位数是用过去 10 年（至少有 5 年数据）的行业内非亏损公司的 ROE 中位数计算而得。

$$P_t = B_t + \frac{\mathrm{FROE}_{t+1} - r_e}{(1+r_e)} B_t + \frac{\mathrm{FROE}_{t+2} - r_e}{(1+r_e)^2} B_{t+1} + TV \quad (12-19)$$

$$TV = \sum_{i=3}^{T-1} \frac{\mathrm{FROE}_{t+1} - r_e}{(1+r_e)^i} B_{t+i-1} + \frac{\mathrm{FROE}_{t+T} - r_e}{r_e(1+r_e)^{T-1}} B_{t+T-1} \quad (12-20)$$

式中，B_t 代表每股净资产；r_e 代表股权资本成本；FROE_{t+1} 代表预期权益净利率，前三年基于会计数据估计该指标，自第三年起采用内插法估计该指标；FDPS_{t+1} 为 $t+1$ 期每股股利；B_{t+i} 计算公式为 $B_{t+i}=B_{t+i-1}+\mathrm{FEPS}_{t+i}-\mathrm{FDPS}_{t+i}$；$\mathrm{FDPS}_{t+i}$ 为 $t+i$ 期预测每股盈余。

CT 模型（Claus 和 Thomas，2001）也使用剩余收益模型估计股权资本成本，如模型（12-21）所示：

$$P_t = B_t + \frac{AE_{t+1}}{(1+r_e)} + \frac{AE_{t+2}}{(1+r_e)^2} + \frac{AE_{t+3}}{(1+r_e)^3} + \frac{AE_{t+4}}{(1+r_e)^4} + \frac{AE_{t+5}}{(1+r_e)^5} + \frac{AE_{t+5}(1+g_{ae})}{(r_e-g_{ae})(1+r_e)^5} \tag{12-21}$$

式中，AE_t 为第 t 年预期超额收益，计算公式为 $\mathrm{FEPS}_{t+1} - r_e B_{t-1}$；$g_{ae}$ 为超额收益的增长率，$t+5$ 年之后以 10 年期国债收益率为基础计算。CT 模型假设 $t+5$ 年之后，超额收益率为固定增长水平，规避了 ROE 均值回归假设。

GM/OJ 模型（Ohlson and Juettner-Nauroth，2005；Gode and Mohanram，2003）使用模型（12-22）估计股权资本成本：

$$r_e = A + \sqrt{A^2 + \left(\frac{\mathrm{FEPS}_{t+1}}{P_t}\right)[g_2 - (r_f - 0.03)]} \tag{12-22}$$

式中，$A = \frac{1}{2}\left[(r_f - 0.03) + \frac{\mathrm{DPS}_{t+1}}{P_t}\right]$；$\mathrm{DPS}_{t+1}$ 为 $t+1$ 期每股股利；g_2 为短期增长率，取值为 IBES 数据库中分析师预测的企业长期增长率；DPS_{t+1} 由 FEPS_{t+1} 和第 t 期股利支付率计算得到；r_f 为无风险利率，即 10 年期美国国债到期收益率。

PEG 模型（Easton，2004）使用模型（12-23）估计股权资本成本：

$$r = \sqrt{(EPS_2 - EPS_1)/P_0} \tag{12-23}$$

其中 EPS 为每股盈余。

Lee 等（2009）对上述四种模型的特点进行了总结，见表 12-1。

表 12-1　股权资本成本模型对比

	短期	终值	IBES 数据库预测
GLS 模型估计的股权资本成本（R_{GLS}）	假设分析师盈余预测和账面价值预测等于市场预期；公司权益净利率均值回归到行业平均水平，增长率下降到长期增长率水平	预测期是 15 年，有两个基本假设：(1) 增长率均值回归到长期 GDP 增长率；(2) 投资回报率均值回归到权益资本成本	当期、Year_1 和 Year_2 每股收益、每股股利、每股净资产
GM/OJ 模型估计的股权资本成本（$R_{GM/OJ}$）	分析师前两年的盈余预测等于市场预期；Year_1 盈余和 Year_2 超额收益为正	精准预测期为 2 年；超额收益增长率与市场预期一致；增长率大于 0 但小于权益资本成本	当期每股股利、Year_1 和 Year_2 每股收益

续表

	短期	终值	IBES 预测
PEG 模型估计的股权资本成本（R_{PEG}）	分析师前两年的盈余预测等于市场预期；$Year_1$ 为零股利政策；$Year_1$ 盈余和 $Year_2$ 超额收益为正	精准预测期为 2 年；预测期以外超额收益增长率为 0	$Year_1$ 每股收益
CT 模型估计的股权资本成本（R_{CT}）	分析师前三年的盈余预测等于市场预期；剩余收益等于扣除占用的资本后的预测盈余	精准预测期为 3 年；预测期以外名义剩余收益增长率与 GDP 增长率一致	当期每股净资产、$Year_1$ 和 $Year_2$ 每股收益

Lee 等（2009）还计算了主要发达资本市场中的隐含股权资本成本，见表 12－2。

表 12－2　隐含股权资本成本

	GLS 模型	PEG 模型	GM/OJ 模型	CT 模型
加拿大：				
均值	9.17	7.48	9.75	6.88
标准差	1.95	1.33	1.55	1.05
法国：				
均值	6.43	5.67	8.41	4.93
标准差	1.14	1.13	1.04	0.83
德国：				
均值	4.06	3.48	6.78	4.08
标准差	2.45	2.15	1.64	1.69
意大利：				
均值	6.73	5.42	8.02	4.28
标准差	2.05	1.83	1.61	1.10
日本：				
均值	2.64	1.58	4.66	3.83
标准差	2.03	1.89	1.32	1.70
英国：				
均值	5.35	4.89	7.85	5.53
标准差	1.43	1.52	1.20	1.16
美国：				
均值	6.19	5.30	7.55	6.03

续表

	GLS 模型	PEG 模型	GM/OJ 模型	CT 模型
标准差	0.76	0.80	0.58	1.42
均值平均	5.80	4.83	7.57	5.08
标准差平均	1.69	1.52	1.28	1.28

四、HDZ 模型

上述的隐含股权资本成本的估计方法，都需要以分析师的盈利预测作为基础。对那些没有分析师跟踪并进行盈利预测的公司，就无法利用上述的方法估计股权资本成本。针对这个问题，Hou 等（2012）提出根据历史数据进行盈利预测，盈利预测模型为：

$$\begin{aligned}E_{i,t+\tau} = &\alpha_0 + \alpha_1 A_{i,t} + \alpha_2 D_{i,t} + \alpha_3 DD_{i,t} + \alpha_4 E_{i,t} \\ &+ \alpha_5 NegE_{i,t} + \alpha_6 AC_{i,t} + \varepsilon_{i,t+\tau}\end{aligned} \tag{12-23}$$

将以上述盈利预测模型计算的隐含股权资本成本和以分析师盈利预测为基础计算的隐含股权资本成本进行比较，结果见图 12－3。

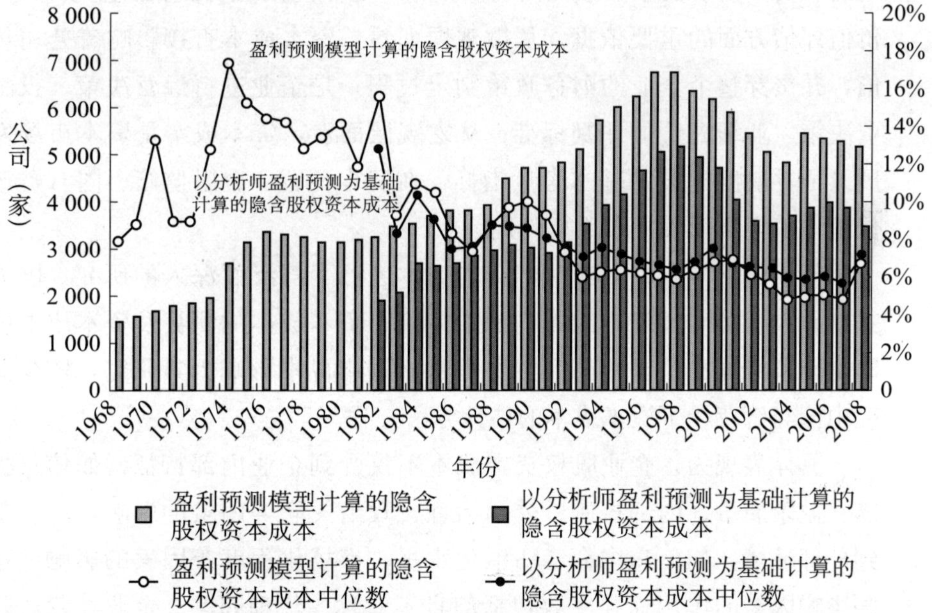

图 12－3　盈余预测对比图

在美国，1982 年以后开始提供分析师盈利预测的数据，而且每年都有相当一批公司没有分析师的盈利预测数据。Hou 等（2012）以盈利预测模型为基础的估计方法，和以分析师盈利预测为基础的估计结果，表现了明显的同步变化趋势；而且1992年以后，以分析师预测为基础的估计结果，要高于以盈利预测模型为基础的估计结果。

借鉴剩余收益模型的核心思想，Li 和 Mohanram（2014）提出了以下的模型估计未来的盈余：

$$E_{t+\tau} = \chi_0 + \chi_1 \times NegE_t + \chi_2 \times E_t + \chi_3 \times NegE \times E_t + \chi_4 \times B_t + \chi_5 \times \mathrm{TACC}_t + \varepsilon \qquad (12-24)$$

通过和Hou等（2012）的研究比较，Li 和 Mohanram（2014）认为，以剩余收益模型为基础的盈利预测及其隐含资本成本的估计结果，要显著优于Hou等（2012）的结果。

第四节　中国股权资本成本实证研究

本节主要介绍资本成本的经典理论研究和实证研究，并对中国股权资本成本的实证研究进行述评。资本成本是现代财务理论中复杂程度最高、应用范围最广的一个指标。股权资本成本是投资者考虑了投资风险之后对资本投资要求的最低预期回报率，是企业投融资决策、业绩评价、价值评估方面的重要依据。从微观层面看，资本成本直接影响着公司价值，并贯穿整个企业的财务政策制定过程，是企业进行经营决策、投融资决策、业绩评价的评判标准；从宏观层面看，资本成本是资本市场发展及证券制度建设的基本考量指标，在资本配置、金融监管、国有资产保值增值等方面发挥着重要作用。

基于此，国内外学者对于资本成本进行了广泛而深入的研究，国外文献研究视角涉及资本成本内涵的确定、资本成本的测算及资本成本的影响因素等方面，国内研究主要侧重于资本成本影响因素研究，较少研究中国经济背景下资本成本的估计方法。

具体表现为，企业股权资本成本不仅受到企业内部特征，如信息披露、盈余质量、内部控制、公司治理、政治关联等因素的影响，还会受到外部环境，如信息中介、法治化水平、市场化程度等因素的影响。这些影响因素的作用途径主要包括信息不对称、代理问题、企业经营风险三个维度。

一、内部影响因素

现代公司制度下的所有权与控制权分离，引发了所有者和经营者间的信息不对称，因此股东在进行投资决策时，通常会面对股东与经营者代理冲突引发的经营管理风险，以及信息不对称所带来的对未来现金流的估计风险，股权资本成本也与这些风险有关。已有文献就信息披露、盈余质量、内部控制、公司治理等方面对股权资本成本进行了研究。

财务报告作为上市公司法定的信息披露方式，是公司公开信息的关键组成部分。所以，如果公司披露的财务报告信息的质量较高，那么有关该公司的公开信息就比较多，私有信息的重要性相对较低，公司各个利益相关者信息不对称程度较低，外部权益投资者会要求较低的必要回报。国内文献从信息不对称理论出发，研究了上市公司财务和非财务信息披露水平、内部控制以及其他特定视角对降低信息不对称的作用，进而探讨对股权资本成本的影响。基本结论较为统一：**上市公司信息披露水平的提高有助于降低公司的股权资本成本**（汪炜和蒋高峰，2004；何玉和张天西，2006）。

基于上述结论，之后的研究分解企业信息种类，研究不同类别公司的信息披露对股权资本成本的影响。盈余信息是财务信息披露的核心内容，国内大量学者考察了盈余质量与股权资本成本的关系。企业会计盈余有七个不同质量维度：应计质量、持续性、可预测性、平滑度、价值相关性、及时性、稳健性，不同质量维度对权益资本成本的影响略有不同。具体而言，盈余质量对股权资本成本的影响程度最大，于李胜和王艳艳（2007）进一步将整体应计质量进行分解，只有固有应计质量对股权资本成本有显著影响。罗琦和王悦歌（2015）基于公司成长性差异对真实盈余管理与股权资本成本之间的关系进行异质性分析，认为真实盈余管理使得高成长性公司股权资本成本下降，而低成长性公司进行真实盈余管理会导致其股权资本成本上升。

信息披露是公司降低信息不对称的重要渠道，除了披露财务信息，上市公司也会披露非财务信息，如社会责任信息（孟晓俊，2010；李姝，2013）、环境信息（沈洪涛等，2010；何玉，2014）、风险（王雄元，2018），来帮助市场更好地了解公司，降低信息不对称水平从而降低股权资本成本。公司自愿性信息披露有助于传递具有积极效应的信号，也有研究者认为，信息披露并非越细越好，上市公司披露过于繁杂的信息可能会干扰不成熟投资者的决策判断，引发跟风炒作，导致股价波动异常（陈宋生等，2020）。研究者认为冗余的扩展分类标准会提高投资者的信息处理成本，加剧信息不对称，扩展分类信息越多，企业股权资本成本越高。

内部控制旨在为实现公司经营的效果与效率、财务报告的可靠性、合规性提供合理保证，降低企业风险。王敏和夏勇（2011）将内部控制质量对股权资本成本的影响机理总结为两条作用路径：一条是直接作用路径，高质量内部控制可以通过减少管理层侵占和大股东掏空等机会主义行为来减少企业的经营风险，从而降低股权资本成本；另一条是间接作用路径，高质量内部控制可以通过提高财务报告质量来减少投资者面临的信息风险，从而降低股权资本成本。袁放建等（2013）进一步验证了间接作用路径，研究发现上市公司自愿性披露内部控制鉴证报告能够给市场传递积极信号，降低投资者对企业的风险估计，显著降低股权资本成本。廖义刚（2015）则进一步验证了直接作用路径，研究发现高质量的内部控制会影响环境不确定性与资本成本之间的正相关关系。

部分文献研究了上市公司的高管特征，如管理层预告策略（董南雁，2017）、管理层语调（甘丽凝，2019）、董秘财务经历（姜付秀，2016）、董事高管责任保险（冯来强等，2017）对股权资本成本的影响。股权资本成本是股东的预期报酬率，因而股东特征也会影响到股权资本成本。汪平（2015）研究发现由于政府职能与国有资本投资要求的混合以及政府管理经济手段的惯性，出现了国有资本成本低于非国有资本成本的现象。但肖作平（2016）得出不同的结论，他认为与终极控股股东是非国有控股的公司相比，终极控股股东是国有控股的公司具有相对高的股权资本成本。陈峻和王雄元（2015）从风险管理角度出发，讨论了客户集中度对公司资本成本的影响。他们认为大客户有利于促进供应链整合，降低企业风险，向市场传递积极信号，因此企业的客户集中度与其股权资本成本显著负相关，但该关系受到环境不确定性的影响。

在我国特殊的经济建设背景中，从非正式制度，如政治关联的角度对经济现象进行解读具有更特殊的含义。在政治关联和资本成本的研究中，主要从降低企业风险、提高企业预期收益两个角度讨论其对于股权资本成本的影响。部分文献认为政治关联可以增强企业扩大市场份额的能力，降低企业风险，提升企业价值，保障企业未来预期收益，从而降低股权资本成本（苏忠泰等，2012），国有产权可以更好地帮助企业在与国际会计准则趋同后降低企业资本成本（陈旻和曲晓辉，2018），而且“地方政府背景”政治关联对股权资本成本的降低作用比“中央政府背景”政治关联更显著（赵峰和高明华，2012）。也有文献提出相反的观点，认为对于政治关联较强的企业，政府容易施加过多干预，提高企业经营行为和经营环境的不可预期性，提高股权资本成本（徐浩萍和吕长江，2007）。游家兴（2011）考察了企业家社会资本与股权资本成本之间的内在关联，他认为企业家所拥有的社会资本有助于降低公司股权资本成本，并且在法律保护较薄弱的地区表现得更加显著。这部分文献支持了非正式制度对正式制度在产权保护、合约订立等方面的补充作用。

二、外部影响因素

国内学者主要从信息中介、法治化水平和市场化程度这三个方面研究外部环境对股权资本成本的影响。

信息中介承担着信息挖掘、传递以及监督功能。目前资本市场信息披露越来越繁杂，缺乏信息时的恐慌与信息过载给投资者带来的信息筛选成本以及资本市场中交易成本的增加，使得信息披露一直是学术界和实务界关注的重点问题。信息中介作为资本市场的净化器和信息防火墙，在保证信息披露质量和数量方面起着至关重要的作用。信息中介可以通过提高企业未来的现金流的预期和降低企业的信息风险来降低公司股权资本成本（于李胜和王艳艳，2008）。国内学者研究了媒体、审计师、财务分析师、机构投资者等信息中介对公司股权资本成本的影响。会计信息是资本市场的主要信息，审计师是筛选这些信息流的第一道防火墙。上市公司聘用的会计师事务所的声誉（张学勇等，2014）、审计师行业专长（郝东洋和王静，2015）均会影响到公司的股权资本成本。媒体（卢文彬，2014）和机构投资者（代昀昊，2018）发挥着公司治理和信息传播的双重作用，有利于降低信息不对称水平、降低公司的融资成本。新会计准则实施后，上市公司的股权资本成本增加，但是由于财务分析师和机构投资者的信息治理功能，上市公司的股权资本成本反而有所降低（李祎和刘启亮，2016）。由此可知，**在我国资本市场的研究中，信息中介普遍承担了监督治理功能，发挥了良好的积极效应，帮助降低了企业的资本成本**。

法学和金融学的研究认为，法律是影响一个国家金融体系发展和经济增长的重要因素，完善的法律制度有助于为企业提供充分的制度保障和产权保护，降低企业的交易费用。随着中小投资者法律保护的加强，上市公司的股权资本成本出现递减的现象（沈艺峰等，2005；肖松和赵峰，2010），对跨地上市的企业而言，如果同时在投资者保护制度更为严格的国家上市有助于降低股权资本成本（肖珉和沈艺峰，2008）。总体而言，法的实施对股权资本成本的影响要大于法的建立的影响（肖珉，2008）。

金融发展对一个国家经济增长的影响重大，一方面资本市场的市场化能够加强融资自由化，从而降低权益资本成本；另一方面，融资自由化本身能增加公司的成长机会，增加公司未来收益，投资者可以从公司未来收益中得到补偿，对公司要求的资本补偿就会减少，继而降低权益资本成本。国内文献从企业运营效率（陈琛，2014）、管理层激励（潘晓婷和王健康，2014）角度研究了市场化改革对股权资本成本的作用机制。庞家任和张鹤（2020）以“沪港通”和“深港通”资本市场开放为研究场景，再次检验了市场化对中国内地股权资本成本的影响。研究发现，受政策风险和市场环境等因素限制，“沪港通”在初始阶段并未对沪市公司的股权资本成本产生显著影响，但随着政策进一步完善、市场逐渐稳定和交易不断活跃，其对股权资本成本的降低效果于实施两年后开始显现。

除此之外，一些经济环境的变化也会影响公司股权资本成本。程小可（2021）研究发现贸易摩擦显著提高了股权资本成本，而降低企业经营风险和提高会计信息质量均能有效抑制贸易摩擦所带来的不利影响。黄凯和刘亚辉（2021）探究了成分股调整对股权资本成本的影响及其信息中介机制。总体而言，国内文献主要从企业风险和企业预期收益两个方面研究外部环境对公司股权资本成本的影响。

本章小结

资本成本是现代财务理论中复杂程度最高、应用范围最广的一个指标。股权资本成本是投资者考虑了投资风险之后对资本投资要求的最低预期回报率，是企业投融资决策、业绩评价、价值评估方面的重要依据。本节主要介绍资本成本的经典理论研究和实证研究，并对中国股权资本成本的实证研究进行述评。

第一节介绍了股权资本成本的含义。与债务融资成本不同，股权融资成本是站在投资者的角度来衡量成本的，是投资者根据资本市场传递信息确定的对所承担资本投资风险的最低补偿。对于投资者而言，这种补偿是因为企业使用了资本而支付给投资者的必要报酬。对于获取资本的企业而言，其使用资本之所以要付出代价，是由于投资者将资本提供给了企业就相当于放弃了其他的投资机会，所以企业至少要补偿投资者放弃其他投资所能获得的收益。

第二、三节介绍了股权资本成本的估计方法及实证结果。国外文献中提出了不同的股权资本成本估计方法，基于债务资本成本估计模型考虑股利的不同特点，提出股利折现模型、自由现金流模型、剩余收益模型、资本资产定价模型等，其中实务界使用频率最高的估计方法是资本资产定价模型，但是在学术研究方面，这个模型并没有得到广泛的使用。

第四节介绍了我国股权资本成本的影响因素研究。国外文献研究视角涉及资本成本内涵的确定、资本成本的测算及资本成本的影响因素等方面，国内研究主要侧重于资本成本的影响因素，较少研究中国经济背景下资本成本的估计方法。国内文献主要从信息不对称、代理问题、企业经营风险三个维度分析不同因素对企业股权资本成本的作用机制，包括企业内部特征，如信息披露、盈余质量、内部控制、公司治理、政治关联等影响因素，以及外部环境，如信息中介、法治化水平、市场化程度等影响因素，为关于股权资本成本的影响因素的研究提供了丰富的证据。

第十二章参考文献

中国人民大学出版社　管理分社

教师教学服务说明

中国人民大学出版社管理分社以出版工商管理和公共管理类精品图书为宗旨。为更好地服务一线教师，我们着力建设了一批数字化、立体化的网络教学资源。教师可以通过以下方式获得免费下载教学资源的权限：

★ 在中国人民大学出版社网站 www.crup.com.cn 进行注册，注册后进入“会员中心”，在左侧点击“我的教师认证”，填写相关信息，提交后等待审核。我们将在一个工作日内为您开通相关资源的下载权限。

★ 如您急需教学资源或需要其他帮助，请加入教师 QQ 群或在工作时间与我们联络。

中国人民大学出版社　管理分社

教师 QQ 群：648333426（工商管理）　114970332（财会）　648117133（公共管理）
教师群仅限教师加入，入群请备注（学校+姓名）

联系电话：010-62515735，62515987，62515782，82501048，62514760

电子邮箱：glcbfs@crup.com.cn

通讯地址：北京市海淀区中关村大街甲 59 号文化大厦 1501 室（100872）

管理书社　　人大社财会　　公共管理与政治学悦读坊